U0330916

HERMES

经典与解释 三联丛编

《大地的法》与
现代国际政治

刘小枫 编

生活·读书·新知 三联书店

图书在版编目（CIP）数据

《大地的法》与现代国际政治／刘小枫编．—北京：
生活·读书·新知三联书店，2021.1
（"经典与解释"三联丛编）
ISBN 978-7-108-06885-9

Ⅰ．①大… Ⅱ．①刘… Ⅲ．①国际法－研究②国际政治－研究
Ⅳ．① D99 ② D5

中国版本图书馆 CIP 数据核字（2020）第 112351 号

责任编辑　周玖龄
装帧设计　薛　宇
责任印制　徐　方
出版发行　**生活·讀書·新知** 三联书店
　　　　　（北京市东城区美术馆东街 22 号 100010）
网　　址　www.sdxjpc.com
经　　销　新华书店
印　　刷　三河市天润建兴印务有限公司
版　　次　2021 年 1 月北京第 1 版
　　　　　2021 年 1 月北京第 1 次印刷
开　　本　880 毫米 × 1092 毫米　1/32　印张 14.5
字　　数　288 千字
印　　数　0,001－3,000 册
定　　价　78.00 元

（印装查询：01064002715；邮购查询：01084010542）

目 录

"门罗主义"与全球化纪元

刘小枫

《大地的法》是施米特在第二次世界大战后的1950年发表的著作，通常被视为他晚期作品中的代表作。其实，这部著作的基本论题在"二战"之前已经成形，文本例证即施米特在1939年4月所做的题为"国际法中的帝国概念"的学术报告。两年后（1941），这篇学术报告以《禁止外国势力干涉的国际法大空间秩序》为书名出版了单行本。

所谓"国际法"本是欧洲国家之间形成的行为规则。对任何一个身属非欧洲政治体的智识人来说，产生如下问题都在所难免：何以欧洲国家之间的秩序规则会成为全球性的国际秩序原则。对于承负着在两千年文明史中形成的"中国秩序"原则的中国学人来说，这个问题尤其挥之不去。

一、门罗主义如何打破欧洲中心主义

按照施米特在这篇学术报告中的描述，基督教欧洲的国际法源自16世纪以来逐渐形成的均势原则，即以民族国家的领土性主权为基础的大国制衡机制，其具体体现即规范和约束欧洲国际战争的法规。

从1648年到1914年，欧洲各国秉承的国际法带来了怎样的和平？这些主权国家都宣称自己能够有权按照自己的主权决定来发动战争，那么，这些国家之间如何维持和平和国际法秩序呢？毫无疑问，导致这些主权国家和平共处的原因，并非真正的和平，而是持续存在的战争。这种和平仅仅是"不发动战争"。[1]

16世纪以降，因应西欧各王国的"地理大发现"及其在美洲和亚洲的殖民扩张，欧洲大国之间还发展出一种所谓amity lines（友好线）原则。这个原则的含义是，在基督教欧洲范围内，国家间的战争属于国家间的正常交往方式，但在基督教欧洲之外的地区，西欧各王国则相互友好，利益均沾，不可相互打斗。

旧的欧洲中心的国际法体系的根基在于，以正当的国家秩序为基础，欧洲的国家空间在国际法之中具有不

---

[1] 施米特，《禁止外国势力干涉的国际法大空间秩序》（方旭译），娄林主编，《地缘政治学的历史片段》（"经典与解释"第51辑），北京：华夏出版社，2018，页142—143（以下简称《秩序》，随章注页码）。

同的等差秩序，这种旧国际法体系在非欧洲的空间里实现和平，实现自由欧洲的扩张。非欧洲空间没有主人，也是未开化或者半开化之地，是待殖民的区域，欧洲的政治权力攫取的对象，而这些欧洲力量通过占有大量海外殖民地之后将成为帝国。（《秩序》，页141）

世界历史进入全球化时代的第一个阶段，是西欧各王国对欧洲以外新发现的地缘空间的自由占有，形成各自的"利益划分区域"。对欧洲以外的全球地缘空间中的政治体来说，这是赤裸裸的帝国式强力扩张：最初是对尚未开发的不毛之地的政治占有，随后是凭靠武力对亚洲国家宣称有自由通商的法权。"友好线"原则无异于划分了两个世界区域，而两个区域都有国际性战争，但欧洲国际法在两个区域有不同的用法，即所谓的"欧洲中心主义"。

从16世纪到19世纪，欧洲国家之间的战争从未间断。长达20年的反法同盟战争结束时的维也纳会议（1814—1815）表明，欧洲的国际法仍然具有"欧洲中心主义"性质。接下来，有两个标志性的事件足以表明，"从形式上看，国际法不再是欧洲-基督教的国际法"，全球化进程进入第二个历史阶段。第一，美国总统门罗（1758—1831）在1823年12月发表的宣言（史称"门罗主义"）"第一次冲击了欧洲中心主义的世界观"；第二，1856年，"土耳其被接纳进基督教的民族共同体"，成为其中一员（《秩序》，页140）。

相比之下，美国的《门罗宣言》具有更为重要的历史意义。因为，英国允许土耳其加入欧洲共同体和英国在1902年与日本结盟让日本成为"第二个非欧洲帝国"，不过是增加了欧洲大国俱乐部的成员，让它们进入"友好线"，有资格参与欧洲式大国扩张的自由竞争。与此不同——

> 1823年的《门罗宣言》的意义是建立一个禁止外部干涉的大空间。同样重要的是，《门罗宣言》代表了欧洲殖民化进程中遭遇的第一个封闭性的大面积区域。随着门罗主义出现了第一个非欧洲的帝国。（《秩序》，页145）

"门罗主义"的原初要义是三项宣称：欧洲列强不得把美洲大陆已经独立自由的国家当作将来殖民的对象，美国不干涉欧洲事务，也不容许欧洲列强干预美洲事务。这听起来像是我们耳熟能详的主权国家独立自主原则，实际上，《门罗宣言》表明新生不久的美国在为自己划定排斥性的地缘空间势力范围。因为，不准欧洲大国染指的不仅是美国本土，而且包括整个美洲：只有美国有权干涉美洲其他国家的事务，美国是美洲的家长。[1]

尽管如此，宣布独立建国的美国的主人是来自欧洲的殖

---

[1] 施米特，《以大空间对抗普世主义——论围绕门罗主义的国际法斗争》，《论断与概念》，朱雁冰译，上海：上海人民出版社，2016，页393（以下简称《斗争》，随文注页码）。

民者，这个新生的共和国虽然切断了与大英帝国的从属关系，但仍然是基督教欧洲大家庭的成员。因此，"门罗主义"让美国既从属于欧洲国际法体系，又打破了欧洲国际法的"欧洲中心主义"，从而开创了一种新的国际法原则：

> 在这一世纪转折点上，门罗主义是抵御某种外部空间势力干涉他国事务的理由，而另一方面，它又成为某种扩张空间的进攻性帝国主义原则……门罗主义从一种不干涉和抵御外部空间势力干涉的原则，变成美国以帝国主义方式干涉美洲其他国家的一种托词。（《秩序》，页100）

直到差不多两百年后的2013年11月，美国政府才正式宣布门罗主义时代已经终结，今天的美洲国家是平等伙伴，美国不再干预其他美洲国家事务。鉴于美国习惯于说一套做一套，实际上是否如此是另一回事。从晚近的委内瑞拉事件来看，美国对于俄罗斯的作为的确莫可奈何，但这并非因为美国自愿放弃门罗主义，而是因为瘦身后的俄罗斯有能力以门罗主义对付门罗主义。

二、门罗主义的世界政治史含义

在施米特看来，《门罗宣言》表明美利坚合众国由此成了美利坚帝国，它凭靠自己的国家武装力量建立起一种排他性的禁止域外势力干涉的Großraumordnung（大空间秩序）。

> 1823年，美国第一次提出门罗主义，直到今天，这仍是"大空间"原则在当代国际法历史中最成功的例子。对我们而言，这是独一无二、非常重要的"先例"。（《秩序》，页95）

《门罗宣言》实际上是美国对1815年形成的欧洲神圣同盟企图干涉美洲事务做出的坚决反应。因此，施米特指出，"真正原初的门罗主义"代表着一个历史进步的政治正当性原则，即反对君主制的王权政制的合法性，而基督教欧洲的国际法恰恰基于君主制的神圣正当性——维也纳协议是其最后的表现。如果基督教欧洲的君主制列强有干涉西班牙和意大利的民主革命的合法性，那么，从逻辑上讲，它们也有"干涉拉丁美洲国家的革命进程"的合法性。

> 美洲大陆的人民认为自身不再是外国政治强力的臣民，也不希望成为外国殖民的对象。这便是门罗主义所宣称的"自由和独立的姿态"，这种骄傲直接针对欧洲君主制的"政治体系"。美洲大陆的人民并不希望介入这种欧洲"体系"，根本上说，这违背了他们自身的意愿：他们拒绝接受来自于欧洲体系的任何"干涉"和权力转移。（《秩序》，页103）

我们作为中国人自然会钦慕这种美国精神，因为，一百多年来，屡屡遭受列强欺凌的中国人前赴后继致力追求的正是这种"自由和独立的姿态"。奇妙的是，《门罗宣言》之后，美国将自己的国家权力转向亚洲并干涉亚洲的政治空间：1844年7月，美国趁鸦片战争之机派自己的东印度洋舰队进抵广东沿海，在澳门望厦村迫使中国政府签订《望厦条约》，分得与英国同等的靠武力获得的权利，某些方面甚至还享有比英国更多的权利（如更大的领事裁判权范围）。

欧洲大国（英法两国）主导的鸦片战争不仅侵犯中国的主权，也打破了有悠久历史的东亚文明秩序：1846年，美国派遣海军准将贝特尔（James Biddle）率舰队进抵日本试图开设通商渠道未果，7年后（1853），海军准将佩里（Matthew C. Perry）率舰队再抵日本，以武力迫使日本于次年签订《日美和亲条约》（《神奈川条约》）。美国本来企望与日本签订的通商条约有《望厦条约》那样的条件，但除了最惠国待遇外，其他条件均未得到满足。1858年7月，趁第二次鸦片战争之机，美国迫使日本签订《日美修好通商条约》，获得了5年前未曾得到的所有各项权利。[1]

1866年8月，美国的武装商船舍门将军号进抵鸭绿江入海口处的龙严浦，在通商要求遭到拒绝后，船上的美国海军以武力威胁，引发朝鲜官民抵抗，火攻美国商船，逼退美国

---

〔1〕 中日韩三国共同历史编纂委员会，《超越国境的东亚近现代史（上）：国际秩序的变迁》，北京：社会科学文献出版社，2013，页24—25。

人。5年后（1871），美国派遣5艘军舰进抵朝鲜半岛西海岸中部，但美军在登陆离汉城（今首尔）不远的江华岛后，遭到朝鲜军顽强抵抗。

朝鲜拒绝欧美列强凭靠武力的通商要求，借助与中国之间的"朝贡册封关系为自我防护的凭据"。换言之，欧美列强在朝鲜遭遇到古老的"中国秩序"的排斥（同上，页26—29）。可是，经过明治维新后的日本积极学习基督教欧洲大国的恶习，"仿效西方列强用在东亚地区的炮舰外交方式"对付朝鲜：1875年9月，日本出动军舰云扬号到朝鲜武装示威（同上，页35—37）。

发人深省的是，日本凭靠仿效西方列强成了东亚空间中的欧洲式帝国后，美国竟然教唆日本在东亚推行"门罗主义"，前提是必须保证美国在东亚的"机会均等"和"利益均沾"：

> 倘若俄国是英国的敌人，人们就不至于对日本推行亚洲门罗主义提出异议。早在1905年，据称当时的西奥多·罗斯福总统就鼓励日本枢密顾问金子坚太郎将门罗主义转用于亚洲。罗斯福当时的出发点显然是下述观念，门罗主义之转用只是意味着从经济上为美国资本开放东亚，可见，这是将英美帝国主义的世界经济的方法转用于亚洲，尤其转用于中国。因此，具有这种目的和内容的东亚门罗主义不是别的，而只是英美资本进行剥削而开放中国，即将中国变成美国和英国的殖民地。（《斗争》，页398）

施米特并没有忘记指出，英美资本主义在中国谋求利益与日本觊觎中国东北乃至"改变、重组中国的要求"有着本质差别。《门罗宣言》之后的美国在东亚的一系列行为表明，美国一方面切割了与欧洲大国的关系，另一方面仍享有基督教欧洲的君主制王权国家间的"友好线"待遇。然而，1898年的美西战争之后，美国夺取西班牙在东南亚的殖民地菲律宾，实际上打破了欧洲大国间的"友好线"。

1899年9月，美国政府针对列强在中国的行为提出了"门户开放"和"机会均等"的权利要求。值得注意的是，由英籍中国海关雇员希普斯利帮忙制定的"门户开放"声明是在甲午战争之后5年、山东教案之后2年出笼的，它体现了正在崛起的美国对加入包括日本在内的列强对中国进行瓜分并分沾地缘战略利益的强烈意愿。[1] 施米特有理由说，"门户开放"声明充分表明门罗主义转变成了帝国主义式的扩张原则（《秩序》，页105）。

《门罗宣言》明确针对美国与欧洲的国际关系，它表明美国力图凭靠自身的地缘位置打造"禁止外国干涉"的地缘政治空间。"门户开放"声明虽然同样针对美国与欧洲的国际关系，但目的是参与瓜分东亚的利益，与《门罗宣言》并行不悖。

---

〔1〕 相蓝欣，《义和团战争的起源》，上海：华东师范大学出版社，2003，页123—124。

门罗在1822年针对俄国和神圣同盟对美洲局势的干涉而提出的抗议与欧洲或者亚洲的资本主义世界市场利益有何相干？（《斗争》，页396）

第一次世界大战爆发后，美国派军队投入欧洲战场，情形就不同了：美国抛弃了不干涉欧洲冲突的"门罗主义"承诺。

1914年欧洲爆发欧洲式的大战之后，威尔逊（1856—1924）认为美国应该抓住时机介入战争并站在协约国一方，但由于借助让美国人"远离[欧洲]战争"（he kept us out of the war）的竞选口号赢得总统连任；他一时很难改口说服美国人远渡重洋到欧洲参战。今天的美国史学家说，未料德国人帮了威尔逊的忙：1917年2月1日，德国宣布恢复"无限制潜艇战"，威尔逊政府随即宣布与德国断交。紧接着，英国情报部门截获了德国企图援助墨西哥革命给美国制造麻烦的电报；再接下来，德国潜艇在没有任何事先警告的情况下击沉了三艘美国商船。

美国对德国宣战的理由已经足够了，但要违背《门罗宣言》还需要为美国参战提供更高层级的理由。1917年4月2日晚，威尔逊以情绪激动的演说强烈要求国会授权向同盟国开战，他提出的参战理由是捍卫"自由民主"的价值。

欧洲国家的政府进行战争的原则与美国介入战争的理由大相径庭。自由国度的美国认为，为了使民主战胜独裁，值得进行战争。所以，威尔逊总统在阐述介入战争的理由时使用的语词是"联合"（associated）而非"结盟"。[1]

不仅对于基督教欧洲，而且对于整个世界来说，威尔逊提出的这一参战理由在世界政治史上都算得上是划时代事件。

> 将一个属意于空间限制的不干涉原则变成一个无空间限制的普遍干涉原则之所以成为可能，是因为威尔逊以自由民主和与之相关的观念，尤其以"自由的"世界贸易和"自由的"世界市场的意识形态思想取代了原初的和真正的门罗原则，一场围绕门罗主义的激烈的思想斗争就此展开。（《斗争》，页396）

美国的参战以及威尔逊在战后给巴黎和会带去的新"国际主义"原则不仅"宣告了欧洲中心主义的崩溃"（《秩序》，页141），而且更改了欧洲式国际战争的传统性质：非歧视性战争变成了歧视性战争。因为，美国的参战理由让协约国与同盟国的战争变成了民主与专制的战争，从而"垄断了对正义战争的判断"。

---

[1] 博斯科，《美国人眼中的第一次世界大战》，孙宝寅译，北京：当代中国出版社，2006，页59—62，引文见页62。

当前的日内瓦国际联盟与一个普世的天下世界秩序的结合，尤其是正义战争与非正义战争的成功区分，导致了一种危机（正如东亚、非洲以及西班牙发生的事件所示），即如今不仅不可能区分正义与非正义战争，甚至不可能区分"战争"与"非战争"——这就是说，甚至无法判断战争是否存在。[1]

1931年9月，日本在中国东北制造"九一八事变"，正是利用了这样的法理，以至于这一事件很长时间内都没有被视为针对中国的战争行为。如施米特在1937年的学术报告中所说，1932年以来的"决定性现象是，日本侵略东亚为国际联盟的战争概念引入了新的问题"；发生在东亚的事件"极为悲剧性地证明，战争概念上的混乱困惑带来了新的困境，而全世界都意识到，现有的国际法并不能解决这一困境"（《战争》，页7—8）。令人惊诧的是，直到今天，美国仍然凭靠这一战争法理不断发动形形色色的战争和准战争（如煽动他国的"不从国教者"搞暴乱）。

---

[1] 施米特，《转向歧视性的战争概念》（方旭译），娄林主编，《施米特论战争与政治》（"经典与解释"第52辑），北京：华夏出版社，2019，页5（以下简称《战争》，随文注页码）。

三、"门罗主义"的政治史学含义

无论如何，"威尔逊主义"绝不仅仅意味着门罗主义变成了"扩张空间的进攻性帝国主义原则"。不过，施米特指出，以"自由民主"的正当性名义干涉域外政治制造他国动乱，并不是美国的发明，而是继承"大不列颠世界帝国航道安全"原则的做派。

从形式上看，美国的"新门罗主义"与"大不列颠世界帝国航道安全"原则完全相反：

> 门罗主义意图的是美洲大陆这个实际空间，但是，大不列颠世界帝国压根儿就没有一个实际的空间，而是某种分散在距离很远的大陆，如欧洲、美洲、亚洲、非洲和澳大利亚的货运政治联盟，这并非实际空间。原初的门罗主义防止外部空间势力的干涉，捍卫某种抵抗、反对当下政治力量的新政治理念，就此而言，它具有其政治意义。与之对立的是，从国际法的观点来看，大不列颠世界帝国航道安全原则并非是当下适用的正当性概念的经典案例。(《秩序》，页107)

大英帝国为了维持自己的跨越地缘空间的帝国形态（迪斯累利让英国女王同时是印度女王甚至香港的女王），得凭靠"海洋自由"的旗号控制海洋通道。事实上，所谓"海洋自由"不外乎是凭靠超强武力主导战争胜负的大国的权力自由。比如，当时的英国宣称"达达尼尔海峡的自由"，不过"意味着大英帝国的军舰为了攻击俄国驻扎黑海的海军，可以自由地在这些海峡航行"。凭靠"以自由民主为导向的人道主义的普世性解释"，这个"分布于全球的地缘性世界帝国"能够把自己强盗性质的利益诉求说成一种"普世性的合法概念"，把"疆域之内的帝国利益等同于人类的利益"（《秩序》，页108、114）。因此，施米特坚持认为，"在国际法的讨论中，海盗概念一直是个值得探讨的问题"，它绝非"纯粹的理论琐事"，相反，它"代表一种全新的国际法的突破，这种国际法推翻了国家概念"（《战争》，页12）。

施米特说，没有必要把大英帝国的这种宣称"解释为伪善和谎言"，毕竟，欧洲国际法的传统形态总是与大国的政治实力有关，而大国难免遭遇历史的兴衰。因此，问题仅仅在于，"大英帝国的利益与国际法之间的和谐能够维持多久"。显然，一旦大英帝国的政治实力衰落，大英帝国式的国际法就难以维持下去（《秩序》，页114）。英国的政策与美国的门罗主义在巴拿马运河问题上的冲突，已经显明了两种不同国际法原则的对峙：

> 此番较量以美国的全面胜利而告终，作为现实的伟大秩序原则，门罗主义要优于英国普世原则。（《秩序》，页112）

可是，在大英帝国走向衰落之际，美国领导人西奥多·罗斯福和威尔逊并未持守门罗主义的"原始要义"，而是承接大英帝国的"普世原则"，把门罗主义重新诠释成一种"普世性–帝国性全球原则"。严格来讲，原初的门罗主义"从一个具体的地缘历史"的"大空间"概念蜕变为普遍适用于全球的"普世性–人道主义的世界法"，标志着如今我们所看到的"全球化"秩序的真正来临。

> 这个帝国相信它自身已经拥有足够的自我正当性。西奥多·罗斯福和威尔逊总统将门罗主义普世化，破坏了大空间不干涉原则，由此转变为某种超越国界的干涉主义。当这种普世性宣称它的整体性的时候，即1917年1月22日，威尔逊总统发布的宣言，标志着美国政策的着眼点已经从其本土转向某种大英帝国式的世界和人类联盟的帝国主义。（《秩序》，页114）

威尔逊主义中有一条十分著名的被喻为政治"快刀"的"民族自决"原则，它针对的是基督教欧洲数百年来的均势体系这堆"乱麻"：从今以后，国际秩序不应再建立在均势的基础之上，而应以民族自决为基础。这一原则促成了《凡尔赛条约》中的少数民族法"，在施米特看来，其"内容包含诸多稀奇古怪和错综复杂的矛盾倾向"，其中最为关键的是"普世性的自由–个体主义思想"：

在这种思想看来，平等和平等的对待是偶然成为"少数民族"者的保障。自由的个体主义思想和跨国的普世主义是同一意识形态的两极。国民的平等和自由宪政主义的自由权利被视为欧洲文明化进程真正的基本规范。它们代表了国际法共同体成员的国内"标准"，这个标准使得国际法共同体成员同质化。（《秩序》，页117）

正是凭靠这条标准，美国的"新门罗主义"有了全球干涉的合法性依据，并以此"作为思想和道德武器的一部分，朝向某种新的、整体的世界战争，朝向一场伟大的'正义战争'"（《秩序》，页115）。奇妙的是，大英帝国"作为真正的自由合法的宪政国家"却"在国际法之下并没有保护少数民族，甚至还曾讨论过如何镇压他们"：

从概念上讲，西方民主制中不可能存在任何少数民族需要得到"少数民族"的保护。（《秩序》，页117）

在美国的主导下，西欧大国（英法）的国际霸权主义与自由民主的普世主义正式结盟，使得它们凭靠凡尔赛体系拥有了"控制和干涉东欧国家的权力"，而实际上这不过是由于它们凭靠美国的介入而赢得了这场战争的胜利，"而且正由于这场胜利，它们的控制和干涉还可以不断扩张"：

宣扬西方外部势力的控制和干涉，遂成为一种明目张胆的不和谐之举，这里发生作用的是第三种空间概念。日内瓦和凡尔赛的国际法规定的少数民族保护区域，局限在波罗的海到地中海一带，这是历史发展的结果；事实上，这个地带历来为兵家必争之地。(《秩序》，页118)

换言之，无论"民族自决"原则还是所谓"普世性的自由-个体主义思想"，一旦运用于国际关系领域，往往不过是掩盖大国干涉的借口。因为，在国际关系领域，所谓"保护少数民族"的要求实质上涉及的是"干预"(intervention)问题，而这来自国际法思想强调个人优先的法理(《战争》，页11，比较页17—20)。

在所有重要的欧洲事务中，其中包括保护少数民族法，都看得到普世主义方法之混淆视听的和破坏性的作用，其根本性祸害在于它源源不断地为不属此一地区的大国的干涉提供借口和机会。……当威尔逊总统在1917年1月22日庄严宣布门罗主义必将成为世界主义的时候，做伪之工已达到登峰造极。他对世界主义的理解，并不是将真正的门罗主义所包含的不干涉主义的地区思想转用到其他地区，而是相反，将自由民主的原则无地区差别和无界线限制地广延到整个地球和全人类。(《斗争》，页394、395—396)

第二次世界大战之后，随着"美利坚帝国"取代大英帝国的全球化势力，美国"将一个专指美洲的空间思想变成一个超国家、超民族的世界意识形态"，亦即"将门罗主义用作盎格鲁－撒克逊人以资本统治世界市场的工具"。这种"新门罗主义"的核心要义是：让"一个普遍的无地域和无界限的世界主义"以自由民主的正义名义成为干涉世界上任何地方的政治事务的"合法理由"（《斗争》，页396）。直到今天，这种"自由民主的国际正义"的借口还不断出现在美国政府发言人的口中。

四、"超克"门罗主义纪元

不难设想，如今谁要用"门罗主义"的原初含义即"禁止外国干涉"来对付美国主义，那么，他就会遭到"新门罗主义"的"民族自决"原则和"普世性的自由－个体主义"民主原则的反驳。施米特敏锐地看到，西方民主思想的自由主义意识形态已经成了帝国主义式的"神圣原则"：

> 现在，自由主义服务于法律意义上对当下境况的裁决，并为瓜分全球提供法律的神圣性，提供合法性和正当性的神圣意义。今日的西方民主就处于19世纪早期神圣同盟在欧洲所处的位置上。（《秩序》，页104）

这话的含义是：如果反对君主制神圣同盟的自由民主－

资本主义的意识形态在19世纪具有历史的正当性，那么，到了20世纪，这种"西方自由民主的神圣同盟"就应该是"新的政治理念和新成长的民族"的革命对象。奇怪的是，在施米特看来，这种"新的政治理念"或"新成长的民族"所凭靠的正当性原则又恰恰来自门罗主义的"原初含义"。因此，施米特盛赞原初含义的"门罗主义"，称它为后殖民时代的国际法奠定了基本的正义原则，即独立自主的有自我觉醒意识的政治"大空间"原则：

> 这就是门罗主义伟大的原初核心，一种真正的"大空间"原则，即下述几点之间的关系：政治觉醒的民族、政治理念、这一理念主导的"大空间"、一种排除外国干涉的"大空间"。对于我们而言，并非门罗主义，而是它的核心，即国际法的"大空间"秩序概念，能够转换到其他空间、其他历史处境以及敌友阵营。（《秩序》，页103）

换言之，"国际法的大空间"概念才应该是全球化秩序的基础。

> 具有本质意义的是，只要一个具体限定的、不容许外来势力干涉的大空间的思想得到坚持，门罗主义便始终是真实的、未掺假的。……事实上，原初的美国门罗主义与现代自由资本主义的帝国主义原则和方法毫无关

系。它作为真正的地区主义甚至与无视地区将地球变成一个抽象的世界性资本市场的做法明显对立。（《斗争》，页 393—394、395）

既然历史中的门罗主义已经蜕变为"自由民主"意识形态的全球化普世主义原则，它在本质上"会造成一切人对一切事务的干涉"，并成为美国主义的代名词，那么，要回到门罗主义的"原初含义"就必须超越美国主义的国际意识形态。

与1941年发表的《禁止外国势力干涉的国际法大空间秩序》对勘，我们可以发现，《大地的法》具有更为广阔的世界政治史视野（从荷马说起），也具有更为明晰的"全球化"视野。但是，《大地的法》删除了1939年的学术报告中的一个关键论题，即"大空间"原则与新的帝国形态的关系：

> 帝国、大空间和不干涉原则之间的联系是根本性的。由于这种联系，"干涉"和"不干涉"的概念，获得理论上和实践性的适用性，这两个概念对于一种建立在不同民族的共同生存基础上的国际法不可或缺，但这种概念却异常混乱。（《秩序》，页122）

《禁止外国势力干涉的国际法大空间秩序》与《大地的法》之间正好隔着一个第二次世界大战。与第一次世界大战一样，第二次世界大战很难说是民主与专制的决斗。毕竟，与美英结盟克制德国和日本法西斯的苏联帝国，并非英美帝国眼中的"自由合法的宪政国家"。严格来讲，德国和日本军国主义是在模仿美国的"新门罗主义"，从而不过是各色"新门罗主义"之间的血腥冲突。唯有中国的抗日战争是在抵抗日本的"亚洲式门罗主义"，因此，"二战"中的中国战场具有与其他战场完全不同的世界史含义：太平洋战争爆发之前的中国抗战10年史（1931—1941）充分证明了这一点。

"二战"之后的所谓"冷战"，仍然不过是两种"新门罗主义"之间的对抗。真正争取自己的排除外国干涉的"大空间"的"政治觉醒的民族"，只能在这两种"新门罗主义"的两极对抗的夹缝中成长。由此可以理解，冷战时期的施米特在新中国身上看到了在全球化纪元实现"国际法大空间"构想的一线微光，尽管它当时还笼罩在"一个内在矛盾"的阴影之中：

> 这个矛盾将一个无空间限制的全球共同的绝对的世界敌人——马克思主义的阶级敌人与一个可划分地域的、中国和亚洲在抗击资本主义的殖民主义时的实际敌人结合起来。这是一个一体世界（One World）——即一个地球、一个人类与一个在其自身和相互间理性地达至平衡的多数大空间的对立。[1]

---

〔1〕 施米特，《游击队理论》，《政治的概念》，刘小枫编，刘宗坤等译，上海：上海人民出版社，2015，页194—195。

施米特没有看到，这个"内在矛盾"恰恰来自欧洲的"现代自由资本主义"的"内在矛盾"，新生的中国要克服这个"内在矛盾"并不容易。在两次世界大战之间的历史时期施米特已经看到：

> 只有当禁止外部空间大国进行干涉的国际法的大空间得到承认，帝国概念的旭日升起的时候，在一个划分合理的地球上的一个可界定的共存才可以设想，不干涉原则才可能在一种新的国际法里发挥其确立秩序的作用。（《秩序》，页122）

但是，施米特当时没有看到也不可能看到，在欧洲的"现代自由资本主义"和由此衍生的法西斯主义怪胎厮杀的历史语境中，根本不可能形成"新的政治理念"。尽管如此，《游击队理论》表明，思想敏锐的施米特能够超越冷战语境，从新中国的成长经历中看到有自我觉醒意识的"新的政治理念"得以生长的土壤。因为，只有新中国的建立以及随后的朝鲜半岛战争，"禁止外部空间大国进行干涉的国际法的大空间"才真正第一次得到承认，尽管是初步得到承认。

我们应该意识到，在《游击队理论》中，施米特再没有提到原初含义的门罗主义对形成"大空间"秩序概念的历史意义，取而代之的是"依托乡土"（autochthonen）或"依托大地的品格"（tellurischer Charakter）。在毛泽东的多极"大空间"思想的启发下，施米特回到现代欧洲自由资本主义的诞生时期去找寻"大空间"秩序概念"依托乡土"的品格。这意味着施米特终于意识到，即便是原初含义的门罗主义也不可能是"大空间"秩序概念的发祥地。毕竟，美国的土地并非美国人的"乡土"，而是欧洲殖民者靠政治占有夺取的空间。因此，原初含义的门罗主义不可能包含"大空间秩序"这个"新的政治理念"。

不过，施米特的如下说法完全有道理：

> 并非所有的民族都能够经受住创建完美的现代国家机器的能力检验，只有少数几个民族能靠自己组织的、工业的和技术的能力打一场现代的物质性战争。一个新的地球秩序以及一种成为当今头等国际法主体的能力，不仅需要高度"自然的"，即与生俱来的品质，而且还必须要有自觉的纪律、高度的组织和以自己的力量创造现代国家机器并将之牢牢地掌握在自己手中的才干，这是只有高度集中人的理智力量才可能完成的。(《秩序》，页132)

施米特的《游击队理论》已经证明，新中国如何凭靠"依托大地的品格"成长为"一个新的地球秩序"的有自我觉醒意识的"头等国际法主体"。尽管如此，我们必须看到，新生的中国迄今还没有完全实现"禁止外部空间大国进行干涉"的独立自主的大空间秩序。对我们来说，施米特的如下警告没有失效：那些"普世主义者是不可救药的，因为他们无力摆脱西方自由民主大国的意识形态"(《斗争》,页394)。毕竟,至少我们自己作为自由知识分子无不是不可救药的普世主义者。

关于这部文集

2018年8月,古典文明研究工作坊主持的第二届"六绎论坛"在长春举行。这届论坛的主题是"施米特的《大地的法》与现代中国",共收到论文12篇,在此基础上,与会者围绕《大地的法》展开了深入讨论。论坛结束后,各位作者对自己的论文做了修改和补充。论文得以结集出版,则要感谢生活·读书·新知三联书店副总编辑舒炜提供的支持。

古典文明研究工作坊

2019年3月初稿,10月改定

欧洲文明的"自由空间"与现代中国

读施米特《大地的法》札记

刘小枫[*]

引　子

麦克尼尔（William H. McNeill，1917—2016）在1963年出版的《西方的兴起》（*The Rise of the West*），据说堪称"全球史"或"新世界史"的诞生标志。[1]的确，我们应该注意到，该书有这样一个副标题："人类共同体史"（A History of the Human Community）。

要理解《西方的兴起》何以算得上"全球史"的诞生标志，并不容易。显然不能说，关注大范围、长时段的历史现象，便足以开创世界史的新样式。着眼高度宏观的大结构、大过程、大比较的历史叙事，是18世纪以来的世界史名家

---

[*]　作者为中国人民大学文学院教授。

[1]　伊格尔斯、王晴佳、穆赫吉，《全球史学史：从18世纪至当代》，杨豫译，北京：北京大学出版社，2011，页411；曼宁，《世界史导航：全球视角的构建》，田婧、毛佳鹏译，北京：商务印书馆，2016，页66—67。

都有的本领。

如果说颠覆史学的"欧洲中心主义"是作为世界史新样式的"全球史"的关键特点，那么，麦克尼尔用"西方的兴起"这个主标题凸显现代欧洲文明具有的"普遍历史"意义，就很难说他摆脱了通常所谓的"欧洲中心主义"。

如果说从以国家为本位转向以人类日常社会生活为本位是"全球史"的标志，那么，麦克尼尔的这部大著以西方现代国家的生活方式为本位，显然并不符合这条标准。

在笔者看来，《西方的兴起》之所以算得上"全球史"的诞生标志，是因为麦克尼尔信奉诞生于18世纪的"世界公民论"（the cosmopolitanism）。麦克尼尔在《西方的兴起》中宣称，这是他确信不移的"说服力极强的信念"。[1]正是基于这样的信念，当今的"全球史"编撰学才得以宣称颠覆了史学中的"欧洲中心主义"习性，呼吁从国家本位转向人类日常社会生活本位。

眼下我国史学界热情满怀地与当代西方的"全球史"史学接轨让笔者想起：早在麦克尼尔的《西方的兴起》问世之前13年，施米特的《大地的法》（1950）就已经开创了一种"全球史"，而且实实在在颠覆了政治史学中的"欧洲中心主义"。[2]但与晚近的"全球史"研究取向不同，施米特仍然

---

〔1〕 麦克尼尔，《西方的兴起：人类共同体史》，孙岳等译，北京：中信出版社，2015，下册，页843。

〔2〕 施米特，《大地的法》，刘毅等译，上海：上海人民出版社，2017（以下凡引此书均随文注页码，全书同，译文微调之处不一一注明）。

持守以国家为本位的传统政治史学品格，并不把人类日常社会生活或社会结构的变迁之类的现象视为世界史研究的首要关切对象。

值得思考的问题来了：以国家为本位的世界史研究，何以可能颠覆史学乃至人文学其他学科中的"欧洲中心主义"？

一、难言的论题

《西方的兴起》的核心篇章是第三篇，此篇标题"西方统治的时代"所确定的历史大时段为1500年至1950年，与书名互为表里。麦克尼尔力图展现这样一个历史事实："现代文明"等于"欧洲文明"，"欧洲文明"等于"西方统治的时代"或"西方的兴起"。

在汉语的日常用法中，"西方"这个概念颇为含混，既是古希腊文明、古罗马文明和欧洲文明的总称，实际含义又更多指16世纪以来崛起的现代欧洲文明。毕竟，入侵中国的既非亚历山大的希腊联军，也非恺撒的罗马军团，而是英法联军。甲午海战之前，中国在自己家门口已先后与英国和法国发生过军事冲突。北京天安门广场上的人民英雄纪念碑的碑文铭记着"1840年以来为中国的独立自主而牺牲的英雄"，标明中国的近代史以"鸦片战争"为开端，完全符合中国式的世界史分期。

这一历史事实提醒我们，"欧洲中心主义"这个概念颇为含混。"欧洲"长期四分五裂，各王国间战事不断，所谓"欧洲中心主义"当指欧洲的某些强权国家的世界性支配。[1]但即便19世纪初期的维也纳会议也没有真正确定欧洲强国究竟是谁：脆弱的俄、普、奥三国"神圣同盟"并不能支配英国，法兰西也没有因拿破仑战败而彻底丧失实力。[2]

1833年，兰克发表《诸大国》（又译《论列强》），力图凭靠欧洲人在不到一个世纪之前才刚刚开启的世界历史视野来考察晚近一个半世纪（17世纪末至19世纪初期）的欧洲大国冲突，并把这一历史时段称为"世界时刻"（den Weltmoment）。换言之，在兰克眼里，"世界"构成的基本要素是大国冲突。这篇长文不仅是史学史公认的世界史经典文献，也是"欧洲中心主义"史学的圭臬。通过展示欧洲大国之间相互冲突的最新"趋势"，兰克致力澄清"普遍流布的"关于"现代世界形成过程"的若干误识。[3]从而，所谓"欧洲中心主义"史学，首先指欧洲诸大国争夺世界支配权的史学。

接下来的"欧洲中心主义"世界史的经典之作，恐怕不得不提到麦金德（Halford J. Mackinder，1861－1947）的《历

〔1〕 莱瓦克等，《西方世界：碰撞与转型》，陈恒等译，上海：格致出版社，2013。
〔2〕 比较普赖斯，《拿破仑三世和第二帝国》，素朴译，上海：上海译文出版社，2003。
〔3〕 兰克，《世界历史的秘密》，文斯编，易兰译，上海：复旦大学出版社，2012，页161。

史的地理枢纽》（1904）和《民主的理想与现实》（1919）。[1]
麦金德虽然是政治地理学名家，但他的地理学思想明显具有
世界史视野，并以某种政治理论为前提。

按照历史社会学路向的世界史观点，诸种文明之间的地
缘政治冲突算得上世界历史最为重要的内在动力机制。[2]文
明冲突从古至今都主要体现为政治体之间的冲突，而欧洲自
1500年以来直到1950年的冲突，则是同一文明内部的国家
间冲突。因此，"欧洲中心主义"史学以国家为本位，不仅
有道理，也符合史实。

晚近的"全球史"以人类日常社会生活为本位，其前提
似乎是：欧洲文明内部争夺世界支配权的血腥厮杀已经决出
胜负，自由主义政治人所憧憬的全球化"世界公民"社会时
代即将来临。即便没有来临，也值得号召全世界自由民主知
识人联合起来，反对任何形式的国家本位，包括代议制的民
主政体，促使"世界公民"的全球社会早日来临。于是，史
学界的自由民主知识人高举反"欧洲中心主义"大旗，各显
才华重述世界史，开创了"全球史"的新叙事。

施米特的《大地的法》所开创的"全球史"研究仍然
以国家为本位，同时又超逾了"欧洲中心主义"，其学理依
据反倒是：大国间的厮杀并没有终结，不过是越出欧洲范

---

〔1〕麦金德，《历史的地理枢纽》，林尔蔚、陈江译，北京：商务印书馆，2010
（以下简称《枢纽》，随文注页码）。
〔2〕伯克，《文明的冲突：战争与欧洲国家体制的形成》，王晋新译，上海：
上海三联书店，2006，页161。

围扩展到全球而已。1500年以来的世界历史的现代"纪元"（Era）是欧洲崛起的历史时刻，因此被称为"欧洲纪元"（the European Era）。这一"纪元"的终结虽然意味着"欧洲中心"的终结，却并不意味着以国家为本位的冲突已然终结。不如说，现代式的"欧洲纪元"所开启的欧洲内部的大国冲突格局已经扩展为全球范围的冲突。

历史社会学家有理由用统计数字来证明，"战争如何促成国家以及国家如何导致战争"仍然是政治史学面临的基本问题：在18世纪，整个世界共有68场战争，死亡人数四百万；在19世纪，共有205场战争，死亡人数八百万；20世纪则有275场战争，死亡人数一亿一千五百万。[1]

当面对问题意识明显不同的两种"全球史"概念时，选择与以人类日常社会生活为本位的"全球史"接轨便意味着，我们相信"世界公民"社会的全球化时代真的会来临。如果情形并非如此，如果18世纪以来迄今不衰的"世界公民"社会理念也许是一种乌托邦，如果国家间的厮杀依然频繁而且惨烈，那么，我们的史学研究和教学致力于给年轻一代灌输自由民主的"世界公民"意识，其结果便是让我们的后代忘记自己脚下的土地仍然存在于以国家为本位的全球化冲突的世界历史时刻。

差不多半个世纪前，著名德裔美籍世界史学家吉尔伯特

---

〔1〕 蒂利，《强制、资本和欧洲国家：公元990—1992年》，魏洪钟译，上海：上海人民出版社，2012，页81。

（Felix Gilbert，1905—1991）就宣告了"欧洲纪元的终结"（the End of the European Era）这一不争史实。[1]我们直到今天才大致清楚这一历史实情，不过是因为该书出版之际，冷战尚未结束，我国也正在进行"史无前例"的第二次"革命"。

今天的我们同样很容易清楚地看到，该书副标题"从1890年到当今〔1970〕"，正是古老的中华帝国艰难转型进入世界史的历史时刻。如果我们要从世界史中吸取经验教训，那么，对我们具有启发性的就不会是麦克尼尔的《西方的兴起》，而是施米特的《大地的法》。

在简短的"前言"结尾处施米特就宣告："欧洲纪元"已经终结，但这个纪元所引出的全球性恶果不仅没有终结，整个人类的命运还因为这一恶果而更为前景难卜：

> 迄今为止的欧洲中心（europa-zentrische）的国际法秩序在走向衰落，古老的大地法则亦日薄西山。传统秩序源于对新世界的童话般的惊奇发现，源于一种空前绝后的历史事件。只有借助奇幻般的类比想象，人们才能设想一个现代版的国际法秩序，即人类登月的途中发现了一个新的、未知的星体，可以对其自由开发和利用，从而减轻了人类在地球上的争斗。即便以这种想象

---

[1] Felix Gilbert, *The End of the European Era: 1890 to the Present*, London: W.W.Norton, 1970；比较 Felix Gilbert, "Bernardo Rucellai and the Orti Oricellari: A Study on the Origin of Modern Political Thought", *Journal of the Warburg and Courtauld Institutes*, Volume 12, 1949, pp.101–131。

为根据，对于新的大地法则来说，仍然存在悬而未决的问题，这些问题不是借助自然科学的新发现所能解决的。（页2）

新派的"全球史"研究据说特别注重世界史研究的具体性，比如商业交往、物种传播、疾病蔓延、气候变化，乃至各种日常生活状态。韦尔斯（John E.Wills）的《1688年的全球史：一个非凡年代里的中国与世界》（2001）名噪一时，据说连续35周高居《纽约时报》畅销书榜前10名。作者把康熙大帝治下的中国人、彼得大帝治下的俄罗斯人、大苏丹统治下的土耳其人、奥朗则布治下的印度人、耶路撒冷的犹太人乃至澳大利亚的原住民——更不用说欧洲各显要王国的欧洲人在1688这一年的生活细节蒐集一册，让刚刚进入21世纪的英语世界读者对世界史的感觉耳目一新。

尽管如此，韦尔斯承认，在1688年，仅有极少数"几类欧洲人""能够全面把握世界各个地区、各个民族的多样性及其分布和联系"。这无异于承认，"欧洲中心主义"的产生自有其历史依据。通过展示1688年的全球生活状态，作者希望让今天的人们体会到的最大的世界历史巨变，并非当时的世界"空旷多了，有大片森林和田野绵延"，也不是当时的世界"安静多了，没有扩音器，没有内燃机"，而是"人类的技术"竟然会有如此迅速的变化，"政治秩序、生活形态"会有如此"天翻地覆的转变"。因此，在"序曲"中，韦尔斯提及最多的极少数"几类欧洲人"之一是洛克。[1]

洛克的政治学说并没有影响1688年的"光荣革命",倒是启发了后来的美国革命。我们难免会问:新派的"全球史"在颠覆"欧洲中心主义"的同时,是否又在打造一种"美国中心主义"?

韦尔斯的说法让我们看到,"全球史"研究应该关注的历史具体性,与其说是人类共同体社会生活的日常状态,不如说是人类生活的秩序法则。1688年的世界并没有全球统一的秩序法则,如今我们的耳边不断听见"国际社会""国际秩序""国际舆论""国际法庭"之类的声音,似乎冥冥中真的有一种国际的Nomos(法),其实不然。

施米特的《大地的法》作为"全球史"经典之作,关注的正是这样的历史具体性:欧洲国际法的形成及其历史嬗变是怎么回事。如果说曾有过一种"欧洲中心主义",那么,欧洲国际法至少算得上这种"主义"的具体体现。问题在于,施米特说这种"国际法秩序在走向衰落"。

有一种观点认为,施米特笔下的Erde这个语词不应译作"大地",而应译作"地球",因为施米特笔下的Erde包括海洋。施米特在"前言"中引用的歌德诗句可以证明,这种看法是错的。

歌德写道:"所有无关紧要的事物终将消散,只有海洋

---

[1] 韦尔斯,《1688年的全球史:一个非凡年代里的中国与世界》,文昊等译,北京:新世界出版社,2011,页3—4。

和大地巍然不动。"在这里，Meer（海洋）与Erde（大地）并列对举，可见Erde不能译作"地球"。用我们的传统语汇来表达，也许Erde译作"天下"更为切合施米特的含义。毕竟，施米特关切的是秩序和统治规则。我们若把"大地的法"读作"天下的法"，或者在涉及Erde（大地）这个语词时不妨读作"天下"，可能更有意味。

笔者并非要建议改书名译法，而是说，偶尔将"大地"读作我们的"天下"，兴许有助于我们更好地理解施米特所讨论的问题。毕竟，《大地的法》是全球史论著，内涵宏富得让人眼花缭乱，其中涉及的政治思想史、地缘政治学、战争理论等方面的问题，不仅精深，而且富有现实性。

我们随即面临一个问题：应该如何把握《大地的法》最为关键的问题意识？悉心细读"前言"便不难发现，这还真是个问题。

"前言"第一句话就别有意味："这本书是历经艰难之后的一部不设防［没有防御力］的学术成果。"设防还是"不设防"（wehrlose，或译"没有防御力"）是军事术语，学术著作需要军事警戒式的设防或防御？难道施米特在玩修辞？

按照西方文史传统，史学隶属于修辞学，史书写作必须讲究修辞。但对施米特来说，所谓"历经艰难"（harter Erfarungen）或"不设防"之类的言辞，还真不是修辞。毕竟，他在1946年至1948年间曾被盟军拘留调查。

避免什么嫌疑？显然是意识形态嫌疑。施米特在"前言"中对"以麦金德为代表的地理学家们"表示了感谢，但他马上笔锋一转：

> 不过，法学思维还是明显不同于地理学。法学家对事物与土地、现实与领土的知识并非源于地理学家，夺海概念具有法学而非地理学印记。（页2）

施米特为什么提到麦金德？因为麦金德的《历史的地理枢纽》和《民主的理想与现实》提出了非常著名的地缘政治观：海属大国必须遏制陆属大国，因为后者的地理天性具有侵略性。施米特显然不赞同麦金德的理论立场，但他要反驳麦金德，又难免面临政治不正确的危险。因为，麦金德的具有世界历史视野的政治地理学依托"自由民主理想"，反驳麦金德就有反驳这种"理想"之嫌。

为了忠实于学术职分，施米特不得不反驳麦金德。因此，他在"前言"中特别申明，自己"会严格恪守事实依据，包括某些具体问题，以避免任何犯错误的嫌疑"（页2）。换言之，施米特希望凭靠"事实依据"证实麦金德所犯的错误：虽然麦金德在第三次表述他的"心脏地带"论时已经把西半球纳入其世界史视野，他毕竟没有看到全球化时代的真正问题。

二、古今"天下"秩序的分界线

《大地的法》全书分四章，题为"引论"的第一章篇幅很短，由五篇短文构成，约40页（按中译本计算），但提出并讨论的问题颇为重要，即如何区分全球时代之前的万民法与全球时代之后的国际法。从"前全球时代的万民法"（Vorglobales Völkerrecht）概观入手，通过回溯基督教和古希腊的天下观，施米特提出了他对"法"的原初含义的理解：

> 对我们来说，法是关于空间分配的基本进程，在每一个历史时期都非常重要，对于共同生活在这个业已被现代科学测量过的地球上的人民来说，它意味着实现了秩序与场域的结构导向性汇合。（页46）

显然，"全球［视野］"（global）是区分天下秩序的古今之变的关键。从而，理解何谓"全球［视野］"，乃是理解施米特论题的关键。

第一章最后一节题为"论占取作为国际法之建构性因素"，"占取"是关键词，而"国际法"指16世纪"欧洲崛起"以来的欧洲秩序赖以形成的公理性法则。换言之，欧洲国际法的形成基于"16—17世纪的大占取运动"（页47）。

接下来的第二章，施米特就让我们看到一个耳熟但未必能详的标题："占取新世界"。这里的"新世界"指美洲大陆。很清楚，从世界史角度讲，"全球［视野］"诞生于16至17世纪的欧洲"占取新世界"的历史运动。

第二章含三节，篇幅其实也不长（约60页），同样具有引论性质，尤其是第一节"最初的地球分界线"。在这里，"全球［视野］"的诞生被更为具体地界定为16至17世纪的欧洲大国对全球势力范围的地理划分。

施米特提出的关键论题基于如下两个要点：第一，欧洲的基督教君主国在地理大发现之后对西半球的"占取"加剧了欧洲内部国家间的冲突，欧洲国际法应运而生；第二，随着西半球的美国崛起，欧洲国际法便走向衰落。

我们必须意识到，美国是欧洲的基督教王国"占取"美洲陆地的结果，从而是欧洲秩序的延伸：为了争夺美洲地盘，欧洲大国之间在美洲大打出手。英属殖民地的欧洲人在北美洲建立的独立国家即美国与欧洲秩序若即若离的关系，乃是欧洲国际法嬗变或兴衰的关键。"欧洲中心主义"的终结或"全球主义"的兴起，很可能意味着美国中心主义的兴起。

因此我们看到，随后的第三章和第四章是全书主体，占全书三分之二篇幅（约两百页）：第三章题为"欧洲公法"，即讨论欧洲纪元的天下之法的形成；第四章题为"关于新大地法的诸问题"，对应上述第二个论题即美国的崛起。所谓"新大地法"，无异于指美国的天下秩序之法。如果美国的新"天下法"与麦金德的世界历史政治地理观有内在的连带关系，那么，施米特凭靠"事实依据"的史学探究即便"设防"也不可能有"防御能力"。

第三章第一节的标题是"国家成为新的国家间欧洲中心主义全球空间秩序的主导力量"，换言之，对西半球的"占取"只会是国家行为。第四章第一节的标题是"整个欧洲的最终占取"，施米特写道：

欧洲公法的花落时节，也正是欧洲以外的最后一块占取之地从欧洲强国们的手中失落之日，这也是共同欧洲国际法的谢幕演出。演出的舞台在非洲的土地上。与此同时，从1870年到1900年这段时期，作为亚洲的领先者日本逐步走上国际舞台，首先进入条约关系中，继而加入像万国邮政联盟这样的国际组织，并最终被接纳为欧洲国际法共同秩序中的平等一员。但是，在非洲大地上，仍然上演着欧洲国家之间为了开拓中的和新建立的殖民地社会而展开的竞争。（页196）

欧洲强国争夺非洲不过是"欧洲公法的花落时节"，接下来的第二节题为"欧洲公法的终结"。施米特在这里给出的"事实依据"是，1898年的美西战争成为美国崛起的起点。施米特说，这场战争表明：

美国的外交政策已经转向了一个开放的帝国主义时代。这次战争没有遵守西半球的传统的大陆概念，而是深入太平洋地区，甚至深入到古老的东方区域。（页274）

从此，"干涉被正当化了，美国可以插手政治、社会、经济等所有重要的世界事务"（页290）。因此，"欧洲中心"的终结绝非意味着国家本位的终结。不如说，它仅仅意味着美国成功将欧洲大国挤出美洲，让自己成为独霸美洲的大国，然后以此大国身份参与重新划分全球势力范围的竞争。吉尔伯特把"欧洲纪元的终结"的历史时刻确定为1890年，与施米特的看法完全一致。

由此看来，《大地的法》的第一章最后一节和第二章第一节乃全书枢纽，尤其后者。施米特在这里扼要阐述了随后三章的核心要点，但要看清这一要点，我们需要对比麦金德的世界历史地理观的要点。

在麦金德看来，16世纪发现新大陆之前，人类争夺生存空间的斗争仅在地球上的欧亚非大陆——他称之为"世界岛"（World-Island）——的两个区域展开。全世界三分之二的人口定居在欧亚大陆被海洋包围的东、南、西面的"新月形"（Crescent）边缘地带，欧亚大陆"腹地"（heart-land，又译"心脏地带"）即这块陆地的中部和北部，地域极为广阔，人口却十分稀少，但这里的草原部族却对新月形地带的政治体长期保持战略优势。凭靠哥伦布一代伟大的航海家们的地理大发现，西欧民族通过航行把欧亚大陆东西海岸连接起来，才解除了欧亚大陆"心脏地带"的战略优势（《枢纽》，页64）。

欧亚大陆边缘地带与大陆腹地的古典地理关系因此而发生了具有世界历史意义的颠倒，这一历史变化的关键在于："当西欧的航海民族以他们的舰队控制海洋，在各大陆的外缘定居，并在不同程度上把亚洲的海洋边缘变成属地时"，就开辟出一个新的新月形地带——麦金德称其为"外新月形地带"（《枢纽》，页68）。

因此，麦金德在《历史的地理枢纽》中一开始就说，哥伦布纪元的地理发现经历了长达四百年历史，紧随探险家或旅行者或传教士的脚步而来的，是西欧王权国家对地理新发现的"政治占取"（political appropriation）。但是，到1900年的时候，哥伦布纪元已经结束，全球地表已经"几乎没有留下一块需要确认所有权申明的土地"（《枢纽》，页44）。

麦金德没有细说的长达三百多年的"政治占取"过程，恰恰是施米特要细说的"事实依据，包括某些具体问题"，即第三章的内容。依据这一历史事实，施米特提出了与麦金德截然不同的现代世界的历史观。麦金德的目光牢牢盯住大陆心脏地带对海属大国以及新世界的威胁——如他相信的那样，这是一种世界历史性的威胁，施米特则把目光紧紧盯住包括英国在内的欧洲与"新世界"即地理大发现所发现的西半球的关系。

三、什么是"全球划界思维"

倘若如此，题为"占取新世界"的第二章，其第一节是全书关键，随后两节不过是对第一节中的基本论点的初步展开。把握这一节也就能把握全书要义，因此值得细看。

这一节篇幅不长（大约15页），让我们首先关注标题："最初的地球分界线"。"分界线"这个术语隐含"划分"行为，按施米特对"法"的词源学解释，"法"意味着"划分、占取、养育"。从而，"分界线"的划分意味着创立一种"大地法"以及随之而来的空间秩序。所以他说，"15、16世纪伊始的环球航行以及新大陆的发现"引发的全球划分，促成了欧洲纪元的天下法——国际法的形成，而这个形成史"一直持续到20世纪"（页55）。

> 新大陆的发现立即带来了有关占地和夺海（Land- und Seenahme）的纷争。地球的划分与结构越来越成为相邻人群与势力之间的共同话题。此时，地球的分界线需要重新设定，全球的土地需要作出新的划分与安排。（页55）

这就是欧洲纪元的开端，或者说世界历史的现代开端，当然也是"欧洲中心主义"的开端。随之而来的还有历史意识和科学意识的提升，或者说随欧洲纪元的天下法的形成，欧洲产出了大量著述，迄今的学术思考还没有摆脱这些著述的支配。

谁都会承认，施米特所说的事实有根有据，问题在于，如何理解这个开端。对施米特来说，"从政治实践层面来看，重要的不是地球表面的区域划分，而是地球空间秩序的实际内容"（页55）。可是，麦金德同样"从政治实践层面来看"世界地缘的历史嬗变，为何又有问题？难道人们在政治问题上真的没法判别对错？

施米特接下来指出，欧洲纪元的欧洲中心主义实质上是一种文明优越论。一旦美国中心论取代欧洲中心论，美国文明优越论就历史地出场了：

> 16到20世纪的欧洲国际法，将欧洲基督教国家视为整个世界秩序的创造者和承担者。"欧洲标准"被认为是当时的常态标准，理所当然地适用于世界其他板块。所谓"文明"即被等同于"欧洲文明"。在此意义上，欧洲依然被看作是世界的中心。当"新世界"出现之时，欧洲的地位自然就成了"老世界"。美洲大陆的出现，展现了一个全新的世界，因为即便是古代和中世纪那些了解世界是一个球体、一直向西航行即可抵达印度的学问家和宇宙学家们也不曾料想，在欧洲和东亚之间竟还有这样一片广袤大陆的存在。（页55—56）

严格来讲，文明的"自我中心"论是古典文明的一般特征。施米特当然清楚，"中世纪的基督教各民族及其王侯们，都将欧洲的罗马或耶路撒冷看成世界的中心"。我们会补充说，中国古人会把中国看成世界的中心。不同的是，欧洲的古人尽管与古代中国人一样，对世界地表的其他古老部分并无了解，却充分了解自己的周边到处是强大而又危险的敌人，而威胁着古代中国人的强大外敌，主要来自西面和北面。

在施米特看来，1492年标志着一个"新世界"的诞生，地理大发现彻底改变了"包括地球的中心（Mitte）到地球的年龄（Alter）"的传统概念。现在，欧洲人看到了"一个巨大的、迄今为止不为人知的、非欧洲的空间"，并进而夺取和占有这一新空间。施米特由此提出了自己的关键论点：

> 对以后几个世纪最本质和关键的一点是，这个新出现的世界并没有被当作敌人，而是被当作自由空间（freier Raum），即被当作可以任由欧洲去征服和扩张的无主土地（freies Feld）。在起初的三百年间，欧洲的自我定位无疑极其强势：欧洲既是世界的中心，也是老大陆的中心。但新世界从一开始就颠覆了以往关于"中心"或"古老"这些具体概念的内涵。因为从今往后，欧洲内部列强争夺新世界的争战拉开了序幕，在这些争斗背后，新的空间秩序和新的划分格局呼之欲出。（页 56）

施米特要进一步探究的问题是：欧洲列强争夺新大陆与欧洲公法的兴衰有什么关系？

新大陆的发现和争夺，催生了欧洲国家之间通过"友好协商"签订条约来划分占取新空间的尝试。这是欧洲国际法的开端，或者说，欧洲国际法源于平息欧洲国家之间因争夺新发现的地表空间而产生的冲突。1494 年的《托尔德西里亚斯条约》仅仅是这种尝试的开端，在随后三百年的历史过程中，欧洲国家之间的战争越来越多，平息或约束战争的条约也越来越多。因此，从实践上讲，欧洲国际法的形成和发展，主要是为了限制基督教欧洲共同体内部各政治体之间的战争。但施米特强调，欧洲国际法的诞生在一开始就带有与生俱来的内在矛盾：欧洲王国之间的战争因划分和占取新的世界空间而日趋激烈，"法"的本义就是"划分、占取、养育"，欧洲国际法又何以能真正限制因划分和占取而引发的战争呢？

因此，施米特强调，重要的是应该看到，新大陆的发现以及引发的欧洲列强争夺，催生出"一种特定的思维方式"，即"全球划界思维"（globales Liniendenken）：

> 这种思维方式在人类空间意识的发展历程中成为特别的一个阶段，并随着"新大陆"的发现与"新时代"的开场（Beginn der "Neuzeit"）而开始植根。这种思维方式，随着地图绘制和地球本身的发展，也一步一步向前发展。从 global［全球］这个词语看来，这种思维已经覆盖了全部地球，包括地表和地下，其无所不包的特点已经很凸显，并基于海洋和陆地的平等并置（Gleichsetzung）。（页 57）

在这里，施米特提到他在"前言"中已经提出的批判性观点：这种思维"从一开始就是高度政治性的，而不能仅仅是地理学意义上的"。麦金德以地理学家著称，我们不能以为他是个自然科学家，似乎具有非政治的中性特征。事实上，麦金德的世界历史地理观带有非常明显的政治性"划界思维"特征：欧亚大陆腹地 / 新月形地带 / 外新月形地带。下面这句话可以说直指麦金德《历史的地理枢纽》一文的要害：

> 地理学本身的中立性并没有能够阻挡一场政治斗争的开场，这是一场围绕地理概念而旋即上演的政治斗争。（页57）

这里出现的"中立性"一词会让我们想起施米特在《政治的概念》中对自由主义政治学–法学的著名批判：这种政治学–法学所标榜的"中立性"不是自欺欺人，就是一种政治欺骗。由此看来，施米特在《大地的法》中所思考的问题，与他在《政治的概念》中思考的问题一脉相承。

他马上举了两个例子，第一，霍布斯的政治哲学有几何学和算术学垫底，似乎他谈论的是"不言自明的公理"，其实隐含着"急迫地划分敌我的必要性"。第二，今日地球仪上的本初子午线的定位，不是科学的中立性结果，而是"法国人和英国人在制海权和世界主宰权上斗争"的结果：英国人把子午线定在跨越格林威治的位置，而法国人自18世纪以来就将本初子午线定在巴黎天文台所处的位置，直到20世纪才放弃同英国人较劲，而德国的星象学年鉴"也直至1916年才屈就于格林威治子午线"。

霍布斯的例子具有理论意涵，这意味着，施米特所讨论的"全球划界思维"是个政治哲学问题。从而，《大地的法》

绝非仅仅是关于国际法的法学史论著，也是政治哲学论著。

从世界史角度上讲，地理大发现经历了三个阶段，历时差不多三个世纪，西班牙与葡萄牙两个王国的海外竞争仅仅是第一阶段，西班牙发现并占取了南美洲。西班牙和葡萄牙凭靠武力霸占了航线，不准其他王国使用，英格兰和法兰西王国只有另辟航路，从北面、西北面或东北面沿哥伦布开辟的方向往西，结果有了新的发现——从加勒比海到北极的北美洲大片陆地，并随即开始殖民。

1632年以后，英格兰王国和荷兰王国崛起，冲撞西班牙王国的霸权，强行占用其航路，开始了争夺亚洲的贸易战，一直到18世纪前30年，史称第二阶段的地理大发现。18世纪中期，欧洲王国主导了对美洲和亚洲的探索：航队由海军带着科学家进行探察，大致搞清了太平洋东西海岸陆地的一般结构，证实了托勒密的地理设想是错的——史称地理发现的"白银时代"。库克发现南太平洋的陆地之后，地球上留待探察的海岸线已经所剩无几——史称第三阶段的地理大发现，从此才有了今天作为定版的世界地图和地球仪。

施米特在这里着重记叙了前两个阶段的历史性划界事件，并力图揭示这两个阶段的"划界思维"的差异。我们必须关注，他笔法的政治史学意图何在。

施米特说，1492年仅仅是哥伦布受命远航的标志性年份，它并不是"划界思维"的开端。真正的开端是罗马教皇亚历山大六世在1494年5月4日发布的"教皇子午线"，以此解决西班牙王国与葡萄牙王国的争端。施米特顺便驳斥了确定的陆地与自由的海洋自古对立的论调：

> 1713年到1939年之间国际法空间秩序所体现出的确定陆地与自由海洋之间的对立，在划界的当时还是陌生的事情。（页58）

陆地的确定性指陆地有主权归属，海洋的自由性指海洋尚未有主权归属。"教皇子午线"划过之后仅仅一个月（6月7日），西班牙和葡萄牙在教皇使节调停下，通过签订《托尔德西里亚斯条约》又划定了另一条子午线。在施米特看来，这个条约首次划分——或更准确地说瓜分了——整个地球的海洋范围："以该子午线为界，往西新发现的区域归西班牙，往东新发现的区域归葡萄牙。"换言之，对陆地的占取包含对海洋通道的控制权，从此海洋不再具有无主的"自由"性质。

作为《托尔德西里亚斯条约》的补充，西班牙和葡萄牙在1529年4月签订《萨拉戈萨条约》（Vertrag von Saragossa），划定了一条穿过东西伯利亚、日本和澳大利亚中部的所谓"拉亚线"（Raya），纵贯太平洋西部。这条地球分界线不仅在施米特随后的论述中非常重要，而且对我们也非常重要，因为这条线靠近中国，更不用说这里直到如今仍然是政治地缘学上所谓的破碎地带。

接下来的1559年，西班牙和法国之间签订了《卡托-康布雷齐和约》。这次划分具有世界历史的转折意义，因为，这次是西班牙与法国解决纷争。这意味着，划界冲突已经越出神圣罗马帝国这个大家庭范围。尽管如此，这次划分势力范围的条约强调了所谓"友好"性质。换言之，尽管西班牙与法国不属于同一个政治单位，但毕竟认同双方都属于欧洲大家庭，信奉同一个上帝，应该"友好"解决纷争。

随后，施米特的世界史目光突然投向了20世纪的第二次世界大战，并提到美国的崛起。

> 全球性的划界思维有其独特的发展路径和历史。这种思维的多个例证现在要以国际法空间秩序的眼光来进一步评断。这些例证共同构成自1492年发现美洲新大陆到"二战"时的美国声明期间一系列相互关联而统一的理论序列。（页60）

施米特把1492年发现美洲新大陆与"二战"时的美国相提并论，并连成一条历史的长段线索，其意何在？难道他想要说，20世纪的第二次世界大战不过是欧洲自1492年以来的多次更改全球划界的最近一次而已？

施米特更看重"拉亚线"和"友好线"，原因不难理解。因为"拉亚线"表明，远离欧洲地域的陆地和海洋成了欧洲强国的争夺对象；"友好线"则表明，更多的欧洲强国加入了争夺行列。因此，第三章以这样一个小节的标题开始：国家成为新的国家间欧洲中心主义全球空间秩序的主导力量。这就引出欧洲国家之间必须通过订立法律来规约相互关系的问题：欧洲国家之间的共同法即国际法成为当务之急。

可是，施米特为什么要把"拉亚线"和"友好线"与20世纪的美国联系起来呢？可以设想，按照"拉亚线"和"友好线"的逻辑，美国的崛起必定会参与欧洲王国之间的划界纷争，因为美国毕竟是出自欧洲母腹的国家。我们都清楚，从《开罗宣言》到《雅尔塔协定》，美国和苏联主持了新一轮全球划界。不用说，与过去历史上一再出现的情形一样，重新划界取决于国家间的战争胜负。欧洲国家即便因全球划界相互之间打得一塌糊涂，毕竟都在"友好线"之内，但"二战"后的美国修改了堪称现代欧洲传统的"友好线"原则，打破了近三百年来形成的欧洲国际公法的规矩，颠覆了欧洲的"友好"战争法。

由此我们可以理解，《大地的法》第三和第四两章的重点内容是战争性质的历史嬗变：从中世纪的战争到现代欧洲的"非歧视性战争"，再到欧洲纪元终结以来（1890年以来）的歧视性战争。

四、"友好线"与歧视性划分

既然是一个历史的过程，这些划界条约的演变及其历史关联，便隐含着"全球划界思维的不同线路和不同阶段彼此交错而形成截然不同的空间秩序"，其中蕴含着截然不同的国际法内涵。政治史学式的思考需要考察这些条约的国际法前提和预设，以及它们所反映的政治空间观念。这样一来，施米特就把问题上升到政治哲学高度，霍布斯和黑格尔接踵出场。

可见这一节非常重要，施米特在这里提出的三点理论分析，是随后两章展开的基础，颇值得细看。

首先，从西葡两国的"拉亚线"到英法两国的"友好线"（amity lines），其间有一个历史性转折。因为，西葡两国在"精神上同质"，服从罗马教廷调停，"拉亚线"作为国际法意义上的契约性协议，"背后存在一个共同的宗教秩序（ordo）以及政权实体"，罗马教廷"实乃一个国际法上的裁判官"。罗马教廷虽然不能决定陆地归属，却负责传教区的划分（Missionsgebiete）。施米特承认，这本身"也是一种空间秩序的表达，即一种区分基督教势力范围和非基督教区域的空间秩序"。

不仅如此，由于"传教区的划分与航海和贸易的界分息息相关"，教皇也就插手了经济和政治利益的分配。由此引出的问题是：基督教王国是否有权利对抵制传教和"自由贸易"的地区动用武力。为此，西班牙的多明我会教士维多利亚（Francisco Vitoria，1483—1546）在1538年提出了一套关于正义战争的说法。在维多利亚看来，传教自由和商业自由起初不是，但最终成了"正义战争的法权资格，并因此而成为占取和兼并的法权"（页61注释）。[1]

---

〔1〕 参见维多利亚，《论美洲的印第安人》，布朗等编，王文等译，《政治学经典中的国际关系学》，上海：上海人民出版社，2012，页164—170。

尽管如此，在施米特看来，"拉亚线本身并不涉及基督教和非基督教地区的界分"，而是"两个大肆占取的基督教势力之间空间秩序框架下的一种内部分界"。关键在于，当时，"占地和夺海尚未区分开来"，中世纪欧洲基督教的共同空间秩序尚未突破。

1559年，西班牙与法国达成口头性的《卡托－康布雷齐和约》秘密协定，这个协定带有的欧洲历史因素是罗马教会的分离，从而开启了"天主教和新教夺海势力之间宗教战争的年代"。为什么施米特看重这个口头协定？因为它对欧洲国际法的形成具有重要的历史意义，即区分欧洲基督教大家庭内部与外部的冲突：天主教和新教及其国家间的冲突属于内部冲突，这个大家庭的成员之一与外部的冲突另当别论。

这意味着，所谓"国际法"是处理欧洲大家庭内部关系的法律，不适用于这个大家庭之外。西班牙多次表态，"诸多条约对'印第安'（Indien）不起效用，因为它属于新世界"。这意味着，欧洲大家庭内发生战争，各家庭成员就得遵守欧洲国家间的规矩，即所谓"国际法"。如果这个大家庭成员与某个非家庭成员发生冲突，就可以不讲规矩，想怎么打就怎么打。英法联军攻入北京后可以放火烧圆明园，法国人攻入维也纳则不能干这类事情。

施米特提到，为了与西班牙国王竞争，法国与异教徒、野蛮的海盗乃至"西班牙在美洲的城市结盟，共同实施掠夺"（页63），这就使得事情复杂化了。因为，同属一个家庭的两个成员之间的冲突引入了外部成员。但是，由于这一冲突发生在欧洲地域之外，或者说发生在"界线另一边"，就不受欧洲大家庭法律的约束。这样一来，划界就变成了秩序的分界：两个同属一个家庭的成员之间的冲突在界线这边和那边，是有法和无法的区分。

施米特举例说，法国的枢密官黎塞留（Cardinal de Richelieu，1585－1642）宣布，法国船舰不准袭击西葡两国船只，但仅以北回归线为界，越过此线就不受约束，除非西班牙和葡萄牙开放通往美洲和印度的陆上和海上通道。这个例子让我们看到，地理大发现的第二阶段即欧洲各强权国家争夺海外势力支配权时期，欧洲国际法的适用范围仍然受均势状态的限制。

> 以此线为界，欧洲结束，新世界开始。以此线为界，欧洲的法律，尤其是欧洲的公法，也失去了效力。因此，从这条线开始，迄今的欧洲国际法所推动的战争禁令也失效了，为占取而行的争战肆无忌惮。在这条线之外，一个"海外的"区域开始了，这里不存在战争的法律限制，所行的只有弱肉强食的丛林法则。（页63—64）

欧洲人的"文明"行为仅仅是内部行为，在"友好线"之外就是自然状态，在这里没有"一个共同的前提或共同的权威"。欧洲国家共同认可，此线之外"尽是自由新天地"："所谓自由，是因为这条线划定了一个可以肆意使用暴力的区域。"在当今美国的"自由航行"的宣称中，我们还可以看到三百多年前的这层含义。

　　该界线的潜台词是，只有基督教欧洲的诸侯和子民，才能成为参与新全球占取的协约伙伴。但是，这些隐藏在基督教欧洲诸侯和民族之间的所谓共同点，既缺乏一个统一的、具体且有合法性的仲裁机构，也缺乏一种除了弱肉强食、先占先得之外的具体的划分原则。由此可以产生一个普遍的设想，即此线彼岸发生的一切，都不能用迄今在欧洲已获承认的法律、政治和道德标准去评价。这将意味着欧洲内部问题的巨大缓和，而这种缓和矛盾的方式，正是国际法上臭名昭著的"界线之外"的伎俩。（页64）

　　应该注意到，黎塞留在1634年7月宣布这一规矩时，正值欧洲内部的第一场现代大战即德意志30年战争（1618—1648）期间，而20世纪的两次欧洲大战则被许多史学家视为第二次三十年战争。

　　施米特对于这三点的理论分析侧重于第二点，篇幅长达8页，而第一点和第三点分别不到两页篇幅。在这里我们看到，施米特让他所关注的问题上升到了政治哲学高度。

　　16、17世纪的友好界线彰显了两种所谓的自由区域，在此，欧洲各族对外可以无所顾忌地大展拳脚：其

> 一是自由的土地——美洲，欧洲人可以在此自由地占
> 取，一切旧有的法律不必再顾忌；其二是自由的海洋，
> 新发现的大洋被法国人、荷兰人和英格兰人看成可以自
> 由占取的区域。（页64）

　　这无异于说，所谓"自由的土地"和"自由的海洋"其
实都是掠夺性概念，但它听起来像是指罗马法意义上的共同
财物（res communis omnium），从而是个彻头彻尾的欺骗性
概念。人们没有想过：谁与谁拥有共同的"自由的土地"和
"自由的海洋"？

　　由于争夺遥远的"自由的土地"需要通过"自由的海
洋"，于是就有了英国法学家塞尔顿与荷兰法学家格劳秀斯
的历史性论争。[1]不过，施米特在这里没有论析这场著名论
争，而是致力于揭示"自由的土地"和"自由的海洋"这两
个掠夺性概念所引发的政治哲学史问题：

> 　　基督教政府所承认的划分出去的自由领域造成了一
> 个后果，即普遍、彻底地撼动了所有传统的精神和道
> 德原则……换言之，对古代和基督教中世纪传承下来的
> 所有规则和前提，自由领域的划分意味着一个彻底的颠

---

[1]　格劳秀斯，《论海洋自由：或荷兰参与东印度贸易的权利》，马忠法译，
　　上海：上海人民出版社，2013；比较张云雷，《为战争立法：格劳秀斯国
　　际关系哲理研究》，北京：中央编译出版社，2017。

覆。（页65）

施米特尖锐地指出，划分出自由领域意味着正义、善乃至真理有一个适用范围："基督教的王侯和子民都一致同意，对于特定的地域不去区分是非与对错。"这意味着所谓"自由"就是无法无天，没有任何道德约束。欧洲人在自己的家园内才是文明人，在家园之外是野蛮的自然人。

施米特由此引出了对霍布斯国家理论中的自然状态论的重新理解，并坦然承认，自己在12年前（1938）发表的《霍布斯国家学说中的利维坦》中也没有能够看到这一点，即霍布斯认为，自然状态下人与人的关系是狼，这个观点与"友好线"的划分有"历史性关联"（页67注释），尽管他看到，即便接受了国际法，欧洲各国仍然处于相互对峙的"自然状态"——"国家里才有安全，国家之外毫无安全"。[1]

> Homo homini lupus［人与人是狼］的名句有着悠久的历史，在新世界的占取上，这一格言突然显得急迫和有杀伤力。（页66）

维多利亚毕竟还承认，野蛮人也是人。启蒙运动之后，这种人道观更为响亮，唯独在16至17世纪，"人与人是狼"

---

［1］ 施米特，《霍布斯国家学说中的利维坦》，应星、朱雁冰译，上海：华东师范大学出版社，2008，页86—87。

成了一条现实法则。这与所谓"友好线"的划界有关,因为,"新大陆成为基督教欧洲政府承认的开放和不受拘束的领域"(页66)。与12年前不同,施米特现在认为,霍布斯的"自然状态"论出现在发现自由的新大陆之际绝非偶然:

> 霍布斯显然不是仅仅基于忏悔欧洲内战的观感,而是也基于新世界的诞生这一事实。霍布斯所言的"自然状态"绝非一片在空间上不存在的乌托邦。霍布斯所说的自然状态毋宁是一种"无人之境",但远非"无在之境"。这片土地可以定位,而霍布斯也将其定位在新世界。在《利维坦》中,"美洲性"(Americani)被明确表述为人类在自然状态中狼的性格。在《比希莫斯》一书中提到的暴行,就是指西班牙的基督教徒们在印加帝国的所作所为。虽然霍布斯的晚期思想更多致力于建构抽象概念,而不是针对具体的时间和空间历程的思考。或者说,所谓自然状态毋宁是一种假想的建构,而不是历史的真实。但是,这并未消除自然状态与友好界线的重要历史联系。(页66—67)

施米特在这里下的第一个长注也值得细看,因为他说,"黑格尔的国家建构思路亦延续了霍布斯开辟的方向":"在黑格尔看来,美国是一个没有国家只有市民社会的地方。"这个注释令人费解:"市民社会"在黑格尔看来是自然状态?倘若如此,美国政制无异于野蛮状态。

施米特很快滑过这个问题，转而说到滕尼斯（Ferdinand Tönnies）的霍布斯研究。他说滕尼斯看到，应该从历史语境的角度来理解霍布斯的自然状态论，而这个历史语境正是"友好之线以及一种新型的非常自由的无限制空间"观念冒出来的时代，尽管并不排除霍布斯的自然状态指已经过时的中世纪的封建无政府状态。

但是，在正文中，脚注中滑过的问题得到延续：施米特说，"友好界线效用的第三个明证当推洛克"。我们应该想到，洛克不正是美国的立国教父吗？不过，在说到洛克时，施米特没有直接点美国的名，仅仅说"在洛克的设想里，自然状态和新大陆在历史上也休戚相关"：

> 只不过这个自然状态在洛克那里已成为一个完全可以承受的社会状态（Sozial-Zustand），而不再是旧有的 beyond the line［此线之外］的含义。（页67）[1]

按照这种逻辑推论下去，施米特以极为小心的笔法表明：美国的立国及其后来的崛起，遵循的是自然状态的丛林法则。施米特的观点是否如此，需要细读第四章才能判定。尽管如此，随后的一段话多少可以见端倪：

---

[1] 由于洛克对现代国际政治思想的影响长期以来被严重低估，阿米蒂奇在其名著中用了60页篇幅论析洛克，而论析霍布斯仅用了17页。参见阿米蒂奇，《现代国际思想的根基》，陈茂华译，杭州：浙江大学出版社，2017，页80—139。

16、17世纪划定的友好界线的国际法意义在于，大片的自由疆域，为争夺新世界而开战的疆场被划定出来。其法律上的正当性在于，通过划定自由疆域，界线这边由欧洲公法管控下的自由与和平的空间获得了释放，不会因为界线那边的情况而遭遇威胁，否则欧洲和平区的稳定也难以维持。换言之，划定争夺新世界的战场，服务于对欧洲内部战争的遏制。这就是其国际法上的意义与合法性所在。（页68）

说白了，美国是在16—17世纪的欧洲人所划出的自由疆域中崛起的，这里没有国际法的约束，美国在立国之初也宣称与欧洲切割。在1898年的美西战争之后，美国重新介入文明的欧洲秩序，把野蛮的非法习惯带入欧洲。于是，20世纪的第一次欧战就出现了歧视性的战争概念，欧洲纪元或者说欧洲的国际法传统开始走向终结。

从世界历史的角度看，美国的行为来自英国的"传帮带"。因为，英国在19世纪末取得了全球性霸权，而这种霸权基于"友好线"的划分。在16—18世纪，"友好线"的文明世界一边是欧洲这个大家庭。现在，这个大家庭仅剩下英国这个唯一的绝对老大，文明世界仅仅是英国，"此线之外"都是自由疆域。

施米特举了两个例子来说明这一点。首先，"英国法律直到现在都一直保留了对不同疆域特殊性的区分"。这是因为殖民地的占有形式具有多样性，而欧洲大陆性的法制思维只承认一种疆域类型，即"国家疆域"（Staatsgebiet）。

第二，英国法中有所谓"例外状态"（Ausnahmezustand）概念，比如《海战法》旨在划定时间和空间上的一个特定领域，在这个领域可以不顾一切既有法权，从而以法律形式划出一个有别于常态的"例外状态"。在施米特看来，这一概念明显基于划出自由领域的习惯：

> 在这一时间和空间的特殊区域里，一切都可能发生，只要有这样的实际需要。（同上）

这意味着，"自由和正义的烙印皆局限于特定的时间之内"。施米特由此引出了英美式自由主义法制理念的性质：所谓自由海洋、自由贸易和自由世界经济的设想，基于划出一个自由竞争和自由开发的进退空间，也就是"友好线"所划分出来的自由掠夺的自由空间。在这个空间，人类服从丛林规则，即"严酷的实力较量"和"消灭彼此的决斗"，以及"不同的评价体系和实力消长的自由游戏"。用我们熟悉的语言来说，"友好线"的划分是双重标准的法理基础。

在这里，施米特才连接起上面断掉的那个黑格尔关于美国的论断：英美政体"建构在非国家的市民社会之上"，而这个市民社会是"无所顾忌、自私自利的丛林"：

在黑格尔开设的历史哲学课堂上，美国仍被认为是特殊意义上的无国家的市民社会。(页70)

通过剖析"友好线"的分界划分，施米特引出了从霍布斯到黑格尔乃至马克思的政治思想中的一个核心论题，即市民社会的自由领域与作为客观理性之王国的国家之间的二元对立。霍布斯的自然状态与文明状态［市民状态］的区分，并非仅仅是历时性区分，即从摆脱自然状态到形成市民社会的区分，也是一个平行并列的区分：在经济领域是自然状态，在政治领域是市民社会。

"友好线"还引出了具有历史哲学意义的新旧世界的划分：所谓"新世界"是可以自由占取的未知世界空间。传统的"天下"即"已知世界"(Oekumene)与未知世界的关系有了根本性变化，它是可探知的和可自由占取的未知世界——如今所谓的"外部空间"。因此，施米特说："西葡两国的盟线和英国的友好界线一样，都归属于欧洲对新世界的占地和夺海。"

问题在于，欧洲并非一个统一的政治单位，这个大家庭的成员为相互争雄不惜大打出手。因此，"这些界线通过划分和圈定空间来调整欧洲占取列强之间的关系"，从而调整欧洲列强之间的大家庭内部关系。反过来看，国际法或国际条约的调整也就反映了欧洲大家庭内部的强权分配关系的变化。

五、全球化秩序与新大地法危机

19世纪末以来的全球秩序是欧洲国际法秩序的全球化，20世纪的两次大战表明，欧洲大家庭之间的强权分配混入了两大非欧洲的元素：北美洲的美国和东亚的中国。这意味着，欧洲内部关系扩大为全球内部关系。俄国属于横跨欧亚的大国，不仅地缘位置有两歧性，而且早在18世纪就加入了欧洲的国际法秩序游戏，因此不能算作非欧洲的国家元素。

从今天的视角来看，19世纪末以来的全球化秩序的演化得分两个阶段，两次世界大战及其结局（"冷战"爆发）为第一阶段，20世纪90年代以来，苏联瓦解和中国的崛起为第二阶段。

施米特在《大地的法》中的关注，重点落在全球秩序形成的第一阶段。值得注意的是，第四章用了占全书近三分之一的篇幅（约100页）来考察美国崛起的政治法学含义。《大地的法》发表13年后，施米特发表了《游击队理论》，重点考察中国如何被拖入20世纪的全球秩序。尽管施米特没有预见到中国的崛起，但他已经极为敏锐地看到，中国革命将带出后现代的新大地法，打破欧洲纪元的现代大地法所营构的全球秩序。

由此可以理解，在施米特看来，美国与俄国的关系延续的仍然是欧洲式的"友好线"划分传统。虽然在16至17世纪，列强之间统一划分标准的逻辑结果是确立"肆意征服的空间领域"，如今则是支配这些空间领域，根本性的问题依然如故："仍然缺乏一个统一的调停争端和矛盾的仲裁庭。"

施米特在这里回到了本文起头的"地理发现"概念：所谓"地理发现"的真实含义无异于"有效占有"（effektive Okkupation），即国家支配的占取行动，这是麦金德的《历史的地理枢纽》一文的前提。施米特表示，他已经让我们看到，麦金德不假思索地采取的这个前提，恰恰是对欧洲古典传统所承继的罗马法的背离。这一背离经历了三百多年历史，在19世纪末"终于成为一种独特的获取土地的法权资格"（Erwerbstitel），并引出了两个恶果：

> 首先，在列强冲破竞争取得土地广受承认之前，必要的时候会经历长时间的争夺战；其二，对战争的法律评价会根据战争的结果做出。换言之，战争被承认为改变土地占有权的合法手段。全球界线划定的背景却是理性化、人性化和法律化，换言之，实际是为了阻止战争。（页71）

这两个要点引出了施米特的后现代战争理论的关键：从法制化战争转向歧视性战争。这意味着，受欧洲国际法约束的大陆土地战争或局限于国家之间的自然的军事冲突战争，变成了意识形态化的战争。本来，战争双方都是为了争夺生存空间而战，但胜利方现在会以反战争的"人道"

理由裁定战败方为战争罪犯，进而在道义上施以惩罚。这就好比说，欧洲各大国本来都是一伙强盗，为争夺地表空间大打出手，而三百年来的欧洲国际法逐渐形成了一套强盗性质的君子协定和相互打斗的"人道"规矩。现在呢，战败方是强盗，战胜方成了以"理性"和"人道"名义执法的国际宪兵。

我们显然不能以为，施米特是在为"二战"后的德国成为"国际法庭"的审判对象鸣冤叫屈。毕竟，早在1939年，施米特就提出了"歧视性战争"概念，而《大地的法》中的基本观点已见于魏玛共和国时期的文章：《国际联盟与欧洲》（1928）和《现代帝国主义的国际法形式》（1932）都是证明。[1]

《大地的法》第四章让我们看到，施米特的思考来自巴黎和会的结果，而"二战"的爆发与这个结果有直接关系。尽管如此，《大地的法》是施米特在"二战"之后写成的，而"二战"的结果已经不再是召开哪怕歧视性的"和会"，而是审判"发动侵略战争的罪犯"。纳粹党对犹太人的灭绝让全体德国人不得不集体背负"战争罪犯"的罪名，尽管德国人针对希特勒的刺杀行动多达近40次，军方实施的就有22次——施米特称为"诛杀僭主"的行动。[2]

---

〔1〕 施米特，《论断与概念》，朱雁冰译，上海：上海人民出版社，2009 / 2015，页114—125，212—233。

〔2〕 参见刘小枫、温玉伟编，《施米特与破碎时代的诗人》，安尼、温玉伟等译，上海：华东师范大学出版社，2019。

"二战"后盟国对德国的审判在程序上合法，施米特则暗中挑战：欧洲国际法真的能让欧洲大家庭的内部冲突走出野蛮的自然状态？在欧洲人自己划定的"友好线"之内，"大屠杀"难道是头一回？就此而言，霍布斯与格劳秀斯观点上的差异具有决定性的意义。

前文提到，《大地的法》第二章第一节的标题是"最初的地球分界线"，其还有副题"从拉亚线经友好界线到西半球分界线"，施米特在这一节中讨论到霍布斯，为第四章讨论"西半球线浮现出来"时的历史转折埋下了隐而不显的伏笔。既然"霍布斯显然不是仅仅基于忏悔欧洲内战的观感，而是也基于新世界的诞生这一事实"才提出了他的"自然状态"说，那么，美国崛起所持有的政治原则说到底是丛林原则。

> 只有等到欧洲土地的国家空间秩序划定停当，第三条也就是最后一条国际界线——西半球线才浮现出来。欧洲和欧洲中心的国际法传承下来的对新世界的土地秩序，注定要与此线划定的局势形成对立。（页71）

这意味着，美国崛起改变了欧洲的"友好线"所划定的格局，这无异于让野蛮的丛林法则全球化。施米特由此铺展出一条他眼中的世界历史脉络，即大地的法在世界历史中的嬗变可分为三大阶段：前现代各古典文明互不相识的大地法 → 现代欧洲的大地法（欧洲中心主义的确立）→ 后现代的全球化大地法（欧洲国际法引出的恶果）。

前现代的欧洲天下法基于"古老的土地秩序"，现代欧洲强权国家的世界划分颠覆了欧洲前现代的"古老的土地秩序"，建立起规范现代欧洲秩序的国际法体系，美国的崛起则既承继又改变了现代欧洲国际法的划界规则。

施米特重点关注第二阶段（现代阶段）至第三阶段（后现代阶段）的历史演进，在他看来，这一变化始于18世纪。这意味着，霍布斯的"自然状态"论的传播对"西半球线浮现出来"时的世界历史转变具有决定性影响：既然自然状态是战争状态，那么就"有必要梳理和探讨欧洲国际法上国家间的空间秩序建构以及它们所推崇的战争架构"。

无论如何，世界历史的现代阶段即欧洲阶段，应该界定为"文明化"的野蛮阶段。由于这一阶段与技术–商业文明的形成叠合在一起，尤其是与18世纪以来的"人道主义"论叠合在一起，才让人们迄今不仅善恶难辨，而且争议不断。

六、中国的现代转型与国际法

韦尔斯的《1688年的全球史》用了一个让笔者感到多少有些奇怪的副标题："一个非凡年代里的中国与世界"。笔者的国家情怀并不能阻止自己提出一个问题：为什么不是俄国与世界，或印度与世界，或土耳其与世界？

固然，"中国与世界"更能展示全球视野。何况，那个时候的欧洲人刚刚认识中国这个礼仪之邦，难免感到新奇。从门多萨神父在罗马出版《大中华帝国史》（1585），到1661－1672年间法国传教士陆续出版《大学》《中庸》《论语》的拉丁文译本，近一百年间，欧洲人在地理大发现中不仅发现了"未开化"的美洲，也发现了高度文明化的中国。[1]

尽管如此，正在崛起的俄罗斯或对欧洲仍然构成直接威胁的奥斯曼帝国，在当时的欧洲智识人眼里显然更为重要。毕竟，在当时欧洲人的地缘政治感觉中，中国离欧洲很遥远，不会对欧洲构成战争威胁。我们未必不能设想，韦尔斯写作《1688年的全球史》时约20世纪90年代，新中国正在和平崛起，欧洲人凭自己的历史经验却实实在在感觉到中国的"威胁"即将来临。

倘若如此，中国在《大地的法》中出现的位置就值得注意。第三章第四节论及"欧洲公法中的领土变更"时，施米特说，欧洲的领土变更"主要通过欧洲大国之间的集体性条约而确立"。这意味着欧洲是一个共同体，而维持这个共同体的空间秩序原则是"均势观念"。在这一语境中，《大地的法》第一次提到中国，尽管仅仅是提到而已，但对我们认识中国与欧洲国际法的遭遇不乏启发。

"均势"得靠大国之间的势力平衡来支撑，兰克在其著名的《诸大国》中以精练的笔法概述了欧洲的现代历史状况：大国可能沦为小国，小国可能崛起为大国，从而不可能

---

[1] 参见周宁，《天朝遥远：西方的中国形象研究》，北京：北京大学出版社，2006，页48、164—166。

有恒定不变的均势。大国沦为小国或小国崛起为大国，都会涉及领土变更，从而，均势的变化必然体现为国家间的空间冲突。

兰克并没有问，为何自16世纪以来，现代欧洲的历史受"均势"观念支配？我们则值得问：为何在亚洲的古代地缘政治中没有出现国际性的"均势"观念，或者说为何没有出现欧洲式的政治体之间的战争？

施米特试图回答这个问题：欧洲本来是一个基督教文明共同体，所谓"大国"指某个政治体在这个"既定秩序"中占据重要地位。我们自然会想到，10世纪以来，欧洲唯一的大国是德意志神圣罗马帝国，施米特称之为"中世纪的皇帝制和教皇制的空间秩序"（比较页21—28）。

随着封建王权式的地域性民族国家崛起，基督教共同体内部出现了叛乱，宗教改革撕裂了欧洲的共同信仰，随之而来的是这个共同体内部错综复杂的连绵战争。可以说，"均势"观念成为现代欧洲秩序的主导理念意味着，欧洲秩序从文明状态退回到"尚力"的野蛮状态。用孟子的名言"春秋无义战"（《孟子·尽心下》）来描述现代欧洲的历史，不会不恰当，商业–技术文明的进步并不能让政治体之间的战争称义。

在这样的历史语境中，分裂的基督教欧洲共同体只能凭靠各种双边或多边条约所建构的国际法来建立新秩序。在这一"尚力"的秩序中，一个国家被承认为"大国"非常重要。问题是，被谁承认为大国？当然是被既有的大国承认。

施米特说：

> 一个大国被另一个大国承认，是国际法承认中的最高形式。这种承认是最高程度的相互承认。（页170）

这意味着，现代欧洲国际法认可野蛮的丛林法则：被承认为"大国"等于承认一个政治体有军事实力重新确立自己的边界。拉采尔在其名著《政治地理学》中论述"边疆"时，尽管具有世界历史视野，但他的绝大部分史例出自现代欧洲。[1] 因此他说：

> 国家所有地区的变化引起自身边疆的扩张或缩减，每一部分领土的变化也因之受到考验。当致力于改善边疆时，通常不是通过缩减边疆的方式，而是进行掠夺战争，以通过增加疆土的方式缩减疆界。（页123）

问题在于，欧洲国际法的各种双边或多边条约的法律形式让基于"掠夺战争"的丛林法则看起来颇为"文明"。施米特在这里提到，俄罗斯和普鲁士在18世纪、意大利在19世纪先后"被传统大国承认为新的大国"。所谓"传统大国"

---

[1] 拉采尔，《作为边缘机体的边疆》，张世明等编，《空间、法律与学术话语：西方边疆理论经典文献》，哈尔滨：黑龙江教育出版社，2014，页121—149。

指欧洲的强势国家如法国、英国、奥地利等。普鲁士和意大利被承认为"新的大国"，仅仅表明欧洲共同体内部的均势变化，与此不同，俄罗斯得到承认意味着一个外族进入了欧洲的公法秩序，从而更改了欧洲秩序的空间格局。

"根据教科书，美国于1865年被承认为大国"，施米特说，这算得上是件怪事。因为，美国总统门罗在1823年宣告的对外政策，"根本上反对欧洲大国所构建的承认制度"。换言之，著名的"门罗主义"表明，美国并不承认欧洲式的现代秩序，而欧洲秩序中的大国却承认美国为大国，岂不是搞笑？在施米特看来，美国对欧洲秩序采取的分离主义立场意味着，"西半球界线已经开始反对将特别化的欧洲视为普遍化的全球空间秩序"。

与我们中国相关，施米特接下来说到日本获得欧洲大国承认的情形：

> 对日本之大国地位的承认是在1894年（中日战争）和接下来的1904/05年日俄战争后，日本赢得了这两场战争，因此被允许加入由诸大国组成的国际法小圈子。日本将自己对中国这个大国实施的惩罚性征战（die Strafexpedition）视为具有决定意义的事件。伴随着这个亚洲大国的出现，一个新的非欧洲中心的世界秩序开始浮出水面。（页170）

施米特没有说，日本被承认为大国是件怪事，因为日本没有像美国那样宣称自己拒绝归属欧洲体系。这意味着，日本打甲午海战和在中国土地上打日俄战争，完全符合现代欧洲的战争法规矩，从而能够凭此成为欧洲公法大家庭中的要员。由于日本是在东亚打的这两场战争，现代欧洲的"文明化"野蛮法则被日本复制到亚洲，使之在地理意义上越出了欧洲范围。因此，施米特说，"一个新的非欧洲中心的世界秩序开始浮出水面"。

施米特没有提到朝鲜，以至于他自己也不经意地带有欧洲公法学家的习惯。他不应该忘记甲午战争的起因，以及几年后谁在中国东北除掉了伊藤博文。无论如何，中国在《大地的法》中的第一次出现，仅仅是施米特笔下的日本依据现代欧洲的大地法成为大国的佐证。

事实上，对于欧洲的国际法学家来说，根本无须等到日俄战争，甲午海战已经足以证明日本不愧为欧洲式大国。[1]施米特在后来的一条脚注中所引用的国际法学家冯·李斯特（von Liszt）在1898年出版的教科书《国际法》中的一句话，可以作为历史的证言：

> 如今必须把日本纳入国际法共同体之内，它的文化绝对在基督教－欧洲国家的水平线之上。日本在对中国的战争中比大多数欧洲国家都更严格地遵守了国际法规则。（页213注1）

---

[1] 比较戚其章，《国际法视角下的甲午战争》，北京：人民出版社，2001。

中国第二次出现在《大地的法》中，见于第四章题为"欧洲公法的终结（1890—1918）"的第二节。与第一次出现时的语境一样，问题涉及欧洲公法的东移或全球化。不同之处在于，现在的历史语境是欧洲公法的终结（页212—214）。施米特说，这一历史语境显得颇为奇怪。因为，亚洲国家在19世纪八九十年代已经加入欧洲的国际法体系，"对完全欧洲中心主义的国际法所存在的问题并不介意"，这意味着欧洲公法"最终将转变成一种无差别的普遍的国际法"（页212）。

按施米特的描述，亚洲国家加入现代欧洲国际法体系的方式有两种：一种是"非政治性的、技术性的"方式，比如日本、暹罗（"泰国"旧称）和中国加入万国邮政联盟。既然是"非政治性"加入欧洲国际法体系，人们也就看不到"欧洲观念中空间秩序的转变所存在的问题"。第二种方式是政治性的，即通过掠夺性战争。施米特在这里再次提到甲午战争和日俄战争：

> 日本通过1894年与中国的战争以及1904年与欧洲大国俄罗斯的胜利战争，向世界证明它愿意遵守欧洲的战争法规则。因此，它已经将其"接待团"打翻在地。此外，日本还在1900年与欧洲大国一起平等地参加了镇压"义和拳暴动"的远征军。一个亚洲大国从此而崛起并得到承认。（页212）

施米特让我们注意，19世纪90年代以来的欧洲国际法学家们如何解释欧洲国际法共同体的全方位开放。这些法学家说，现在"非欧洲、非美洲的人民（Völker）"已经被纳入欧洲公法共同体，目前，在这个体系中，欧洲国家有25个，美洲国家有19个。但在提到欧洲国家时，这些法学家用了"主权国家"这个概念，说到美洲国家时，他们就省掉了"主权"二字。提到亚洲国家如"波斯、中国、日本、朝鲜、暹罗"时同样如此，它们"与〔欧洲〕共同体成员保持着经常性的条约关系"，表明这些国家已经是欧洲国际法大家庭成员（页213—214）。施米特紧接着说：

> 这是一幅全景画卷，既是预言，也是一份真实文献。清晰地展现了从欧洲国际法向超越欧洲之国际法的历史剧变。
>
> 通过回顾19世纪90年代的国际法历史，我们尽力聚焦于国际法历史中的关键史实。19世纪末的欧洲国际法学没有了任何反思精神，甚至在全然无意识的情况下丢掉了传统秩序中的空间结构观念。（页214）

直到今天，亚洲研究国际法史的专家仍然缺乏施米特在这里所说的空间秩序意识，谈论"主权"概念的历史时，即便采用了所谓"历时性透视"，却见不到"任何反思精神"。[1]

---

〔1〕比较篠田英朗，《重新审视主权——从古典理论到全球时代》，（转下页）

我们应该想起20世纪90年代末以来发生在我国学界的一件怪事——随着"改革开放"的推进，某些中国史学家不仅丧失了反思精神，甚至全然下意识地丢掉了我国传统秩序中的空间秩序观念，让笔者难以释怀。

事情的原委是这样的：中国虽然如施米特所说，自19世纪80年代以来已经承认欧洲的国际法体系，但民国以来的革命政府以废除"不平等条约"为口号推行"革命外交"，与欧洲国际法体系发生了持续不断的严重摩擦。[1]改革开放初见成效之际（1999—2000），中国面临进入"国际社会"或与国际法接轨的现实问题，晚清和民国初期的中国外交一时成为近代史学界的热门话题：

> 在近代西方的国际法秩序里，所谓主权平等的原则并不是无条件的。但怎样才可享有国际法秩序下的完全人格呢？清政府洋务官僚最初选择的是遵守条约、履行条约，以换取时间争取富国强兵，以现代化武装维护国家的自主独立；继之而起的是戊戌前后维新派希望通过一系列大大小小、翻天覆地的政治社会改革，建立近代国家，在万国共尊、万世通行的公理公法下，迈向文明社会的大同世界。进入20世纪，当构建国际法意义的

（接上页）戚渊译，北京：商务印书馆，2004，页29—72。

〔1〕参见王建朗，《中国废除不平等条约的历程》，南昌：江西人民出版社，2000；王栋，《中国的不平等条约：国耻与民族历史叙述》，王栋、龚志伟译，上海：复旦大学出版社，2011。

"文明国"、加入国际社会已成为国家的至上命题时,清政府的急务便是国家的"文明化",以及与闻国际会议,参加国际组织了。[1]

这意味着,清末民初的中国政府并未把与欧洲式大国签订的双边或多边条约视为"不平等条约"。于是,我国近代史学界骤然兴起一场关于何谓"不平等条约"的论争。据说,条约是否平等取决于两项条件:第一,缔结条约的形式和程序是否平等;第二,条约内容是否损害了中国的主权。这个界定含糊不清,表述也缺乏法律修辞的确定性。尽管如此,按此标准统计,19世纪以来的中国与外国订立的条约有736个,其中仍有343个可以确认为不平等条约,涉及国家多达23个。[2]

"不平等条约"这一概念实际意味着不承认条约的有效性,而非不承认其合法性。按实证法学的理解,某个国家在受胁迫(duress)的条件下与他国缔结的有损自身利益的条约,应该被视为既合法也有效。因此,我国的法学史学者承认,在实证法学的框架下,"'不平等条约'问题很难得到实质性讨论"[3]。

---

[1] 林学忠,《从万国公法到公法外交:晚清国际法的传入、诠释与应用》,上海:上海古籍出版社,2009,页398。

[2] 参见1999年至2002年发表在《近代史研究》上的相关论文。

[3] 赖骏楠,《国际法与晚清中国》,上海:上海人民出版社,2015,页48—50。

在实际政治中，情况显然是另一回事。一个人在受胁迫的条件下与他人缔结的有损自身利益的条约，当然会被视为既合法也有效，但这不等于他不应该把这条约视为"不平等条约"，并在摆脱受胁迫的处境后废除条约。国家间的行为关系同样如此，换言之，条约仅仅反映国家间的暂时状况。

1945年，中国的战时政府与苏联签订有损自身主权的《中苏友好同盟条约》时，蒋介石特别派蒋经国随代表团同行，以便打人情牌。有一天，斯大林果然把蒋经国请到自己的私人官邸闲叙。他对蒋经国说，苏方在谈判桌上坚持沙俄留下的在华利益，不过是为了防止中国侵略苏联。蒋经国说，中国怎么会侵略苏联呢？历史上从未有过这样的事情。我们可以订个条约，中方保证永不侵犯苏联。斯大林笑了一下说：今天是私下场合，我就坦率告诉你吧，所有条约都是废纸，一切凭实力说话。

我们得承认，斯大林比法学家或史学家们更好地把握住了欧洲国际法的精神实质。他还有一句名言同样如此：如今，一个国家的军队打到哪里，国家的边界就在哪里。我们没有理由说，斯大林不讲道理，他不过精练而又准确地总结和表述了欧洲文明传统所信奉的丛林法则。

既然如此，中国的现代史书中满篇"不平等条约"的说法，并不为过。奇怪的是，在某些实证史学家看来，这种说法是"革命史观"的修辞，"在外交史与国际法上的意义并不大"，因为这个概念本身无异于"对条约的合法性及效力的怀疑与挑战"。在历史的语境中，"不平等条约"的说法用于政治动员完全可以理解，如今的史学研究还使用这样的修辞就不合时宜，应该修改我们的历史叙述，避免使用这种"带偏见"的概念。这位史学教授还说：

> 太过强调"不平等条约"在道德上之瑕疵，及中国"废约"在道德上之优越性，会有自相矛盾之处。清政府也曾在外国享有条约特权，如在朝鲜有专管租界三处（仁川、釜山、元山），另外在甑南浦等公共租界中也有中国租界，并享有领事裁判权。《马关条约》之前，中国与日本互享领事裁判权，日本曾多次要求修约，取消中国在日本之领事裁判权。中国与墨西哥、秘鲁互享最惠国待遇，20世纪20年代中国向各国要求修约时，墨西哥也要求中国放弃在墨之最惠国待遇。[1]

我们不禁要问：这些例子能够证明与中国革命党人的"废约"主张在"道德上的优越性自相矛盾"吗？清朝与朝鲜的关系岂止"租界"，连朝鲜的新军也是清朝政府派袁世凯训练出来的，更何况甲午战争的起因是中国派军队为朝鲜抵御外敌。"中国与墨西哥、秘鲁互享最惠国待遇"，难道互享最惠国待遇权利以及相互取消这种权利，在道德上有问题？

---

〔1〕 唐启华，《被"废除不平等条约"遮蔽的北洋修约史：1912—1928》，北京：社会科学文献出版社，2010，页7（以下简称《修约史》，随文注页码）。

最滑稽的例子是：日本与中国本来互享领事裁判权，后来日本成了欧洲式大国，于是多次要求修约，取消中国在日本之领事裁判权，这意味着日本凭靠自身军事实力的增长要求单方面享有领事裁判权。

这位史学家究竟在证明谁的道德有问题呢？

尽管如此，这位史学家仍然凭此认为，长期以来的"革命史观"已经"遮蔽了外交史中丰富的其他面向，窄化了我们对近代史理解的视野，也扭曲了对史实的诠释"，应该以"实证研究"清洗国共两党在20世纪20年代以来打造的革命史学修辞，转而"注重外交常轨之交涉谈判"，而非"只注重谴责帝国主义侵略"。

> 国共两党用简洁易懂方法，把技术上复杂艰涩的"不平等条约"描述为限制中国进步的主要障碍，其媒体宣传迎合并激发了大众情绪；北洋外交家的理性辩论措辞无法相比，国共两党发动的公众运动成功地赢得人心。（《修约史》，页8）

我们可以问：实证史学家的"实证研究"不会"扭曲对史实的诠释"吗？

接下来这位史学家自己马上就扭曲对史实的诠释。在他看来，北洋政府借参加欧战废止了中德和中奥条约，"收回两国不平等特权"，堪称"中国外交史之创举"（《修约史》，页62—66）。我们有理由问：北洋政府是靠"外交家的理性辩论措辞"收回"不平等特权"的吗？[1]

这位史学家还说，巴黎和会之后，中国单独与德国议约，订立了"第一个完全平等的新条约，甚至取得协约国各国所无之俘虏收容费，以及巨额之战事赔偿"，是"近代中国唯一对外以战胜国身份取得的战事赔偿"，堪称"北洋修约历程中重要的里程碑"（《修约史》，页82—109）。施米特若看见长达数十页的这种"实证研究"未必会生气，他多半会感到好笑：可怜的中国人！

我们自己当然会感到惊诧：这位史学家没有提到引发"五四"运动的事情，似乎北平学生阻挠北洋政府外交家在巴黎的"理性辩论"是道德上有问题，而北洋政府"以工代兵"派出劳工参战，在战场附近修战壕死伤无数得了"巨额之战事赔偿"，在道德上没问题。[2]

还有荒唐的"对史实的诠释"——这位史学家说：

> "废除不平等条约"在国家实践上意义不大。1925—1927年间，国民政府厉行"革命外交"高唱"废约"，但那时尚非国际承认之中央政府，也未曾真正废除过条约。四一二［事变］之后，南京国民政府

<hr />

[1] 邓野，《巴黎和会与北京政府的内外博弈：1919年中国的外交争执与政派利益》，北京：社会科学文献出版社，2014。

[2] 比较徐国琦，《中国与大战：寻求新的国家认同与国际化》，马建标译，上海：上海三联书店，2008，页2—15、258—288；侯中军，《中国外交与第一次世界大战》，北京：社会科学文献出版社，2017。

逐渐回归国际外交常轨，强调"改订新约"，自此"废除不平等条约"失去国际交涉上的实质意义。（《修约史》，页7—8）

看来，这位史学家还承认一个政治常识：弱国无外交。但令人费解的是，他在书中以1924年5月31签署的《中苏解决悬案大纲协定》（通常简称《中苏协定》）为个案，花了120多页的"档案分析"来证明，北洋政府"尽管内外交迫，但仍坚持维护国权，外交表现可圈可点"（《修约史》，页174—308）。

要知道，条约谈判以及订立条约在"技术上复杂艰涩"，与历史上的政治事件复杂难辨是两回事，问题层次有天壤之别。

中俄边界接壤数千公里，两国之间有着长达三百多年的划界史。1689年的中俄《尼布楚条约》划定了两国的东段边界，之后划界订约20多次，中国不断丧失领土的过程，也是沙俄帝国成为欧洲公法大家庭要员的过程。1727年的《布连斯奇条约》划定了中段边界，19世纪50年代至80年代，即帝国主义时代或施米特所说的"新大地法"来临之前，俄国通过多个条约切割了中俄边界东段和西段约150多万平方公里的中国领土。[1] 李鸿章弥留之际，俄国公使跪在他面前，

----

[1] 参见王景泽、李德山主编，《中国东北边疆史》，长春：吉林文史出版社，2011。

恳求他在一份切割中国土地的条约上签字。李鸿章至死没签，但这位生不逢时的大政治家闭眼之前，眼角为中国流出了最后一滴泪珠！

列宁的苏维埃共和国建立后，两次发表"对华宣言"（1919/1920），第一次仅宣布放弃19世纪50年代以来的俄中歧视性条约，但承诺将中东铁路无偿归还中国；第二次则明确宣布："以前俄国历届政府同中国订立的一切条约全部无效。"今天的我们很难说，北洋政府是否错过时机，苏俄随着自己的国际处境好转又收回了归还中东铁路的承诺。可以说，中国虽然比俄国早几年改制共和，却并未实现国家整合，在具体谈判中根本无力落实重新订约和划界，北洋政府的外交表现没可能谈得上"可圈可点"。

如今的我们也已经知道，苏联的国际共产主义理念并没有真的创制出一种"新大地法"。事实上，苏俄政府在具体谈判中仅同意至多放弃沙俄帝国在19世纪90年代以来的几个条约。即便是1924年签订的《中苏协定》和《奉俄协定》，也仅仅规定中国有权赎回中东铁路，赎回之前由中苏共管，实际上是苏俄独占。

不仅如此，在20世纪20年代至40年代，趁中国内战频仍，斯大林的帝国更进一尺，超越沙俄帝国时期的歧视性划界条约，把乌苏里江和黑龙江主航道中心线中国一侧的700多个岛屿划去600多个。

20世纪初，有个中国留日学生叫秦力山，他天真地相信，西方文明的基石是国际法秩序，并非仅仅是"凌弱暴寡"。同样是留日学生的黄群（1883—1945）在创刊于20世纪之初的《新世界学报》（1902年9月）上曾撰文批驳：从理论上讲，国际法固然基于各国的平等自主，问题在于，各国强弱实际上不同，国家地位事实上不平等。西方的所谓"文明国"的含义其实是强国，条约缔结无异于以强凌弱，国际法并不可恃 —— 埃及亡于英法、印度亡于英国，波兰亡于俄国，无不是"优食劣肉、竞争最剧之场"的"新世界"中"文明国"以"公法"为外衣弱肉强食的证明。[1]

七、新中国与国际法

《大地的法》最后一章紧紧围绕第一次世界大战前后的世界历史语境，意在强调欧洲国际法原则的歧视性转变，即对在"一战"中战败的德国施行歧视性惩罚。"一战"前后的中国，与施米特论析的欧洲公法国际普遍化的历史语境相吻合：甲午战败之后，紧接而来的是义和团运动的悲剧性收场。[2]随后，中国出现了"东南互保"的分崩离析局面。这个时候，美国基于刚刚出笼的"门户开放"宣言提出"保全中国领土"的主张。

---

[1] 转引自林学忠，《从万国公法到公法外交：晚清国际法的传入、诠释与应用》，页231—232。关于"文明"观念与国际法的关系，参见赖骏楠简洁而又明晰的论述；赖骏楠，《国际法与晚清中国》，页27—43、165—169。

[2] 比较相蓝欣，《义和团战争的起源》，上海：华东师范大学出版社，2003。

拉铁摩尔早就指出，美国的"门户开放"政策的实质是保护美国的在华利益，他称这一宣言为"分我一杯羹"主义：

> 美国不愿中国被弄得四分五裂，深怕那些在中国业已获得殖民地所有权的国家会销售自己的货物，投入自己的资本，而损及美国的企业。美国那时虽然已有实力参加差不多任何经济角逐，但还未确定何种活动对它最重要。[1]

拉铁摩尔还看到，美国的"门户开放"战略其实是跟英国人学的，即让中国始终是各帝国"自由竞争"的场所，毕竟，这里是世界上最大的统一市场。凭靠欧洲式的现代经验，中华帝国一旦瓦解，随之而来的将是现代列强在中国这片土地上打一场类似于德意志30年战争的世界大战：1904年的日俄战争已经是一场预演。[2]

对于新老列强来说，用武力瓜分中国不如以经济手段瓜分中国。于是，义和团事件后，中国被定性为"野蛮国"或"半开化国"，一系列涉及最惠国待遇、领事裁判权和协定关税的歧视性条约就来了。加上强制租借地、圈定势力

---

〔1〕 拉铁摩尔，《亚洲的决策》，北京：商务印书馆，1962，页9—10。
〔2〕 比较和田春树，《日俄战争》，易爱华、张剑译，北京：生活·读书·新知三联书店，2018。

范围、拥有铁路权和矿权之类的契约，史学界迄今都没法搞清楚，究竟有多少"不平等条约"。若算上后者，据估计，中国承受的歧视性条约总数在一千件以上，而非七百多件。

《大地的法》第三次提到中国的历史语境是第二次世界大战之前（页223—224），当时的中国已经进入抗日战争时期。施米特在这里所关注的问题是，第一次世界大战之后的"国际联盟"对于欧洲国际法的全球化具有何种作用。美国总统威尔逊选定日内瓦为"国际联盟"总部所在地，因为瑞士的日内瓦在现代欧洲政治史上具有象征意义，即在政治冲突中"保持中立"，似乎欧洲国际法在成为全球国际法时，应该采取政治上"保持中立"的法理原则。

在施米特看来，"国际联盟"用了"协会"（Société）或"联盟"（League）这样的语词，表明国联（即国际联盟，全书同。——编者）并不是一个联邦架构，而是操控中小型欧洲国家协同行动的机构（页222）。施米特强调，欧洲国际法的目的"不是为了废止战争，而是为了限制和约束战争"。因为，实际上战争没法废止，关键是"避免发生毁灭性战争"，但"国联对此却毫无助益"（页223）。施米特没有提到日本在中国南京的大屠杀行径，甚至没有提到国联在调查1931年日本入侵中国东北事件后做出的决议形同废纸，尽管他提到，国联持守"不承认武力占领"这一"抽象原则"。

1931年的"九一八事变"在世界现代政治史上非常有名，沃格林在其《政治观念史稿》中也提到，"由于国际联盟在1931年未能适当处理"日本对中国的入侵，日本在中国的扩张才变本加厉。在沃格林看来，这是日本效仿西方帝国主义的结果，而西方自身随后也尝到了这种效仿带去的恶果。[1]太平洋战争爆发后，日本夺取英、美、法在东南亚的殖民地，可以说是以其人之道还治其人之身。但日本入侵中国，则只能说是日本学会了欧洲大国的恶习。[2]

与施米特的论题相关，我们应该看到，日本对中国的野蛮行径是欧洲国际法精神的结果。拉铁摩尔在1944年的一次讲演中承认，日本肆意侵略中国当归咎于英美纵容：

> 在英美这种"分我一杯羹"主义中，隐藏着一个大漏洞，从根本上削弱了我们反对日本侵占中国的立场。在我们英美向日本提出的所有抗议中，从未驳斥过日本对中国提出要求的权利。我们只抗议日本所获得的种种特权，不应把我们排除在外。(同上，页11)

1938年10月，日军同时占领武汉和广州，美国国务卿认为，"日本人已经在战争中取胜了，今后，战事恐怕不过是大胜利之后的肃清工作而已"。拉铁摩尔还提到，

---

[1] 沃格林，《政治观念史稿（卷五）：宗教与现代性的兴起》，霍伟岸译，上海：华东师范大学出版社，2009，页155—156。

[2] 麻田贞雄，《从马汉到珍珠港：日本海军与美国》，朱任东译，北京：新华出版社，2015，页10—26、31—50。

1939年7月，美国参议院外交委员会曾建议国务院废除日美商约，国务院认为，这会是"难以置信的荒唐举动"，因为这会使日本"警惕到我们已成为它的死对头"（同上，页7—8）。

东京审判期间，受日本胁迫的"满洲国"皇帝溥仪曾出庭做证。美籍检察官季南问溥仪：你当时为什么不反抗？溥仪苦笑着回答说：那么多的"民主国家"都对日本侵吞中国东北听之任之，我一个退位皇帝怎么反抗？溥仪若熟悉欧洲的现代历史，他恐怕还会说，日本不就是向你们西方人学的吗？这不是符合你们的国际法习惯吗？我任"执政"仅仅10天，日本就胁迫我签订秘密协定，"满洲国"的政治、经济更不用说军事权力一律交日本驻军掌管。

若非日本攻击美国并夺取美、英、法在东南亚的殖民地，西方"民主国家"便会接受日本对中国东北的占领，而溥仪仍然是被胁迫的皇帝。这类事情在欧洲现代历史中难道没有先例？约翰·马吉牧师偷拍的南京大屠杀胶片，早在1938年5月就由美国《生活》周刊曝光，而且，美国国务院也在第一时间得知南京大屠杀的情况。[1]但直到1946年的东京审判，如此屠杀行为才被定罪为违反国际法和战争法。人们会问：为什么这个伟大的"民主国家"没有在1938年就依据国际法提出控告？因为中国属于欧洲的"划界思维"的另

---

[1] 陆束屏，《忍辱负重的使命：美国外交官记载的南京大屠杀与劫后的社会状况》，南京：江苏人民出版社，2019。

一边，是列强可以任意争夺的"自由空间"？为什么美国掌控的东京审判注重惩罚发动太平洋战争的战犯，而非入侵中国的战犯？难道这也是欧洲国际法传统的"友好线"遗风？

东京审判开庭前一天，英属澳大利亚籍的审判庭庭长卫勃法官提出，英国法官的座次要排在中国法官前面，并说这是盟军太平洋战区最高司令官的意思。还有更荒唐的事情：28名日本战犯中的7名被判绞刑后，被告的美方律师向美国最高法院提出申诉，要求复核判决。尽管在世界舆论压力下，美国最高法院最终以6票对1票否决了申诉，但高院受理这一申诉本身就已经暴露了"远东国际法庭"的政治性质。[1]如果我们还没有因此对欧洲国际法及其合法性程序的政治性质长见识，那就只能怪自己愚不可及。

我们不应该忘记，中国人的确有过这样的愚不可及。1935年华北危机之时，蒋介石聘请的德国军事顾问团团长法肯豪森上将（1878－1966）曾多次告诫，日本用军事手段切割中国领土的目的再明显不过，中国的政府和领袖必须坚决抵抗，否则没谁会出面救援，绝不能指望列强联合或单独干涉。华北事件明显是"华方一味退让"，日方"空词恫吓"的结果。

法肯豪森的洞察出自19世纪末至20世纪初全球化时期的德国经验，蒋介石却仍然指望英、美、法会因其在华利益

---

〔1〕 梅小璈、梅小侃编，《梅汝璈东京审判文稿》，上海：上海交通大学出版社，2013。

出面干预日本，并未听从法肯豪森的告诫。甚至在"卢沟桥事变"之后到7月16日日军大举增兵华北之前的一周里，蒋介石还寄望与日本和谈，以待国联干预。

法肯豪森设计的台儿庄战役取得完胜后，他告诉蒋介石必须乘胜追击，不给溃败中的日军喘息之机，否则日军很快会卷土重来。蒋介石置若罔闻，法肯豪森作为一个外国人也气得直揪自己的头发，我们的史学家倒觉得不算回事儿。"花园口决堤"尽管是法肯豪森的建议，根本原因则是蒋介石迟迟不按法肯豪森设计的军事部署做出积极抵抗姿态，满脑子期待"国际社会"干预。[1]

我们不能说蒋介石没有家国情怀，只能说他的政治智商低得不可思议。蒋介石以数十万中国人的性命为代价，为中国认识欧洲国际法体系提供了一个血的教训，而我们的好些智识人迄今未必认为这堪称教训。

余论：从"拉亚线"到"三八线"

《大地的法》第四次也是最后一次提到中国，与美国崛起并带出全球化"大地法"的历史时刻相关。施米特说，美国自建国以来一直持守与欧洲分离的国策，这种"分离主义"带有道德上的优越感，即告别"欧洲君主制的整个政治

---

〔1〕 参见柯伟林，《蒋介石政府与纳粹德国》，陈谦平等译，北京：中国青年出版社，1994；王晓华、张庆军，《蒋介石与希特勒：1927—1938中德关系的蜜月时期》，北京：台海出版社，2012。

体制",重塑一个全新的欧洲或"西方":

> 新西方要求成为真正的西方、真正的西洋、真正的
> 欧洲。新的西方,即美利坚(die Amerika)将取代老
> 的西方和欧洲,重新确定世界历史的方向,成为世界的
> 中心。[新的]西方将完全成为道德的、文明的和政治
> 意义上的西方(Occident),既不会被消灭或破坏,甚
> 至不会被废黜,而只是被替代。国际法告别了那个以老
> 欧洲为重心的时代。文明的中心继续向西、向美利坚移
> 动。(页272)

正当"成千上万失意或幻灭的欧洲人离开老旧而且反
动的欧洲前往美利坚,在那片圣洁无瑕的土地上开始新的生
活"时,美国借1898年的美西战争之机,转身大步迈向自己
"开放的帝国主义时代"。[1] 不同的是,美国的帝国主义扩张
方向是东方,即"深入太平洋地区"。1899年的"门户开放"
宣言宣称,美国对亚洲的广阔区域拥有利益均沾的权利。

---

[1] 比较金德曼,《中国与东亚崛起:1840—2000》,张莹等译,北京:社
会科学文献出版社,2010,页27—34;拉夫伯,《美国人对机会的寻求
(1865—1913)》,孔华润主编,《剑桥美国对外关系史》(上),王琛译,北
京:新华出版社,2004。"全球史"派的观点,见韩德,《美利坚独步天
下:美国是如何获得和动用它的世界优势的》,马荣久等译,上海:上海
人民出版社,2011。

从全球地理的视角来看，这是一个［美国］从西方迈向东方的步骤。从世界史的角度来看，现在美利坚大陆与新出现的东亚空间的关系，就像一百年前老欧洲由于美利坚在世界史上的崛起而被挤出东半球区域一样。在思想地理学的意义上讲，这样一种显著变化会成为一个极其轰动性的主题。在其影响之下，1930年宣告了一个新世界的崛起，从此美利坚与中国联系在一起。（页274）

施米特没有进一步说，美国如何与中国联系在一起。[1] 按《大地的法》中的思路，美国与中国的联系应该可以上溯到16世纪，尽管那时还根本没有美国。

按16世纪初的《萨拉戈萨条约》，葡萄牙获得"拉亚线"以西的所有岛屿和海域的控制权，包括整个亚洲及其已发现的属邻岛屿，西班牙则获得几乎整个太平洋及以东空间的支配权。由于条约没有提到菲律宾，查理五世企图钻空子，在1542年宣布向菲律宾殖民。他以为葡萄牙国王不会做出强烈反应，因为菲律宾群岛上没香料生意可做，结果打错算盘。20多年后（1565），强势的腓力二世才凭靠海军实力在马尼拉建立了西班牙的直辖贸易站。

19世纪末，趁美西战争胜利之机，美国用武力从西班牙

---

[1] 比较入江昭、孔华润编，《巨大的转变：美国与东亚（1931—1949）》，上海：复旦大学出版社，1991／1997。

手中夺取了菲律宾的支配权。如果说腓力二世凭靠海军实力第一次更改了"拉亚线",那么,美国用武力从西班牙手中夺取菲律宾就是第二次更改"拉亚线"。趁着美西战争胜利之势,美国的政治精英已经把目光投向太平洋西岸的东亚和印度洋地带,计划兼并夏威夷之后在中美地峡开凿运河,极富想象力。[1]

1942年春,日本发动太平洋战争后进兵菲律宾,麦克阿瑟麾下的5万美军被迫撤离到澳大利亚。日军随即跟进,兵锋直指新几内亚的莫尔斯比港,企图在那里建立前进基地,进攻英国海军中校库克(James Cook,1728—1779)在18世纪中期已宣布为"英国领土"的澳大利亚本土。日本与美国的西太平洋战争,难道不应该理解为日本力图更改"拉亚线"?

可以设想,如果《大地的法》成书晚三年,那么,1950年底至1953年的朝鲜半岛战争一定会成为施米特笔下的一大话题。[2]毕竟,这场战争涉及重新划分"拉亚线":苏联帝国与美利坚帝国成为重新划分全球势力范围的对手,全球化进程进入新的均势格局——"冷战"状态。在美国的史学

---

〔1〕 郑凡,《撒下转变的种子:马汉论亚洲问题》,林国基主编,《约法传统与美国建国》,上海:上海人民出版社,2013,页142—151。比较亨特,《意识形态与美国外交政策》,褚律元译,北京:世界知识出版社,1999,页21—50;刘晨光,《美国建国时期的"中立外交"与国家巩固》,《约法传统与美国建国》,页117—128。

〔2〕 参见卡明斯,《朝鲜战争》,林添贵译,北京:生活·读书·新知三联书店,2017。

家看来——

> 朝鲜战争成了美国历史的一道分水岭。正是从这时开始，美国才真正地成为一个超级大国，开始表现出干涉全球事务的意愿，并逐渐发展出相应的手段。[1]

朝鲜战争的爆发与美国的"划界思维"的突然转变有很大关系。1950年元月，艾奇逊在全国记者俱乐部的演讲中宣称，朝鲜和中国台湾都在美国防御圈之外，如果韩国受到攻击，可以让联合国去采取行动。无论这一宣称是否是美国首脑圈的真实想法，斯大林正是基于这一宣称允许金日成采取统一祖国的军事行动。

朝鲜发动进攻之后，约翰逊、杜勒斯甚至麦克阿瑟和参联会"起初都不情愿投入地面部队作战"，因为"美国在其他地区的承诺更为紧迫"。白宫有理由担心，一旦美国与苏联在欧洲摊牌，朝鲜会"成为美国的一个战略负担"。然而，麦卡锡事件在这个时候适时地出场，新的政治正确开始决定民主的"两党共治"的"划界思维"。[2]

从中国的现代历史来看，朝鲜半岛战争堪称新中国对19世纪末的"门户开放"宣言的回答：不许美国人跨过"三八

---

〔1〕 艾泽曼，《美国人眼中的朝鲜战争》，陈昱澍译，北京：当代中国出版社，2006，页11。

〔2〕 斯奈德，《帝国的迷思：国内政治与对外扩张》，于铁军等译，北京：北京大学出版社，2007，页309—316。

线"。中国的第一代世界史学家雷海宗在1951年发表的文章，算得上历史的证言。[1] 20世纪80年代的"改革开放"以来，美利坚与中国再次联系在一起时，"开放"的含义完全变了：主人自己开门，请外人进来搞合资经营，与外人破门或越墙而入圈地、搞治外法权，是两码子事。

施米特提到，美国在19世纪末开始对亚洲施行帝国主义扩张时，也取消了本国"内部的占取自由"，美利坚不再是"开放的土地"，可以让人自由移民（页275）。这让我们想起，1905年，美国通过禁止中国移民的法例，加上华工在美受虐待的事件在传媒曝光，中国各大城市曾爆发大规模"杯葛美货"运动，海外华人也纷纷起而响应，但结果是不了了之。1951年初，中国共产党军队与美军在朝鲜半岛上第二次交火后，新中国政府随即动员了全国性的反美运动，而且不理会欧洲国际法，冻结甚至剥夺美国的在华资产。可以说，这既违背也符合欧洲公法的规矩。

1949年底，中国共产党军队夺取广州之后，停在了深圳河北岸，大英帝国担心的事情并没有发生。即便面对"不平等条约"，新中国政府也没有凭靠武力"废约"，我们不能说新中国不遵守西方的国际法传统：是否"废约"取决于两国是否进入战争状态。

中英关于"香港回归"的谈判初期（1983），有"铁

---

[1] 雷海宗，《美帝"中国门户开放政策"的背景》，王敦书编，《雷海宗世界史文集》，天津：天津人民出版社，2014，页269—282。

娘子"之称的撒切尔夫人企图坚持"三个条约有效论"和"以治权换主权"的欧洲国际法式的立场。邓小平以一句掷地有声的四川话回绝道：主权问题不容谈判。撒切尔夫人仍不甘心，她随后问自己的国防大臣，是否有可能凭靠军事力量保住港岛。对"铁娘子"在军事方面的无知，国防大臣只能苦笑和耸肩。

欧洲国际法体系教给中国的首要法理是：中国必须首先是名副其实的主权国家，而国家主权只能凭靠本国的军事力量来获得——这是中国进入欧洲国际法体系的基本前提。雷海宗以研究杜尔哥在美国获得博士学位，回国后他心里惦记着，中国文化精神的传家宝之一是武德，这想必是他研究世界史的首要心得。[1]

从今天的国际语境来看，用施米特的话来说，随着中国的成长，美国完全有理由担心，美国大陆与新出现的东亚空间的关系，就像老欧洲由于美国在世界史上的崛起而被挤出东半球区域一样，美国会由于中国在世界史上的崛起而被挤出亚洲：现在轮到美国划定的"自由空间"受到挑战了。至少，由于朝鲜战争，美苏划定的后现代的"拉亚线"让中国与美国成了全球化重新划线的对手。

中国在世界史上的崛起与马克思主义的东传有关。这意味着，马克思主义带来了一种新的"大地法"。我们还应该意识到，这个新大地法的提出与黑格尔抵制霍布斯–洛克的

---

[1] 雷海宗，《中国文化与中国的兵》，天津：天津人民出版社，2016。

资本主义式大地法有关。施米特在第四章第五节结尾时再次提到，他"在讲述第一个全球界线的那一章，指出了霍布斯关于前国家的自然状态和野蛮自由区域的关联性"，而黑格尔在其历史哲学中反驳霍布斯时，已经对美利坚"这个新世界的［国家］结构做出了不同凡响的诊断"：美国还没有构建成一个国家，尚处于"利益自由优先的状态"，即"还停留在市民社会的阶段"。美国在1950年介入朝鲜内战时的国内政治因素证明，施米特此言不虚。

随后施米特提到，青年马克思曾对美国做出过进一步评价：这个"共和国像19世纪的君主国一样，私有财产决定了真正的宪法和国家"（页275—276）。施米特并非马克思主义者，他如此强调黑格尔-马克思主义的新大地法志在克服盎格鲁-撒克逊和美利坚主义的大地法，仅仅因为他尊重历史的事实。

> 在黑格尔看来，康德式的世界主义忽视了亚里士多德对于教化、道德教养、善良习惯的养成和以各种文化与历史的道德风尚（Sittlichheit）所实现的社会化的强调。一言以蔽之，康德对于历史性的和社会性的制度的道德意义及其道德价值漠不关心。[1]

---

[1] 希克斯，《黑格尔论国际法、国际关系与世界共同体的可能性》，邱立波编/译，《黑格尔与普世秩序》，北京：华夏出版社，2009，页72；比较阿维纳瑞，《黑格尔的现代国家理论》，朱学平、王兴赛译，北京：知识产权出版社，2016，页247—264。

对我们来说，无法回避的政治史学问题是：中国凭靠这种"主义"崛起，必然会给世界历史引入新的大地法。而这也意味着，中国文明的传统德性必将参与到与盎格鲁-撒克逊和美利坚主义的大地法的斗争之中。事实上，早在1946年初，毛泽东已经"在思想上突破战后大国体系的羁绊，确立了独立自主的对美战略，并且不再把对苏联态度及其利益的考虑放在重要位置上"[1]。

这种新大地法究竟是怎样的呢？施米特在1963年的《游击队理论》中给出了回答。

---

[1] 杨奎松，《"中间地带"的革命：国际大背景下看中共成功之道》，太原：山西人民出版社，2010，页517。

施米特论国际联盟与欧洲秩序的败坏

基于中国历史经验的反思性解读

章永乐 *

1931年"九一八事变"爆发后近一个月，蒋介石发表《拥护公理与抗御强权》演讲时说：

> 我国是世界国家之一，即不能离开世界，同样既是国际联合会的一分子，即不能离开国联。任何国家，离开国联，都不免失败，都要自取灭亡。[1]

南京国民政府坚持不懈地就日本侵占东北向国际联盟（League of Nations，下文简称国联）提出申诉。1932年1月21日，国联行政院终于成立了以英国人李顿侯爵为团长的调查团，并于9月4日完成调查报告书，10月2日公开

---

* 作者为北京大学法学院副教授。

〔1〕 蒋介石，《拥护公理与抗御强权——蒋介石国府纪念周报告全文》，《大公报》1931年10月16日。

发表。

报告书认为中国对东北享有主权（sovereignty），"九一八事变"是日本侵华行为，"伪满洲国"没有正当性，但同时承认日本在中国东北有"特殊利益"。报告书提出的解决方案是：中日两国都从中国东北撤出武装力量，唯一允许的武装力量是列强派遣的教官训导出来的宪兵（gendarmerie）；组织一个包括中日与主要列强代表的咨询会议（advisory conference），决定如何在东三省成立"自治政府"，其防务和财政部门须聘请来自两个不同国家的两位外国顾问；中国须与日本签订新条约，承认日本在东三省的若干既得利益。[1] 1933年2月24日，国联大会以42票赞成，日本1票反对的结果通过报告书。

"一战"结束后，当美国的威尔逊总统倡议建立国联的时候，中国的政治-文化精英一度精神振奋。然而列强在巴黎和会上将德国在山东的利权转让给日本，打了乐观派一记重重的耳光。1932年11月21日，顾维钧在国联行政院陈述中国政府对李顿调查团报告的支持立场。[2] 但随后迎来的是1933年3月27日日本宣布退出国联，报告书成为一纸空文的结果。相比之下，共产党人从一开始就对李顿调查团不抱任何希望，中共中央《红旗周报》发表系列文章，批判李顿

---

〔1〕 *Appeal by the Chinese Government*: *Report of the Commission of Enquiry*, League of Nations, Official No: C.663.M.320.1932.VII.

〔2〕 季啸风、沈友益主编：《中华民国史料外编》第52册，桂林：广西师范大学出版社，1997，页252—253。

调查团报告书是在"日本帝国主义与国际帝国主义间成立妥协",[1] 报告书的解决方案，无非是以国际共管的形式瓜分中国，同时巩固反对苏联的统一战线。[2] 这些分析，体现了共产党人坚决反抗国际支配体系的立场。

在中国共产党人撰文批判国联之前，德国公法学家施米特早已撰写过若干评论，揭示了国联的结构性缺陷。早在1926年——德国获准加入国联的一年，施米特撰文《日内瓦国际联盟的两张面孔》提醒德国舆论界，国联是否构成一个真正的联盟，仍然是高度不确定的，它如同罗马神话中的两面神雅努斯（Janus）一般，根据不同的情况向不同的国家展现不同的面孔，并有意不做出决断。它在某个西方大国（在此应该指美国）面前是谦卑的、小心翼翼的，但在弱势的、被解除武装的国家面前则摆出一副严格执法的庄严面孔。国联在没有明确原则和既定规范的情况下以法律的名义裁决最可怕的冲突，带来的巨大风险是：它可能会激起巨大的国际政治对立。[3]

1928年，施米特在《国际联盟与欧洲》中批评国联既不是一个真正的欧洲组织，也不是真正的普世性联盟。[4] 1936

---

[1] 拉迪克，《论李顿调查团报告书》，《红旗周报》第54期，1933年1月10日，页66—73。

[2] 史琪，《揭破李顿报告书和反革命派别的欺骗》，《红旗周报》第53期，1932年12月10日，页58、67—80。

[3] 施米特，《日内瓦国际联盟的两张面孔》，《论断与概念》，朱雁冰译，上海：上海人民出版社，2006，页34—36。

[4] 施米特，《国际联盟与欧洲》，《论断与概念》，页84—91。

年，施米特又撰文《国际联盟的第七次变化》，批判一个国联成员国（意大利）吞并另一个成员国（阿比西尼亚，今埃塞俄比亚）的乱象。而其1950年初版的《大地的法》（*Der Nomos der Erde*）更是对国联代表的凡尔赛-华盛顿体系进行了极为系统而无情的批判。多年之后，当我们读到施米特此书对于国联的犀利批判时，很容易感到"心有戚戚焉"——尽管下文的探讨将进一步表明，20世纪30年代的施米特同情的是致力于扩张的日本，而非受日本侵略的中国。

如果说20世纪的中国革命者凭借毫不妥协的斗争精神，使得中国最终摆脱了帝国主义的或单独或联合的宰制，获得了独立自主，那么这场革命也带来了一个重要的认知后果：长期以来，国人习惯于从被支配者与反抗者的视角来看国际秩序，对支配关系本身非常敏感，但对支配者相互之间的关系以及支配者如何看被支配者等问题，却往往缺乏认识。但施米特早在20世纪20—30年代就已经在支配者与被支配者的视角之间做灵活的切换。在国联问题上，他既能够看到德国、中国与阿比西尼亚等国所处的弱势地位，也能够一针见血地揭示英国、美国、法国等居于支配地位的列强在国际秩序建构上的各种如意算盘。

施米特的双重视角，得益于德国在近代欧洲的地位变迁：德国在维也纳体系下曾经是欧洲大陆最强的工业国，一度试图与英国竞争世界霸权，但在"一战"之后沦为了凡尔赛-华盛顿体系下受压制的国家，"二战"失败后更沦为了被列强联合宰制的国家。施米特既是一个欧洲中心主义者，怀念美日崛起之前绝对以欧洲为中心的国际法，同时也非常坦白地指出这种国际法的欧洲中心主义实质。如同君主派与平民派都可以从马基雅维利的论述中获益那样，国际体系中的支配者与被支配者也可以通过施米特的论述来了解对方的视角，从而对国际秩序形成更为整全的理解。

鉴于这种"双重视角"在中国知识界的稀缺，对施米特做深入研究，颇有学术上的必要。得益于刘小枫等前辈学者孜孜不倦地移译与诠释，中国学人对于施米特的政治神学与宪法思想，已有相当的了解和研究。但汉语研究文献中对于施米特国际秩序思想的探讨仍相对较少，对施米特的国际法思想与宪法思想之间的关联，在认识上也存在诸多晦暗不明之处。本文尝试结合近代中国历史经验，对施米特国际秩序论述进行解读。笔者选取的切入点是施米特对国联所代表的凡尔赛-华盛顿体系的"病理诊断"。对种种"反常"现象的判断都会内在隐含一个"正常"的标准，通过施米特的"病理诊断"，我们也能够比较迅速地抵达其对于何谓"正常"国际秩序的思考。而在"正常"与"反常"之间的对照，有可能为今人理解中国近代以来的历史处境，提供一些思想启发。

当然，由于施米特与纳粹政权的复杂关系，无论是在英语学界还是汉语学界，对于施米特的正常研究（包括反思性研究），经常面临着被人随意贴标签的风险。事实上，施米特是较早主张魏玛共和国应捍卫自身、对纳粹党实行党禁的法学家——当然，随着纳粹党的得势，他一度发出附和之声，但未获当权者青睐，后逐渐疏远。而他从同一原理，可以推出反对和支持纳粹党两种不同的实践主张，可见其原理并非专为某一种特定的时政主张而设，而是在一个更具普遍性的层面展开思考的。当代美国亦不乏借助施米特的原理来理解美国宪制的法学家，如耶鲁大学法学院的卡恩（Paul Kahn）教授。[1] 如果施米特理论的探讨者必须被贴上"纳粹"标签，忠于美国的卡恩教授恐怕也难逃此劫。本文倡导反思性地阅读施米特，甚至将施氏的"大空间"理论界定为一种"区域霸权主义"，但愿不至于落入这种令人啼笑皆非的境遇。

一、19世纪欧洲国际法的崩溃与国联的起源

施米特在《大地的法》中论述了三个较为完整的欧洲国际体系：第一个是从中世纪延续至近代早期的基督教共同体体系；第二个是随着近代主权国家成长而渐趋成熟的经典国际法体系；第三个是1919—1939年以国联为代表的凡尔赛-华盛顿体系；国联的诞生是欧洲近代的经典国际法秩序失序的结果。而这个经典的国际法秩序的黄金时代，正是19世纪维也纳体系正常运转的时期——正是在这个体系下，当时的欧洲达到了其全球影响力的巅峰状态。要理解一种败坏的

[1] Paul Kahn, *Political Theology: Four New Chapters on the Concept of Sovereignty*, New York: Columbia University Press, 2011.

状态，就有必要下功夫摸清施米特对于何谓"正常"国际秩序的思考，因此，我们有必要从19世纪的维也纳体系开始讲起。

施米特并未使用"维也纳体系"这一表述，但在他笔下，拿破仑战争之后，欧洲国际秩序确实有一次重要的重组，打败拿破仑的列强重建了一个相当有效的具体秩序。它的首要特征在于欧洲列强的这样一种共识：欧洲的土地与非欧洲的土地之间有着清晰的内外之分，宗主国与殖民地不可混淆。这不仅是一个法律上的区分，同时也是基于文明论的空间区分。

殖民宗主国所在的欧洲，被视为世界文明的中心，国际法是这个文明中心的产物，同时也只有在这个文明的中心才会得到完整的实施。在这个中心之外，除了美国等欧洲后裔所建立的国家，剩下的就是半文明（semi-civilized）国家和野蛮（savage）部落，它们不具有完整的主权，或根本没有主权，[1] 而殖民的使命是将所谓文明的教化布于世界各地。只有符合欧洲列强的文明标准的国家，才能够被接纳为列强俱乐部的一员，获得完整的主权。当然，欧洲裔建立的美洲

---

[1] 最为典型的表述来自拉里默，他的三分法表述分别是：civilized humanity、barbarous humanity 以及 savage humanity，见 James Lorimer, *The Institutes of the Law of Nations*, Vol.1, Edinburgh and London: William Blackwood and Sons,1883, p.101. 有学者将此解读为，判定何谓文明国家的关键，是这些国家保护欧洲旅行者与商人生命、自由与财产的意愿和能力，见 Georg Schwarzenberger, *The Frontiers of International Law*, London: Stevens and Sons,1962, p.71.

殖民地大多在19世纪陆续独立，而美国早在18世纪后期就获得了独立。但在美西战争之前，西半球的全球政治影响力并不明显，并不影响欧洲在全球的突出地位。

在欧洲内部，维也纳会议确立了各王朝国家之间的协调，建立了一个重要的限制战争的政治与法律框架。"欧洲协调"（concert of Europe）的基础，是王朝与贵族对法国大革命和拿破仑战争的恐惧。但维也纳会议并没有走到宣布除自卫性战争之外的所有战争均为非法、将敌人作为罪人来处罚这一步。如同之前的时代一样，它试图限制战争，而不是消灭战争。拿破仑战争的策源地法国，也并没有在维也纳会议上受到严厉惩罚，而是在波旁王朝复辟之后，被接纳为"五强共治"（Pentarchy）俱乐部的一员。从英国的角度来看，将法国纳入协调体系，是牵制普鲁士和奥地利这两个中欧强国，维持欧洲大陆"均势"的必要条件。这个结合了均势（balance）与协调（concert）的空间结构，是一系列国际公法规则得以发挥作用的前提。

与中世纪和近代早期的"正义战争"理论传统[1]不同，维也纳体系下的战争法承认，只要经过一定的程序发动并依据既定规则进行战争行为，交战双方就是正当的敌人，他们彼此之间没有法律上的过错，对整个世界而言也没有法律上的过错，并不存在一方是正义使者，另一方是可耻的罪犯的

---

〔1〕 Stephen C. Neff, *War and the Law of Nations: A General History*, New York: Cambridge University Press, 2005, pp.7-82.

情况。19世纪的实证法学家们把战争视为道德上中立的现象。[1]克劳塞维茨（Carl von Clausewitz）在《战争论》中称战争是一种实行国家政策的工具，在19世纪影响深远。在这种战争观下，"侵略"（aggression）不可能成为一个核心的法律概念。所谓的战争罪，针对的是战争期间一方违反战争法的行为（如攻击平民、滥杀战俘），但追究的并不是侵略战争的发动者。

在维也纳体系之下，宣战的程序尤为重要，因为它可以清晰地区分出中立国与敌国，使得中立（neutrality）成为可能。因为双方都可以是正当的敌人，第三方的中立在道德上成为可能。而战争结束之后所签订的条约中，往往也包含了大赦条款（amnesty provision），双方互相赦免对方战斗人员给己方带来的任何伤害，以免这些伤害成为未来争端的源头。[2]

欧洲本土的战争对市民社会秩序的影响也受到了限制。欧洲大陆各国区分公法与私法，而战争被视为国家行为，占领敌国的领土，乃至于改变该领土的主权归属，都不涉及私有财产权的变革，由此保障了市民社会秩序的延续。由于欧洲各国有相似的市民社会秩序，一种统一的战争法因此成为可能。然而在欧洲之外，特别是在奥斯曼土耳其帝国

---

[1] Kaspar Bluntschli, *Le Droit International Codifie,* Trans. M. C. Lardy, Paris: Guillaumin, 1870, p.282.

[2] Stephen C. Neff, *War and the Law of Nations: A General History*, New York: Cambridge University Press, 2005, pp.117-118.

的土地上，由于原本存在一套不同的财产制度，战争的结果就不像欧洲内部那样不涉及市民社会的变更，而是涉及社会体系的全面变革。这进一步说明了欧洲国际公法的欧洲文明属性。

暂时的军事占领也发展成为一种制度，它只是一种纯粹临时和事实性的对土地及其上的财产的占有，对其上的人民临时性和事实性的征服。它既不牵涉领土变更，也不牵涉政权更迭和宪法变更。而在占领敌方土地涉及主权变更的情况之下，欧洲发展出了一整套关于国家继承的学说和实践。前一个国家政权的义务由后一个国家政权来继承，哪怕这两个国家处于敌对状态，由此保持了社会秩序的稳定性。一个重要的例子就是拿破仑控制下的威斯特法伦王国（Königreich Westphalen）在灭亡之后，原黑森-卡塞尔伯国（Landgrafschaft Hessen-Kassel）复国为黑森选侯国（Kurfürstentum Hessen），其君主威廉一世（Wilhelm I）不得不对威斯特法伦王国进行"国家继承"，继续履行其所承担的义务。（页184）

随着欧洲列强在19世纪不断瓜分欧洲之外的剩余"空地"，维也纳体系也从一个欧洲体系，变成了一个具有全球意义的国际体系。然而它也面临着一些重要的挑战。首先是1823年美国宣布了门罗主义（the Monroe Doctrine），排斥欧洲列强对美洲事务的干预。由此，划分东西半球的子午线成为限制维也纳体系的重要地理界线。其次，维也纳体系内部存在着海洋与陆地强国的张力，英国作为海上霸权，与其海外殖民地及自治领自成一体，其对欧洲势力均衡的理解，与法国这样的欧洲大陆国家经常有很大的差异。

然而，与接下来的时代相比，这些张力几乎都微不足道。对于发动两次世界大战的德国来说，维也纳体系也许是它所能设想的优良国际体系。在这里，列强共享欧洲文明的优越感，发动侵略战争本身并不是一种罪行，战争的规模和后果受到控制。因此，即便德国战败，也能够期待享受维也纳体系下法国的命运，可以多次尝试自己的大国梦，不至于被剔除出列强的行列。

然而，随着时间的推移，这个体系仍然无可避免地走向衰落。对维也纳体系的冲击，首先来自非欧洲强权国家的崛起。在西半球，美国经历过内战和镀金时代，凭借着庞大的领土空间和人口规模，工业突飞猛进，并且逐渐突破了1823年的门罗主义，越出其在美洲的"大空间"（Großraum），争夺全球霸权。在亚洲，日本经历过中日甲午战争和日俄战争之后，被接纳为列强俱乐部"民族大家庭"（the family of nations）的一员，与英国在20世纪初缔结了形式上平等的盟约。与美国一样，日本也带来了自身的区域秩序想象，试图在亚洲确立自身霸权。美国与日本的崛起，都对欧洲土地、空间与文明的优越性，构成了严峻的挑战。欧洲人一向将欧洲的国际公法视为欧洲文明的产物，而现在其欧洲文明的属性，必将遭到稀释。

然而，施米特指出，欧洲人自己也在有意无意地模糊欧洲与殖民地之间的界限。施米特尤其重视欧洲列强对于刚果问题的处置。比利时国王利奥波德二世（Leopold Ⅱ）是欧洲殖民刚果的先锋，而比利时在欧洲是一个由列强共同担保的中立国。由于比利时政府在殖民活动上缺乏动力，国王利奥波德二世就以私人的名义，成立了"国际刚果协会"（The International Association of the Congo），并通过该协会在非洲开展殖民活动，尤其是从非洲本地酋长们的手中获取土地。而英国、法国、葡萄牙也在刚果开展殖民活动，数方利益发生了冲突，于是才有1884年德国首相俾斯麦召集另外14国举行柏林会议（又名"刚果会议"），进行"大国协调"。

　　人们通常关注柏林会议对非洲的瓜分，但施米特认为列强对刚果的处置带来的后果最为严重。在柏林会议之前和之中，利奥波德二世下了很大功夫来游说各国精英，让他们产生他正在刚果推动"文明进步"的印象。利奥波德二世的游说极其成功，柏林会议的主席国德国承认了国际刚果协会对"刚果自由邦"的主权（这是施米特的叙事似乎刻意忽略的）；美国并没有参加柏林会议，但在会议前承认了利奥波德二世控制的国际刚果协会对其所控制的刚果土地的主权，开创了在非洲土地上承认新国家的先例。施米特指出美国对柏林会议表现出了一种"混合了原则上的缺席和实际上的在场的态度"，这与其后来对待国联的态度如出一辙。（页198）

　　在柏林会议的讨论中，法国与葡萄牙的代表提出了将海外领土、殖民地视同欧洲宗主国的国家领土。而柏林会议列强所签订的《柏林会议总议定书》，在施米特看来更是开了一个危险的先例，那就是使得在欧洲土地与非欧洲的殖民地之间的界限变得模糊。（页201—202）列强承认利奥波德二世以个人名义占有并统治刚果河流域，其统治下的"刚果自由邦"（The Free State of Congo）是一个享有主权的中立国，直至1908年比利时从利奥波德二世手中接管刚果。

如果说柏林会议打破了欧洲土地与殖民地土地之间的质的区别，施米特进一步强调，那么实证主义法学的盛行使得问题变得更加糟糕。1885年的比利时法学家仍然承认刚果自由邦是欧洲列强共同承认的结果，体现的是欧洲国际法的基本精神。然而随着20世纪的到来，比利时的法学家们在重述刚果自由邦的法律基础之时，已经忘记了刚果自由邦得以成立的政治空间划分前提，进而将"有效占领"作为取得空地的唯一合法条件。在他们看来，刚果自由邦的基础，既不在于欧洲列强的共同承认，也不在于殖民者与当地酋长们所签订的数百个协议，而在于"有效占领"。施米特以嘲讽的笔调写道，这些诉诸"有效占领"的法学家对于比利时统治下的刚果人口的估计是1400万到3000万，这是多么"有效"的"占领"！（页204）问题的症结在于——

> 随着19世纪走向尾声，欧洲大国及欧洲国际法学家们不仅不再明白自家国际法的空间预设，而且丧失了一切政治直觉，丧失了共同维护自身空间结构和共同约束战争框架的力量。（页205）

欧洲列强之间通过均势与协调，维护着既定的政治空间划分方案，这是欧洲国际公法得以有效运作的前提。而当每个列强都诉诸"有效占领",各行其是的时候,这个基于均势与协调的秩序,也就处于瓦解之中。在"一战"中,欧洲列强打破了在"文明"和"野蛮"之间的空间界限,将其在殖民地采用的种种残酷手段搬到了欧洲,甚至让其殖民地的有色人种,也加入欧洲的作战部队。于是,欧洲"文明"的空间,也就全面崩塌了。

二、国联与"一战"后国际秩序的结构性缺陷

第一次世界大战以德国等的战败而告终,原有的欧洲国际公法的基本结构,也已经变得破碎不堪。虽然"一战"后建立的国联仍然由英国与法国这两个欧洲国家主导,但它已经无力维持欧洲的平衡,更谈不上全球范围的和平秩序了。

在施米特看来,1919年的巴黎和会不是"欧洲决定世界的秩序",而是"世界决定欧洲的秩序"。(页222)当然,后一个"世界",强调的是欧洲之外的列强,尤其是美国与日本。这次会议标志着欧洲战争法的重大转折。《凡尔赛和约》第231条确定战争责任,提出了所谓"战争罪"的概念,并将德皇威廉二世列为战犯,要求对其进行审判。而在19世纪的经典国际法中,正当敌人之间按照战争法展开的战争本身并不是犯罪,所谓的战争罪,是一方在战争期间针对另一方面军队或者平民所展开的行为,比如说滥杀俘虏,劫掠平民。巴黎和约要求移交和审判发动战争的个人,这也有违古典国际法中的大赦(amnesty)制度。不过,欧洲列强仍然

留有古典国际法的观念，威廉二世受到了中立国比利时的保护，英法在多次努力无效之后，最后也放弃了引渡。

1919年的《国联盟约》也没有完全抛弃古典的欧洲国际战争法。[1] 其第10—17条规定那些未事先遵循特定程序就发动战争的国家为和平的破坏者，国联其他成员国可以通过财政的、经济的和军事的措施来制裁破坏和平的行为。但是《国联盟约》并没有对战争进行犯罪化。施米特评论："建立在主权平等基础上的所有国家权利平等的观念在1919年仍然强势，所以《国联盟约》中只能以含蓄的方式规定了对战争的刑法性禁令。"（页252）然而1924年国联第五次会议上讨论的《和平解决国际争端议定书》（又称《日内瓦议定书》）即迈出了重要的一步，规定侵略战争与侵略行为是一种国际犯罪，而被认定为犯罪主体的是国家，而非个人；对于进行侵略而又不服从国联仲裁的国家，将依据国联盟约第16条，对该国进行经济、财政和军事制裁。

在施米特看来，这一议定书体现了美国人的主张。（页253）这一判断是有历史依据的。1890年美国政府在华盛顿召集的首届泛美会议曾经通过一项将强制仲裁与禁止征服结

---

[1] 对古典战争法的全面抛弃要到"二战"结束之时才发生。在1963年的《游击队理论》中，施米特指出："历史的和国际法的逻辑在于，第二次世界大战的战胜国——尤其美国和苏联，唾弃古典的欧洲国际法意义上的两国交战，在共同取得对德国的胜利之后，唾弃并消灭了普鲁士国家。"施米特，《政治的概念》，刘小枫编，刘宗坤等译，上海：上海人民出版社，2004，页293。

合起来的方案，规定在仲裁条约持续期间，在战争威胁或武装部队存在的情况下做出的强制领土割让无效，相关割让行为应当提交仲裁。任何在战争威胁或武装部队存在之下放弃仲裁的权利，皆为无效。[1]

自从1794年与英国签订《杰伊条约》以来，仲裁一直是美国政府较为常用的解决国际纠纷的手段。当然，首届泛美会议提出的禁止征服方案最终未能形成有效的国际条约。《日内瓦议定书》试图在全球范围推进美国在拉丁美洲尝试过的事业，然而1925年英国重新执政的保守党政府对议定书表示拒绝，随后主要西方国家将其束之高阁。

但美国人的战争观念在1928年8月签订的《白里安-凯洛格公约》(Kellogg-Briand Pact，又称《巴黎非战公约》)中卷土重来。至1933年，共有63个国家批准或加入该公约，其中包括苏联、土耳其等当时尚未加入国联的国家。施米特评论称："西半球开始登上世界舞台，并决定战争意义的进一步转变。"（页262）公约第1条规定："缔约各方以它们各自人民的名义郑重声明，它们拒斥用战争来解决国际纠纷，并在它们的相互关系上，废弃战争作为实行国家政策的工具。"[2]本条直接拒斥了克劳塞维茨在《战争论》中表达的古典战争法观点，即战争是一种实行国家政策的工具。条约规

---

〔1〕 Francis Anthony Boyle, *Foundations of World Order: The Legalist Approach to International Relations (1898-1922)*, Durham and London: Duke University Press, 1999, pp.104-107.

〔2〕 Kellogg-Briand Pact, Aug. 27,1928,46 Stat. 2343, 2345-46（Pt. 2）.

定，缔约国之间的一切争端或冲突，不论其性质和起因，只能用和平方法加以解决。不过，公约并没有规定如何判定和制止公约禁止的行为。其倡导国美国还对这个宣示性的公约做出了保留，为其在拉丁美洲推行门罗主义留出自由空间。

在日本1932年1月3日占领锦州之后，美国国务卿史汀生（Henry Lewis Stimson）于1月7日照会中日两国政府，提出凡违反1922年华盛顿会议签订的《九国公约》以及1928年《巴黎非战公约》，损害美国条约上之权利，包括中国之主权独立或领土与行政完整以及"门户开放"政策者，美国政府皆不予承认。史汀生发表此照会之前，曾试图说服英、法支持，但两国对此反应冷淡。美国无法获得足够的国际支持来对日本施加压力。

《巴黎非战公约》诞生不久，即绊倒在"九一八事变"带来的国际纷争上。但即便如此，施米特对《巴黎非战公约》背后的美国影子，仍然保持了高度的警惕性。在作于1932年的《现代帝国主义的国际法形式》中，施米特指出，《巴黎非战公约》的要害就在于美国这个非国联成员国在其中的主导作用，公约无法并入国联的章程，而美国可以利用公约的模糊性（尤其是在"战争"定义上的模糊性），来决定何谓"战争"。美国善于利用一般的、尚无定义的概念发挥自身的主导作用，这在施米特看来就是"帝国主义"的表现。[1]

在1929—1933年世界经济危机的背景下，列强纷纷

---

[1] 施米特，《现代帝国主义的国际法形式》，《论断与概念》，页176—177。

向外转移国内矛盾，军备竞赛愈演愈烈。在国联主持下，1932—1934年召开了世界裁军会议，但德国与法国在会上分歧严重，德国要求平等的武装权利，而法国提出只有在获得足够的安全保障的前提下才能裁军，但英美并没有准备好为法国提供足够的安全保障。长期被列强围困的苏联主张普遍、全面与立即进行的裁军，在1933年7月的伦敦会议上，苏联提出的侵略与侵略者定义对大会讨论产生了重大影响。施米特评论称："来自东方和西方的大国根本改变了欧洲国际法之战争概念，它们已不需理会那些自身难保的欧洲国家。"（页262）当然，美苏两国的推动并没有马上产生重大成果。1933年10月，德国退出裁军会议，裁军会议虽然继续召开了一段时间，但无果而终。

凡尔赛-华盛顿体系下，消灭战争的努力并没有成功，但这种努力也没有因为这一国际体系的终结而终结。在施米特看来，1945年8月8日，苏、美、英、法四国签署的《伦敦协定》（即《关于控诉和惩处欧洲轴心国主要战犯的协定》），标志着东方和西方终于走到一起，战争的罪刑化进程从此起步。从这一视角来看，1945年开始的纽伦堡审判和1946年开始的东京审判不过是十多年前的"非战"思路的延续。

但施米特怀疑，当敌人被贬低为罪犯，第三方有一种道德义务加入对"罪犯"的惩罚，真正的中立制度就变得不可能，战争的规模就很容易变得不可控。国联没有自己的军队，对于侵略战争的制裁手段极其有限，离不开列强的自愿配合。但在施米特看来，如何定义侵略者本身就是一件困难的事情，它在现实中导致了一种形式主义的、以维持领土现状为起点的界定方法，却不问这种领土现状究竟是如何造成的。这种定义在现实之中很容易被滥用。

比如说，强国通过军事行动攫取弱国的领土，造成某种领土现状，而如果以此现状为基点，弱国的反抗反而变成侵略了。施米特对这一点的敏感与德国自身的境遇有关 —— 在巴黎和会上，德国失去了大片领土，莱茵兰地区也被划定为非武装区，如果以这一时刻为基点，任何光复旧土和主张国土完整主权的行动，就会被认定为侵略。

早在1925年，他就撰写了《现状与和平》一文，抨击列强试图将《凡尔赛和约》确定下来的所谓"现状"合法化。然而，《凡尔赛和约》的安排，在施米特看来，比1815年神圣同盟对欧洲秩序的安排，在稳定性上要差得多："神圣同盟国家相互给予的保证与今天使战胜者合法化的出乎人想象的法律化相比，是有限的和富有理性的。"[1]

维也纳会议能够创设一个有效的欧洲秩序的前提是，它将欧洲真正有影响力的列强收罗进来，形成了一个关于欧洲空间的共识。国联试图创设一个和平的全球秩序，按照同样的原理，它应当收罗全球有影响力的列强，形成一种关于全球秩序的共识。然而，国联将战败国德国与挑战资本主义秩序的苏俄排除在外，它的发起国美国，最后却没有加入国

---

[1] 施米特，《现状与和平》，《论断与概念》，页32。

联。这就使得一种新的、稳定的政治空间安排变得不可能，一切真正重要的事务，都无法在国联这里得到一个实质性的决断。[1]

首先，美国与国联的关系错综复杂。美国加入国联的前提条件，是后者承认门罗主义。国联将对门罗主义的承认写入了其章程第21条，而这意味着国联对美洲国家之间的关系，或者一个非美洲国家与美洲国家之间的关系放弃了实质的管辖权。由于美国参议院对国联盟约方案的否决，美国最终没有按照威尔逊总统的设想加入国联，但是一系列美洲国家却是国联的成员国，而美国可以从实质上操纵这些国家的外交政策。

由此，美国与国联的关系，成为一种神奇的缺席与出席的混合。在国联时代的一系列条约的签订中，都有美国公民的参与，但他们却不是美国政府的官方代表。[2]美国人所习惯的政治与经济之间的分离，也起了很大的作用[3]，他们可以通过自身的经济力量影响国联的诸多事务，但又不需要在政治上承担责任。在施米特看来，美国在国联体制中，一直在战胜国与战败国之间扮演着一个仲裁者的角色，而国联却受限于某些国家的自我中心主义，不能扮演仲裁者的角色，

---

[1] 施米特，《国际联盟与欧洲》，《论断与概念》，页84。
[2] 同上，页88。
[3] 施米特引用了黑格尔关于美国只是一个市民社会而非国家的评论，以及马克思对于美国的相似批评，来加强自己的论证。(《大地的法》，页275—276)

也说不上有真正的普世性。[1]

其次，日本对国联也持一种很强的机会主义态度，合则用，不合则去。日本参与了国联的创设并担任了常任理事国，然而，日本的国际经营思路不同于国联的哲学。1905年，日俄战争刚刚结束，在美国出面协调日俄召开朴茨茅斯会议过程中，美国总统西奥多·罗斯福诱导日本外交代表、枢密顾问金子坚太郎推行"亚洲门罗主义"。[2]日本赢得日俄战争，信心膨胀，其精英阶层产生了主导亚洲事务的意识。"一战"爆发后，日本打出"维护东亚和平"的旗号对德宣战，随后利用欧洲列强无暇东顾的时机，向袁世凯政府提出了"二十一条"，试图将中国全境变为其势力范围。

1917年，日本特命全权大使石井菊次郎在与美国国务卿兰辛会谈期间，发表公开演讲称："类似于'门罗主义'的观念，不仅在西半球，在东洋也存在。"[3]1917年11月2日双方签订的《兰辛-石井协定》承认日本"在中国享有特殊利益"。但1922年华盛顿会议签订的《九国公约》加强了列强对中国的共同支配，抑制日本对中国的"特殊利益"追求，日本的"亚洲门罗主义"遭受挫折。

---

[1] 施米特，《国际联盟与欧洲》，《论断与概念》，页89—90。

[2] 金子坚太郎『東洋の平和はアジアモンロー主義にあり』，東京：皇輝会，1937:16—19。另参见施米特，《以大空间对抗普世主义》，《论断与概念》，页309。

[3] 池田十吾「石井―ランシング協定をめぐる日米関係 (一) 中国に関する日米両国交換公文の成立過程から廃棄に至るまで」『国士舘大学政経論叢』，1988 (66) :97—116。

然而，1929—1933年的世界经济危机给日本带来了新的机会。石井菊次郎等人重新大肆宣传"亚洲门罗主义"。[1] 日本在中国东北发动"九一八事变"，并建立伪满洲国。而针对李顿调查团和美国的史汀生"不承认主义"，日方都强调为了"维持亚洲的和平"，排除他国的支配。[2] 在退出国联之后，1934年，针对国联对中国的援助，日本外务省发布《天羽声明》，称日本须"全力履行在东亚的特殊责任"，坚决反对"外国以技术或金融援助共管中国或瓜分中国的政治意图"。[3]

这些修辞在多方面模仿了美国的门罗主义表述。施米特严厉批判国联，但并不批判日本在东亚的新秩序主张，或同情中国作为被侵略国的境遇，而是将日本式的门罗主义作为英美普世帝国主义的反面，并暗示德国式的门罗主义可以引以为同盟。[4]

---

〔1〕 石井菊次郎『外交余録』，東京：岩波書店，1930:132—163。

〔2〕 徐公肃，《所谓亚洲门罗主义》，《外交评论》1932年第2期。

〔3〕 张篷舟，《中日关系五十年大事记：1932—1982》（第一卷），北京：文化艺术出版社，2006，页245—249。

〔4〕 *Der Nomos der Erde* 没有专论日本在两次战争期间的"亚洲门罗主义"，然而，施米特在20世纪30年代的国际法论述，却持续关注着日本的进展。1939年，施米特在《德国法学研究院院刊》上发表的《以大空间对抗普世主义》将"门罗主义"与导向国际联盟的威尔逊主义对立起来，认为这是"一种明确的、建立在外空间国家不干涉原则之上的空间秩序和一种将整个地球变成进行干涉的战场、阻碍有活力的民族每一种自然增长的普世主义意识形态的对立"。《以大空间对抗普世主义》用了相当大的篇幅，梳理美国精英对于日本式"门罗主义"的批评，并对这种批评进行了反批评。施米特，《以大空间对抗普世主义》，《论断与概念》，页313。

最后，国联在结构上的不稳定还体现在，它的核心领导成员法国和英国对于欧洲秩序的安排，同样存在着极为严重的分歧。施米特指出，英国拥有一种全球视野的以海洋为中心的"保持现状"概念，在处理欧陆国家边界问题上更有弹性——这里实际说的是，英国在"一战"之后仍试图以德国来牵制法国，因此对严厉报复德国持保留态度。但法国作为欧陆国家，在更为逼仄的空间里，对于"保持现状"的理解与英国就非常不同。在巴黎和会上，正是法国最为强烈地主张严厉惩罚德国。基于陆地的秩序观念与基于海洋的秩序观念在国联之中只是被勉强地捏合在了一起，然而它们之间的紧张关系从来没有消除。（页226—227）

作为一个欧洲中心主义者，施米特在《大地的法》中对于远东的事务关心很少。但他在1936年专门撰文《国际联盟的第七次变化》论述过意大利对国联成员阿比西尼亚的吞并。针对这一吞并事件，施米特尖锐地指出，国联缺乏任何共同体本质，迄今为止，实质上已经有7个国际联盟：第一个是威尔逊倡导的国联；第二个是1920年美国未能加入、由英法意日担任常任理事国的国联；第三个是1926年德国加入之后的国联；第四个是1933年日本退出之后的国联；第五个是1933年德国退出之后的国联；第六个是1934年苏联加入并成为常任理事国的国联；第七个就是1936年允许意大利吞并另一个成员国阿比西尼亚的国联。施米特评论说：

没有任何一个真正的世界组织能够在差异无比巨大的成员如此退出和参加的情况下存在。如此进进出出，让人想到的是饭店，而非一个联盟，或者任何一个持久的政治秩序和组织。[1]

国联仅仅在名义上保持为同一个联盟，但在精神实质上缺乏同质性和连续性。

意大利在1936年提出的挑战是，它使用19世纪的文明等级论话语，论证阿比西尼亚只是一系列野蛮部落的集合，根本不具有主权国家的资格，国联允许其加入是一个错误。而国联理事国英国让各成员国自行决定是否承认意大利的吞并行为，并率先做出了承认。这就提出了一个尖锐的问题——国联究竟是基于何种标准决定成员的资格的？施米特批判国联缺乏"同质性"，用的是Homogenität一词。这正是他在解释卢梭的人民主权论时所用的词。[2]在施米特看来，人民之所以能够结合成一个政治共同体，关键就在于他们具备某种"同质性"。而将同样的原理放到国际层面，一个稳固的联盟，同样也需要确立成员之间的某种"同质性"。19

---

〔1〕 施米特，《国际联盟的第七次变化》，《论断与概念》，页214。

〔2〕 "就其政治存在的整体和一切细节来看，民主制预设了拥有政治存在意志的同类的人民。在此一先决条件下，卢梭完全有理由说，人民所意欲的事情总是善的。这个说法的正确性并非缘于某个规范，而是缘于人民的同质性存在。"施米特，《宪法学说》，刘锋译，上海：上海人民出版社，2005，页252。

世纪维也纳体系的经验可以表明，这种同质性需要对共同的空间秩序的认同，需要一种共享的文明话语。但在一家流动性很大的"饭店"，每个旅客都带来自己的秩序观与文明观，这就不可能产生一个有效的具体秩序。

从"一战"结束到"二战"爆发，欧洲没有确定的空间秩序，只有许多模糊不清、相互冲突的国际公法规则。国联重新划分德国与奥匈帝国的领土，试图重新建立一个欧洲秩序。然而，同时存在威尔逊的世界秩序想象和大英帝国的全球帝国想象，二者从来没有真正地协调。国联领导层缺乏最基本的同质性，欧洲列强在不同的秩序方案之间，没有形成真正的共识，其结果是实证主义法学的虚假繁荣。

法律人对诸多国际条约展开解释，看起来十分敬业，然而对于现实，却没有产生多少真正的积极影响，反而遮蔽了国际秩序面临的深重危机。在施米特看来，法律人经常忘记，实证法需要奠基于一种更为基础的法（Nomos）之上，而后者的根本任务在于对政治空间形成稳定的划分。在国际层面，政治空间安排的稳定性依赖于大国之间客观上的力量均衡与主观层面的某种秩序共识。如果列强之间无法产生一种稳定的权力结构，如果实证法规则并非奠基于这一稳定的权力结构，那么，各方对规则的法律解释，不过是其权力斗争的延续。

熟谙霍布斯的施米特分享了前者对于人类语言的高度不信任 —— 如果没有对解释权力的稳定配置，解释活动本身无法产生一个具体秩序。但在一个法律实证主义时代，法律人经常会从其职业本位主义出发，推动形式上的规则体系的自我繁衍，而不管这样的体系究竟是建立在何种政治空间划分基础之上的。

在20世纪30年代，施米特呼应德国重新扩张的态势，试图对国际公法进行改造。1939年发表的《国际法中的帝国概念》一文是施米特最具建构性的国际公法新论述，在其中，他将德国式的"门罗主义"与其"大空间"理论关联起来。在这篇论文中，施米特指出，"Reich"（中译"帝国"，但施米特强调其不同于imperium体现的普世性）是"领导性的和承载性的大国，后者之政治理念辐射着一个确定的大空间，并为了此一大空间而从根本上排除空间外大国的干涉"[1]。

"大空间"内可能存在另外一些民族和国家，它们并不是"Reich"的一部分；"Reich"也不仅仅是一种扩大了的领土型国家，不是一台建立于特定地域之上的机械的统治机器，而是"本质上有民族的规定性"，[2]具有有机体的特征。在1939年的语境中，施米特所说的"Reich"当然指向一个比当时的德国更大的"大德意志"。至于这个"Reich"在其主导的"大空间"中应当主张何种具体的政治理念，施米特语焉不详。但他明确强调的是，"Reich"将按照门罗主义的先例，排除域外势力的干预，从而保证"大空间"在全球秩

---

〔1〕 施米特，《国际法中的帝国概念》，《论断与概念》，页314。
〔2〕 同上，页315。

序中的独立性。

如果说近代经典的国际法以国家为基本空间单位，那么施米特展望的新国际法，是以"大空间"作为更重要的空间单位。空间单位的扩大跟技术的发展密切相关，飞机、无线电等技术的发展，使得国家的空间界定方法已经跟不上时代，需要更大的空间单位，才能够发展有意义的合作。以"大空间"为支点的国际法越出了经典的以国家为基本单位的国际法，但也拒绝了超国家的普世主义的国际法——后者在施米特看来本质上是帝国主义。以"Reich"为支点的国际法使得民族有机体能够真正地以自己的理念和原则掌握国家机器。既然地球是如此之大，存在如此多有活力的民族，那么在施米特的视野中，一个理想的地球秩序，应该划分为若干不同的"大空间"，每个"大空间"里都有一个由主导性民族创建的"Reich"，并奉行该主导性民族的世界观理念和原则。

在20世纪30年代的背景下，施米特这一理论服务的是德国的重新崛起。由于历史的原因，德意志人散居德国、捷克斯洛伐克、奥地利、波兰等不同国家，无论是"Reich"还是"大空间"，指向的都是一个将中欧不同国家整合起来、并确立德国领导权的架构。因此，在"一战"之后德国重新崛起并对外扩张的过程之中，施米特既不是旁观者，也不是反对者——当然，当德国吞并波兰之后继续进攻苏联之时，我们有理由怀疑希特勒的决策已经超出了施米特"大空间"理论的允许范围，因为此时德军进入的已经是俄罗斯人的

"大空间"了。

三、从德国视角到中国经验

理解施米特的论述的一个关键点是，作为一个德意志爱国者，他的理论论述不可避免地会以德国利益为出发点。19世纪对于德国而言可谓一个黄金时代。德国实现了国家的统一，迅速崛起为欧洲大陆最强的工业国家，并开始与英国争夺世界霸权。如果维也纳体系的战争法规则不发生变化，那么其对于德国的崛起就是有利的——既然按照欧洲古典国际法的形式规则进行战争，就不存在被追究发动战争的责任问题，即便战败，也仍然能够保持在共同的空间秩序之内继续充任列强，那么德国就有无数次尝试夺取欧洲乃至世界霸权的机会。然而对于清王朝统治下的中国而言，维也纳体系是一个具有很强的压迫性质的体系。在施米特所说的欧洲的空间秩序视野中，中国只配享有"半文明"国家的地位，只能接受列强在中国土地上享受领事裁判权。中德两国在国际体系中的不同位置，带来了极其不同的历史经验。

甚至当欧洲的"大国协调"在本土日益遭遇困境的时候，其在远东仍然保留着很大的施展空间。1900年，德国将军瓦德西（Alfred Graf von Waldersee）领导了八国联军侵华，将中国推到了像波兰一样被瓜分的边缘，只是由于列强之间利益高度不一致以及对于直接统治中国成本之高的忌惮，中国勉强保留了形式上的统一，但在《辛丑条约》之后，已经彻底沦为了半殖民地。到了1911年，欧洲列强处于第二次摩洛哥危机之中，协约国与德国的冲突一触即发，但在中国，英、法、德、美银行家组成的四国银行团仍能把酒言欢，英、法、德、美、俄、日六大列强更是在中国辛亥革命爆发之后，做出"金融中立"的决定，拒绝给濒临破产的南北双方以任何借款，从而影响了南北妥协、清帝逊位、袁世凯成为民国领导人这一结果。[1]

在"一战"之前，列强联手宰割中国的力量是如此强大，以至于中国的政治-文化精英很难看到很快突破国际体系的可能性。作为立宪派的代表，康有为在戊戌变法中倡导以明治日本为榜样进行改革。众所周知，明治维新以承认已有的国际体系规则为前提。当然，康有为借助今文经学的"三世说"框架，阐发了他对世界走向的思考：随着世界走向一统，当下这个使中国处于不利地位的"万国竞争"终究是要被克服和超越的。然而，他又强调，中国只有适应这个"万国竞争"的时代，才能为超越做好准备。在这种意识之下，康有为在流亡时期着力研究欧美列强，鼓吹"物质救国论"，并一度将威廉二世领导之下的德国，作为最值得中国模仿的典范。[2]

康有为的弟子梁启超在1899年写作《文野三界之

---

〔1〕 参见拙文《"大国协调"与"大妥协"：条约网络、银行团与辛亥革命的路径》，《学术月刊》2018年第10期。

〔2〕 参见拙著《万国竞争：康有为与维也纳体系的衰变》，北京：商务印书馆，2017，页62—107。

别》称：

> 泰西学者，分世界人类为三级：一曰蛮野之人，二曰半开之人，三曰文明之人。其在《春秋》义，则谓之据乱世、升平世、太平世。皆有阶级，顺序而升，此进化之公理，而世界人民所公认也。[1]

这一分析尚保留了康式今文经学的痕迹。但梁启超很快突破经学的框架，在新的视野中探讨列强的成功之道。梁启超比较早地将日本知识界对于帝国主义的讨论引入汉语世界。1903年赴美考察之时，梁启超更是对美国的托拉斯表示了震惊，[2]并将托拉斯大王摩根称为"实业之拿破仑"，[3]认为其力量比"武力之拿破仑"有过之而无不及。梁启超此前主持的《清议报》更是刊载大量文章讨论帝国主义，但主要目的不是为了批判，而恰恰是为了让中国模仿。20世纪初中国国内诸多报刊也好谈"帝国主义"，其态度也接近于梁启超——不是批判列强，而是主张通过模仿列强，最终成为列强中的一员。[4]甚至清廷高级官员达寿在1908年的上奏中，

---

〔1〕 梁启超，《文野三界之别》，《饮冰室合集》（专集之二），北京：中华书局，1989，页8—9。

〔2〕 梁启超，《二十世纪之巨灵托辣斯》，张品兴主编，《梁启超全集》，北京：北京出版社，1999，页1114。

〔3〕 梁启超，《新大陆游记》，张品兴主编，《梁启超全集》，页1147。

〔4〕 马思宇，《爱恨交织的"帝国主义"》，《读书》2014年第1期。

也称"立宪政体者,所以厚国民之竞争力,使国家能进而行帝国主义者也"[1]。

作为革命派代表的汪精卫在《民报》上驳斥梁启超等立宪派的主张时,却同时接受立宪派的"民族帝国主义"主张。如其在1906年《希望满洲立宪者盍听诸》中直陈:"我中国实行民族主义之后,终有实行民族帝国主义之一日。"[2]汪精卫代了大多数革命派在这个问题上的态度——当然,革命派中也有章太炎这样密切关注殖民地半殖民地革命力量联合的人物。章太炎于1907年发起组织亚洲和亲会,其起草的《约章》规定,亚洲和亲会宗旨"在反抗帝国主义,期使亚洲已失主权之民族各得独立"[3]。

但同盟会中多数人担心他们试图推动的反满革命会受到列强的干涉,因此急于证明他们与义和团运动的区别,主张不挑战列强在华的既得利益。在辛亥革命爆发之后,革命派对列强即采取这一方针,承认列强在华特权及清政府对列强的借款,仅主张不承认革命爆发之后清政府的借款。

---

〔1〕 达寿,《考察宪政大臣达寿奏考察日本宪政情形折》,夏新华等编,《近代中国宪政历程:史料荟萃》,北京:中国政法大学出版社,2004,页58。夏晓虹考证,梁启超曾为出洋考察各国宪政的五大臣做枪手,夏晓虹,《从新发现手稿看梁启超为出洋五大臣做枪手真相》,《南方周末》2008年11月13日。此文内部多处出现梁启超稍早时候的表述,也无法排除梁启超"代笔"的可能性。

〔2〕 精卫,《希望满洲立宪者盍听诸》,《民报》第5号(1906年6月),页4。

〔3〕《亚洲和亲会约章》,转引自王有为,《试析章太炎〈亚洲和亲会约章〉》(附录),《学术月刊》1979年第6期。

因此，在"一战"之前，无论是立宪派，还是革命派，多数人主张不挑战既有的国际体系，而是通过自我改革，通过列强的"答辩"考验，最终成为列强俱乐部的一员。而这实际上就是日本近代所走的道路。然而随着"一战"爆发，原有的列强共同维护的支配结构发生内部分裂，协约国与同盟国大打出手。

在欧洲战事胶着之时，袁世凯试图加入协约国一边参战，借此获得协约国对中国平等地位的承认，然而欧洲战争的胶着状态加强了日本在东亚的国际地位，日本不允许中国获得与日本平起平坐的地位，强烈反对中国参战。[1] 到了1917年，日本通过"西原借款"，确保段祺瑞政府不会减损自己的在华利益，中国才得以对德、奥两国宣战。

"一战"对中国的第一个巨大的影响，就是打破了列强原来共同维护的文明等级论的神话。作为西学传播先锋，严复在1918年8月22日致熊锡育（字纯如）的信中感叹：

> 不佞垂老，亲见脂那七年之民国与欧罗巴四年亘古未有之血战，觉彼族三百年之进化，只做到"利己杀人，寡廉鲜耻"八个字。回观孔孟之道，真量同大地，泽被寰区。[2]

---

〔1〕 参见唐启华，《洪宪帝制外交》，北京：社会科学文献出版社，2017。
〔2〕 汪征鲁、方宝川、马勇主编，《严复全集》（第八卷），福州：福建教育出版社，2014，页365。

而列强"大国协调"的破裂，也使原来被压抑的社会主义运动得以在帝国主义的薄弱环节爆发，苏俄为中国政治-文化精英的未来想象，提供了一种新的可能性。当然，在"一战"刚刚终结之时，威尔逊主义在华影响更为显著——美国总统威尔逊的宣传机构公共信息委员会在上海设有分部，不遗余力地宣传威尔逊主义。在国际体系即将重组之际，威尔逊提出的一系列新秩序主张让中国的政治-文化精英倍加振奋，试图抓住这一机会，摆脱种种不平等待遇。

然而，迎面而来的却是1919年巴黎和会上的当头一棒：列强将德国在中国山东的利权转让给了日本。一个战胜国，获得的却是战败国一样的待遇，这使得中国人对于国际秩序的信任降到了冰点。尽管在1921—1922年的华盛顿会议上，中国的山东问题得到了新的处理，日本的殖民利益受到了其他列强的限制，但已经无法挽救国人对于国际体系的不信任。在此背景之下，同样是被凡尔赛-华盛顿体系排斥的苏俄所代表的道路，就产生了更大的吸引力。而苏俄为减轻自身面临的外部压力，在中国寻找盟友，这一行动更是产生了直接的影响。1921年，中国共产党成立。1923年，国民党开始改组。国共两党联合发动的国民革命喊出了辛亥革命未能喊出的"打倒列强"的口号。

对于彻底的反帝革命者来说，"一战"之后巴黎和会上西方列强重建"大国协调"的失败，恰恰提供了一个突破帝国主义压迫的机会。我们可以从毛泽东在第一次国内革命战争时期的论述中看到其对于内外关系的深刻洞察。在1928年的《中国的红色政权为什么能够存在？》与1930年的《星星之火，可以燎原》两篇文章中，毛泽东对革命队伍中的悲观乃至失败主义声音做出了回应。他指出，作为半殖民地的中国有一个独特的现象：帝国主义和国内买办豪绅阶级支持着的各派新旧军阀，从民国元年（1912）以来，相互间进行着继续不断的战争。这种现象产生的原因有两种，即"地方的农业经济（不是统一的资本主义经济）和帝国主义划分势力范围的分裂剥削政策"（《中国的红色政权为什么能够存在？》）。[1] 白色政权间的长期的分裂和战争，恰恰为红色政权的生存和发展提供了有利的条件。因此，从毛泽东的角度来看，可以说，施米特笔下的"欧洲公法"的崩溃，其本身就是中国民族解放的前提。

中国对列强的反抗（尤其是对日本帝国主义的反抗），遵循的也不是19世纪经典的战争法，而是一场发动全民的战争。若论与列强正规军的对抗，从清军、北洋军到国民党军队的对外战绩都是相当黯淡的。对于中国这样的半殖民地国家而言，只有调动民众的力量，才能够集聚起自我解放的力量。而在全民总动员之下，欧洲19世纪战争法对于公法与私法的区分并无多少意义可言。事实上，哪怕是在19世

---

〔1〕 毛泽东，《中国的红色政权为什么能够存在？》，《毛泽东选集》，北京：人民出版社，1966，页51。该文原为《湘赣边界各县党第二次代表大会决议案（一九二八年十月五日于宁冈步云山）》的一部分。

纪，在欧洲之外的空间里，由于列强不承认诸多非欧洲的国家为主权国家，经典的战争法的适用空间也是有限的。对于广大受压迫民族来说，它们直接接触到的是欧洲列强最为残酷无情的一面。像施米特那样赞美欧洲列强之间的"有限战争"，对于广大殖民地与半殖民地社会来说，姿态可谓凌空高蹈。

从国际体系中受压迫民族的角度，我们完全可以将施米特在《大地的法》中所做的国际秩序分析颠倒过来：维也纳体系对于德国来说可能是"好得很"，但对于中国可能是"糟得很"；凡尔赛-华盛顿体系对于德国来说是"糟得很"，但国际体系的混乱，列强之间大国协调的失败，恰恰为中国这样的弱势民族摆脱列强的压迫提供了空间。1945年，德国沉到了谷底，而中国走上了一条上升的道路。国共两党开始辩论如何建设一个"新中国"。在一场争夺"新中国"定义权的解放战争之后，新中国终于呈现在人们的眼前——这是一个有能力与美国领导的所谓"联合国军"决战于国门之外的新中国，正如彭德怀元帅在《关于中国人民志愿军抗美援朝工作的报告》中指出的那样，西方侵略者几百年来只要在东方一个海岸上架起几尊大炮就可霸占一个国家的时代一去不复返了。[1]

不过，"二战"结束之后，施米特对自己在《大地的

---

[1] 中共中央文献研究室编，《建国以来重要文献选编》（第4册），北京：中央文献出版社，1993，页379。

法》中的分析不无反思。当德国分裂并处于外力控制之下时，设想德意志的"大空间"已经变成一种奢侈。在其1963年完成的《游击队理论》中，施米特悄然修正了自己之前对于欧洲近代战争法的分析。《大地的法》强调，欧洲古典国际法下的常规战争是正规军之间的战争，但施米特现在指出，实践中早就存在"游击战"这样一种例外。1808年西班牙人在其正规军败北之后，对拿破仑军队展开了游击战，而这影响了面对拿破仑军事压力的奥地利与普鲁士——1813年4月，普鲁士国王签署诏令，呼吁臣民拿起武器抵抗拿破仑军队。国王期待的普鲁士全民反法游击战的局面事实上并没有出现，但留下了一份将保家卫国的游击战正当化的法律文献。[1]

施米特进而勾勒了一个从克劳塞维茨到列宁再到毛泽东的游击队理论的谱系。如果恪守施米特在《大地的法》中所肯定的古典战争法，强调正规军队的作战，弱者对强者的反抗是不可能成功的。而现在施米特从原来的立场前进了一步，对以乡土为依托、致力于保家卫国的游击队员表示了相当程度的肯定。这样的游击队员"有实际的敌人，却没有绝对的敌人"[2]，他们致力于将敌人赶出自己的家国，但敌人一旦被驱逐出去，就未必继续成为敌人。在此，施米特延续了他对"有限战争"转变为"无限战争"的担忧，而"保家卫

---

〔1〕 施米特，《游击队理论》，《政治的概念》，页296。
〔2〕 同上，页330。

国"在此可以为战争的规模提供某种内在的限制。在他看来，真正值得担心的是敌对关系的绝对化：

> 那些对其他人使用毁灭手段的人觉得，自己被迫要从道义上消灭这些人——他们的牺牲品和客体。他们必须将作为整体的对方宣布为犯罪和非人性，说成彻底的非价值，否则，他们自己便是罪犯和非人。[1]

什么是"敌对关系的绝对化"呢？在《游击队理论》里，施米特引用了切·格瓦拉的"游击队员是战争的耶稣会士"这个说法，作为走向"无限战争"的游击队员的范例。[2] 在施米特出版《游击队理论》两年以后，格瓦拉离开古巴前往刚果，向当地革命者教授古巴的游击战争经验。然而，格瓦拉在刚果遭遇到了极大的失败。但他并没有回到古巴，而是继续在其他国家的土地上打游击，直到1967年，他在玻利维亚被游击队中的叛徒出卖，死于玻利维亚政府军之手。从《游击队理论》来看，格瓦拉从事的就是脱离乡土、消灭"绝对敌人"的事业，确实也符合格瓦拉自己"战争的耶稣会士"这个定位。

在列宁与毛泽东之间，施米特对毛泽东的评价更高，认

---

〔1〕 施米特，《游击队理论》，《政治的概念》，页331。
〔2〕 同上，页329。

为"毛泽东的革命比列宁的革命更植根于本土"[1]。施米特认为，与毛泽东相比，列宁对于敌人的规定更具有抽象-理智的成分，[2]从而更趋于某种绝对性。在《游击队理论》中，施米特甚至引用了毛泽东的《念奴娇·昆仑》中"安得倚天抽宝剑，把汝裁为三截"的诗句来强调中国对于世界秩序的空间想象的多元性，从而将毛泽东的思考纳入其门罗主义-大空间理论的框架（这当然有很大的过度解释成分）。施米特试图强调，莫斯科致力于彻底的全球内战，致力于消灭绝对的敌人，而中国的秩序想象是有确定的边界的，因而更关注立足本土、保家卫国、消灭现实的敌人。施米特评论：

> 莫斯科与北京之间自1962年以来日益明显地表露出来的意识形态冲突，最深层的起因便在于真正的游击战观念的这一有具体差异的现实。[3]

这些评论在1963年似乎还显得有些突兀，因为当时恰恰是中国在指责苏联背离列宁的帝国主义论述，推行与美国缓和关系的"三和"（"和平过渡""和平竞赛""和平共处"）路线，已经"变修"。但施米特在文中说："关于毛泽东宣传的是否是真正的马克思主义或列宁主义的意识形态辩论，

---

[1] 施米特，《游击队理论》，《政治的概念》，页306。
[2] 同上，页309。
[3] 同上，页309。

几乎是次要问题。"[1] 社会主义阵营内的意识形态正统性之争，在施米特看来，其重要性远不如这样一个历史经验上的差异：中国经历了漫长的以乡土为依托的游击战，但苏联并没有。

如果在1972年尼克松访华这一时间点之后再来阅读施米特的评论，就不会显得那么突兀了。毫无疑问，毛泽东对于"敌人"的界定是高度灵活的：尽管苏联在意识形态上与中国更接近，但当其威胁到中国的生存的时候，中国可以与意识形态差异更大的美国走近，以实现"保家卫国"。而这就符合施米特在《政治的概念》与《大地的法》中对敌人的界定——敌人不是罪人，敌人之为敌人的关键，在于其构成了现实的威胁，因此，敌友之间可以随时发生转换。

对来自习惯于正规军作战的工业化国家的作者来说，认识到中国革命中的游击战经历的重要性，本身就需要很深的政治洞察力。不过，施米特将游击战的重点放在"有限战争"还是"无限战争"的思考上，也许只是把握了当时中苏论战的一个非常有限的侧面。毛泽东身上结合了原则的坚定性和手段的灵活性。他能够根据现实的力量对比，与不同的力量建立暂时的联盟，就此而言，施米特的"非歧视性"的"敌人"的概念，看似适用于毛泽东的政治实践。而以一个历史国家为基础、以农民为主要依靠力量的中国革命，无疑也比俄国革命更多一些民族主义色彩和乡土性。

---

[1] 施米特，《游击队理论》，《政治的概念》，页306。

然而，如果只是着眼于某种紧迫的现实威胁，毛泽东也就没有必要和苏联就社会主义的路线发生如此重大的争论了。事实是，毛泽东对于苏联社会主义的走向，早已抱有极大的疑虑。他对苏联官僚主义的诸多批判，在二十多年之后，恰恰被戈尔巴乔夫的改革和苏联解体所验证——苏共不仅丧失了捍卫十月革命遗产的意志，甚至连捍卫国家统一的意志，也已经十分微弱。

那么，重点在什么地方呢？我们在这里可以转向中国领导人对切·格瓦拉的评价。1971年，周恩来总理在外事工作会议上的讲话里批评了格瓦拉：

> 所谓格瓦拉的"游击中心"，就是跑到那里放一把火就走。就象我们的盲动主义似的，脱离群众，没有党的领导。[1]

今天成为流行文化偶像的切·格瓦拉，在周恩来这样的中国革命者的眼里，恰恰是"盲动主义"的代表！周恩来关心的，并不是"保家卫国"的游击战的"有限性"，而在于其"扎根人民"的特征。而官僚主义和盲动主义的共同特征，就是脱离土地，脱离群众。中国革命中的游击战既带来

---

[1] 周恩来，《在外事工作会议上的讲话》，1971年5月31日，转引自赵皓阳，《生而贫穷》，北京：中国发展出版社，2017，页444。另参见《周恩来眼中的"世界战士"切·格瓦拉》，《青海日报》2013年12月27日。

了对盲动主义的警惕，更带来了对官僚主义的警惕——如果说游击战是扎根土地，与民众紧密结合，官僚主义的问题正在于其对土地与民众的背离。

中苏论战并不是茶杯里的风暴，而是直接影响到了中国已经建立的计划经济体制的走向。毛泽东对于苏联的控制权高度集中于中央层面的计划经济体制抱有强烈的怀疑，多次要求将部属企事业单位大规模下放到省市。而当苏联在中苏边境陈兵百万之时，中国领导人更是做了再次打游击战的准备，许多地方都要建设两套工业体系，一套打烂之后，仍有"备胎"可用。

当然，中苏之间最终没有发生大规模的战争，但经过这一轮对立，中国的计划经济体制不再是一个高度集权于中央的体制，而是存在较大的发挥地方积极性的空间。在经历过多次群众运动（这也是游击战经历塑造的政治形式）的冲击后，干部队伍也没有多少既得利益可言。相比之下，当苏共在20世纪80年代开始经济改革的时候，碰到的却是官僚集团极大的阻力，戈尔巴乔夫啃不动经济改革的硬骨头，因而转向了实际上风险更高的政治改革。中苏两国后来的不同走向，是读者耳熟能详的，在此不再赘述。

因而，施米特1963年将莫斯科与北京的争论追溯到两国两党游击战经历上的差异，可谓是深刻的洞见。然而《游击队理论》本身的重点仍然在有限战争与无限战争的分辨上，并未对游击战争的"乡土性"内涵做更深的阐述。在半个多世纪之后，我们可以清晰地看到，通过立足于乡土的游击战，革命者不仅推动了社会革命与国家建构，从而建立了新的政治秩序，同时也在这一秩序建立之后，凭借游击战时代的遗产，识别出那种导致苏联崩溃的病症。尽管为这种病症寻找解药是一个曲折而复杂的历史过程，但时刻对这种病症保持警醒，是防止被其击倒的必要条件。作为德国人，施米特对这个问题未必能有深刻的体察，但中国的思想者时刻面对本土漫长的官僚政治传统以及近代游击战争的历史经验，也许有必要在这方面思考得比施米特更多一些、更深入一些。

四、余　论

在其《宪法学说》中，卡尔·施米特引入了法国思想家西耶斯对于"制宪权"（pouvoir constituant）与"宪定权"（pouvoirs constitués）的区分，[1]探究更为原初的塑造宪法的力量。在其国际公法的思考中，施米特明确指出：

> 主权国家之国际法义务的法律约束力不能依赖于主权的自我约束，而是取决于某一个确定空间内的共同成员，也就是说，必须以具体空间秩序的整体效果为基础。（页205—206）

----

〔1〕 施米特，《宪法学说》，页84—97。

在此，我们同样可以看到两个功能类似的层面：第一个层面是由大国"均势"和"协调"所支持的具有某种"同质性"的政治空间划分，施米特将其与 νόμος（nomos）这个古希腊语词关联在一起；第二个层面是这种空间秩序所派生的种种条约、习惯法和国际组织。如果不理解条约、习惯法和国际组织的国际政治空间前提，各种看似追求秩序的解释活动，就有可能走到秩序的反面。

从这一原理来看，国联所代表的凡尔赛-华盛顿体系的根本缺陷，就在于政治空间的划分方案晦暗不明，第一个层面的任务并没有完成，因而在第二个层面进行的种种"非战"的法律努力，从根本上不可能加固和平的国际秩序。与此相比，"一战"之前的维也纳体系却要成功得多。它在第一个层面形成了稳定的政治空间秩序，这包括（但不限于）五强共治的结构以及宗主国与殖民地土地性质的区分。列强共享的文明等级论，从意识形态层面对这种区分进行正当化，从而在全球确立了欧洲列强的霸权（hegemony）。

19世纪的欧洲列强只试图限制战争的规模，并不试图消灭战争，但它们确实在很大程度上维护了欧洲内部的和平（当然这种和平是以殖民地半殖民地人民的深重苦难为代价的）。而在"一战"之后，"非战"的高调追求，收获的却是另一场世界大战，其根本原因，就在于主要列强在第一个层面未能达成实质性的政治空间分配共识，所谓国际体系，只是虚有其表而已。

从维也纳体系衰变到国联体系，再到"二战"结束的变迁，也是德国从高峰走向低谷的过程。然而，施米特的论述中没有明言的是，德国对于这种变迁，负有极大的责任。1871年德国的统一和之后的崛起改变了欧洲的大国均衡，而德皇威廉二世放弃了俾斯麦谨慎的结盟政策，引来协约国三强对德国的围堵和封锁。正是欧洲内部大国竞争的升级，政治空间的日益逼仄，才加速了欧洲空间与非欧洲空间界限的逐渐消失。

人们不应该忘记的是，在具有类似"三家分晋"意义的柏林会议对刚果的处置中，正是德国自己承认了比利时国王主持的国际刚果协会对刚果自由邦的主权，从而模糊了殖民地与宗主国土地的根本界限，加速了"欧洲公法"的衰落。而在两次世界大战之间，德国也并不像施米特展现的那样，完全是国际体系的受害者。德国实现全球霸权无望，却在欧洲大陆上寻求建立自身的"大空间"，其扩张甚至超过了施米特"大空间"概念所允许的地理范围。

种种迹象均表明了施米特对于德国大国梦想的忠诚。这种忠诚贯穿在他的欧洲秩序论述之中。然而从一个受压迫民族的视角来看，施米特对于维也纳体系与凡尔赛-华盛顿体系的评价，可以在一定程度上颠倒过来。维也纳体系比凡尔赛-华盛顿体系更为稳定，而这也意味着，如果维也纳体系得以延续，中国和诸多殖民地半殖民地民族很难改变被列强共同支配的地位。恰恰是维也纳体系及其文明神话的崩溃，以及战后凡尔赛-华盛顿体系的高度不稳定性，使得帝国主义的支配结构中呈现了诸多薄弱环节，中国的革命者因而得以通过自己的反抗行动，来同时重塑国内与国际秩序。

"二战"之后，在德国更彻底地沦为国际体系中的被支配者之后，施米特才深入研究中国的游击战理论与实践，并部分修正了自己早先的战争法论述。然而本文的分析指出，施米特的分析仍然过多地关注"有限战争"与"无限战争"的区别，对于立足于乡土的游击战"扎根民众"的政治意涵缺乏进一步的展开。尽管如此，施米特的国际秩序与国际法思考，仍然可以给今天的我们带来诸多启发。

从施米特的秩序原理来看，当代国际秩序的动荡，从根本上源于美国单极霸权这一后冷战时代的全球空间分配方案（Nomos）的动摇——或至少，美国的决策精英主观上相信美国的单极霸权正在遭到新兴国家的削弱甚至严重挑战，于是开始怀疑在单极霸权下所形成的诸多国际条约、习惯法与国际组织已经不再服务于美国利益。此时此刻，仅从法律实证主义立场出发，埋头解释既有的规则，并不足以减少国际秩序的动荡。世界各国需要在Nomos层面，思考政治空间的重新划分，从而形成更为明确的关于如何修改和解释既有法律规则的指导原则。只有当政治空间的划分方案获得主要利益相关方的认可和共同维护，国际秩序才能大致稳定下来。

但中国能够想象一个什么样的国际秩序呢？如果说20世纪的游击队经验塑造了中国的革命与发展道路，我们也有必要进一步考察，它曾经如何塑造了中国的国际实践，又可能在哪些方向上塑造中国未来的国际秩序主张。至少，在当下中国经济层面"走出去"的实践中，尤其在"一带一路"

倡议的实施过程中，我们可以隐约看到一种"农村包围城市"的态势。但正如近代中国革命进程表明的那样，"农村包围城市"的终极目标并不是"穷棒子进城"，而是要改造城乡原有的社会关系，进而谋求"对于人类有较大的贡献"。就此而言，施米特在《游击队理论》中拎出的历史线索，在思想与实践两个层面，都还有进一步开掘和发展的可能性。

"中国问题"与太平洋战争

马 勇[*]

本文所谓的"中国问题"不是罗素1922年在《中国问题》一书中所谓的"中国问题"（the Problem of China），也不是改革开放以来诸多中外学者讨论的"中国问题"。罗素的"中国问题"论述本质上仍然是19世纪以来西方中国学的新版本，改革开放以来的"中国问题"论述除了增加经济视角外，仍没有脱离西方中国学问题意识的窠臼。这两种关于"中国问题"的论述本质上仍以西方标准为尺度，在中国身上发现种种问题，最后在"中国"二字后面打上一个大大的问号。这个问号不是对中国文明的好奇，不是对中国前途的忧虑，而是一种发自骨子里的傲慢。对西方人来说，这个从19世纪以来就跟随在"中国"二字后面的问号，意味着中国是不确定因素，是一个大大的麻烦。

---

[*] 作者为湖南大学马克思主义学院讲师。

本文所谓的"中国问题"是马汉（Alfred Thayer Mahan，1840—1914）1900年在《亚洲问题及其对国际政治的影响》（*The Problem of Asia：Its Effect upon International Politics*）一书所指的中国问题，[1]是荷马李（Homer Lea，1876—1912）在《无知之勇》（*The Valor of Ignorance，1909*）及一系列有关中国的文章中所指的中国问题，[2]是豪斯霍弗（Karl Ernst Haushofer，1869—1946）在《太平洋地缘政治》（*Geopolitik des Pazifischen Ozeans*）中所指的中国问题，[3]是在太平洋战争中得到清晰呈现的中国问题。"中国问题"的本质是，作为主权国家的中国本身成了世界列强竞相争夺和侵略的对象。本文意图通过论述这一"中国问题"的由来及其与太平洋战争的关系，搞清楚中国在近现代陷入的三千年未有之大变局的本质。这一大变局开启了中国历史的全新阶段，并且迄今仍处于这一大变局之中。

一、"中国问题"的由来与三千年未有之大变局

"中国问题"是一个现代问题，古代根本没有所谓的中国问题。中国之所以成为一个问题，乃是被迫卷入现代世界

---

〔1〕 马汉，《亚洲问题及其对国际政治的影响》，范祥涛译，上海：上海三联书店，2013。
〔2〕 荷马李，《无知之勇》，李世祥译，上海：华东师范大学出版社，2019。
〔3〕 Haushofer, *Geopolitik des Pazifischen Ozeans*, Kurt Vowinckel Verlag, Heidelberg-Berlin, 1938.

的结果。粗略观察一下世界地形图，就会发现中国东临太平洋，西边是巍峨的帕米尔高原和喜马拉雅山脉，南部是夹杂高山和峡谷的热带雨林，唯有北部是一个东西绵延几千公里的大草原。几千年以来，中国独秀于亚欧大陆的东部，与帕米尔高原以西的世界除了时断时续的经济交流，没有发生过大规模的政治冲突。无论是亚历山大帝国，还是后来的阿拉伯帝国，皆未能跨过帕米尔高原向东突进。北部游牧民族的兴衰与古代中国的兴衰相伴相生，尽管不乏激烈的战争，但游牧民族政权显然无法与帕米尔高原西部的古代文明性帝国相比。这也是为何尽管偶有北方游牧民族入主中原，中国作为一个文明性帝国仍然延续至19世纪的原因。只有与帕米尔高原以西古代世界的文明性帝国之频繁兴灭进行对比，才能真正评价古代中国边患的威胁程度。纵观帕米尔高原以西的世界历史，我们中国人会战栗不已，数个曾经辉煌至极的文明性大帝国在惨烈的帝国冲突中灰飞烟灭，如今只能靠考古才能找到它们的蛛丝马迹，文字、人种、巍峨庄严的建筑、宽阔的大道、雄壮威武的军队都消失在世界历史的烟尘中。老实说，古代中国尽管不乏游牧性敌人，但从未遇到过诸如亚历山大帝国与波斯帝国、罗马帝国与萨珊波斯、东罗马帝国与阿拉伯帝国这样的生死之争。西方地缘政治学家在观察中国时，常常感叹中国地理环境之优良乃是自然之恩赐，正是巍峨的帕米尔-喜马拉雅山脉、茂密的东南亚雨林、宽阔的太平洋阻止了其他帝国向古代中国靠近。这种得天独厚的地理环境，不仅使得古代中国免于惨烈的帝国冲突，而且赋予中国文明偏爱和平的倾向。可以说，以中国为中心的古代东亚世界自成体系，在这一体系之外没有任何大帝国存在。

但是，当这一得天独厚的地理环境不再能阻隔其他帝国向东方挺进的步伐时，"中国问题"就会渐渐浮出水面。首先抵达中国周边的大帝国是葡萄牙，1553年葡萄牙人在澳门获得贸易据点。十多年后的1565年，西班牙帝国从美洲出发横跨整个太平洋侵占了菲律宾，由此在中国的南部出现了两个来自西方的殖民帝国。需要强调的是，这两个帝国分别从东和西两个方向，从海上抵达中国周边。对于这一影响世界历史的重大变动，没有对大明帝国产生任何重要影响。实际上，这是现代中国面临险恶的地缘政治困境的开端。西班牙帝国尽管没有从菲律宾出发向北大规模入侵中国，[1]但已经占据了围困中华帝国的战略要地。在地缘政治学家看来，菲律宾乃是环绕中国大陆的岛屿链中最重要的部分。

将近四个世纪后，美国人正是基于这一地缘洞见取代西班牙占取菲律宾，从而将战略势力深入东亚的。葡萄牙帝国是典型的贸易型帝国，它仅在海岸附近占取小型的贸易据点，西班牙帝国则是大规模夺海占地的殖民帝国。就此而言，西班牙占取菲律宾要比葡萄牙占取澳门，对中国来说意

---

[1] 1624年，荷兰东印度公司侵占中国台湾南部，1626年西班牙殖民军从菲律宾出发，侵占中国台湾北部。1641年，荷兰利用葡萄牙从西班牙帝国独立之机，驱逐了中国台湾北部的西班牙殖民者。

义更重大一些。因为后来的世界历史进程表明，纷纷来到东方步步挤压中国地缘空间的西方帝国效仿的是西班牙，而非葡萄牙。

也正是基于这个原因，荷兰取代葡萄牙成为东印度群岛的统治者，甚至荷兰侵占我国台湾，仍无法与西班牙占取菲律宾相提并论，因为荷兰仍是贸易型帝国。此外，贸易型帝国追逐利润，仅榨取殖民地的利益，西班牙式的殖民帝国则试图将殖民地西班牙化。殖民帝国试图永久拥有占取的土地。有人可能会问，为何中华帝国对于自身南部出现西方大帝国无动于衷？答案实际上相当简单，因为古代中国从未面临来自海上的生死威胁。文明的经验注定了我们难以预见即将来临的危局。

世界历史进入 17 世纪后，中国北部的大草原、大戈壁也不再能阻挡从西方而来的陆地扩张者了。1689 年中俄在黑龙江流域的战争以及签订《尼布楚条约》，在当时看来，似乎势力雄厚的大清稳住了东北方的边境，但从后世来看，《尼布楚条约》不过是在国际法上确立了俄罗斯人对西伯利亚的统治权。更重要的是，雄才大略的康熙帝显然没有充分理解俄罗斯帝国出现在中国北方的地缘政治意义。从欧洲-地中海世界而来的西方帝国，显然早在 17 世纪末就已经盘踞在中华帝国的周边。李鸿章所谓的三千年未有之大变局，早在 17 世纪末就已经初露端倪。

1792 年（乾隆五十七年），英王乔治三世（George Ⅲ，1738－1820）派遣马戛尔尼使团访华，在世界历史上被视作英国与中国的首次官方接触。此前，英国已经接手荷兰在印度洋上的殖民地，并利用七年战争夺取了法国在印度洋的殖民地。1770年，库克船长为英国占取了澳大利亚，前一年库克已经宣布新西兰为英国所有。换言之，当英国使团第一次抵达中国时，日不落帝国已经冉冉升起。1824年，英国占取了新加坡，同时争夺荷属东印度群岛，将如今的马来西亚变成英属殖民地。大英帝国入侵中国的道路已经畅通。此时，大清的高级官僚仍然搞不清楚Africa和America有何区别。[1]如果从地缘政治角度来审视1840年时大清的处境，则会看到此时大清被大英帝国和俄罗斯帝国分别从北、西、南三个方向包围。大英帝国通过印度向中亚突进，俄罗斯则通过占取中亚向印度洋突进。

此时，一个多世纪前俄罗斯帝国与西班牙帝国对中国的包围态势被大英帝国和俄罗斯帝国取代。如果北方的陆地型帝国向南，南方的海洋型帝国向北，那么中国这条巨龙将被彻底绑住手脚。有趣的是，正当西方帝国基本上完成对中华帝国的包围之时，欧洲智识人士对中国文明长久的敬意一扫而光。欧洲智识人士眼中曾经的黄金国度，变成了黑暗落后的专制国度。笔者以为，欧洲智识人士此种态度的转变与西方帝国形成对中华帝国的合围密切相关。如果西方帝国进一步侵入中国，蹂躏和瓜分中国，那么欧洲智识人士更可能将

---

[1] 道光初年两广总督主持编撰的《广东通志》：亚米利加即亚非利加。若今之大英吉利（今加拿大）、米利坚等国，皆利未亚（今非洲）也。

中国贬低为非文明国家，甚至野蛮国家。此后的世界历史印证了这一点。文明之间的高低与帝国性力量的强弱密切相关。

不管第一次鸦片战争的爆发有何种诱因，1840年都是17世纪末以来横亘于中国周围的西方帝国大规模侵略中国的开端。这意味着北部和南部两大西方帝国开启了占取中国领土的进程，正是在这一进程中，"中国"正式成为一个国际政治问题。但是，北方的陆地帝国与南方的海洋帝国对于占取中国存在分歧：双方都试图独占中国，又绝对要避免对方独占中国。从全球地缘政治态势来看，这一趋势跟俄罗斯帝国与大英帝国争夺亚洲大陆的控制权密切相关。马汉1900年从亚洲问题的角度论及中国问题时，就是从这一视角出发。

马汉认为，由海洋帝国控制中国或阻止俄罗斯控制中国，对海洋帝国的安全至关重要。1904年，麦金德的《历史的地理枢纽》一文更是从地理学角度确证了中国问题的重要性。麦金德将整个亚欧大陆分为心脏地带、内新月形地带和外新月形地带。心脏地带指的是欧亚大陆腹地的大草原和荒漠，外新月形地带是散布在亚欧大陆周围的一系列岛屿，其中尤以东亚外围的群岛众多。二者之间就是著名的内新月形地带，这一地带对于海洋帝国遏制心脏地带的陆地帝国至关重要。中国正好处于内新月形地带上，是海洋帝国必须控制的地带。换言之，"中国问题"的实质是欧洲的帝国冲突转移到了东亚，此乃三千年未有之大变局的实质。

不过，无论是马汉还是麦金德，都将论述重心放在亚洲大陆的西部，即黑海、小亚细亚半岛一线。毕竟，俄罗斯帝国和大英帝国的重心都在亚欧大陆的西部。实际上，从地缘政治来看，中国不仅深入亚欧大陆腹地，而且东部边界几乎囊括整个亚洲东部，直面广阔的太平洋，其地缘政治位置对于扼守亚欧大陆来说要比黑海–土耳其、波斯–印度重要得多。当另一个西方帝国抵达东亚前沿，认识到中国问题对于全球政治具有至关重要的影响时，"中国问题"进入了新的历史阶段。这个帝国就是美利坚帝国，对于中国来说，这个帝国要比俄罗斯帝国和大英帝国危险得多，因为它是从太平洋对岸而来的。

二、太平洋的统一空间意识与"中国问题"

"中国问题"成为全球政治的核心问题，是因为全球权力中心从大西洋转移到了太平洋。以马汉为代表的美国地缘政治学家，之所以认为太平洋时代已经来临，是因为美国势力已经扩展到整个太平洋，从美国的东海岸直达亚洲海岸，此判断以日本帝国的崛起为前提，如荷马李在日俄战争之后写的《无知之勇》，日译本的书名更为直接——《日美必战论》。豪斯霍弗则认为，太平洋时代到来的根本标志是太平洋形成了一种统一的空间意识。

这话不是很好理解，什么叫一种统一的空间意识？太平洋水面占全球水面的约45%，是整个地球表面积的约35%，是全球最大的空间。太平洋的此种地理特征乃是地球母亲赐予的，远在人类诞生前就存在。此外还可以加上，太平洋区域居住着全球70%的人口，拥有全球70%的自然资源，可是这些并非太平洋成为全球中心的决定性因素，因为这些地理学事实远在太平洋时代到来之前就存在。豪斯霍弗认为，太平洋趋于统一的空间意识包括两大阶段：马来-波利尼西亚人从亚洲大陆出发扩展到太平洋各岛屿上和欧洲人入侵太平洋。

但是，无论如何，马来-波利尼西亚人在太平洋岛屿之间的迁徙和欧洲人入侵太平洋有本质性差异。豪斯霍弗强调的也是后者，是欧洲人入侵太平洋打开了太平洋形成统一空间意识的历史进程。中国自古就是一个太平洋国家，但是马来-波利尼西亚人在太平洋各岛屿上的扩展无论形成了何种空间意识，都没有让太平洋陷入战争状态，而欧洲人入侵太平洋所导致的统一空间意识恰恰导致整个太平洋陷入战争状态，不仅马来-波利尼西亚人被灭绝殆尽，我们中国也差一点消失。

欧洲人入侵太平洋是后者形成一个统一大空间的真正开端。欧洲人入侵太平洋始于西班牙人和葡萄牙人，前者向西侵占美洲，后者向东经印度洋侵占印度尼西亚群岛。随后荷兰夺占了葡萄牙在东方的殖民地，但鉴于荷兰人缺乏政治军事的视野，荷兰在西南太平洋的垄断性统治被英国和法国削弱。英国和法国开始在全球范围冲击庞大的西班牙殖民帝国。1757—1763年的七年战争中，法国在印度-太平洋地区的殖民地被英国占取，英国开始取代葡萄牙和荷兰成为西班牙帝国的强劲敌人。西班牙尽管在16至18世纪欧洲霸权争夺中逐渐被削弱，但迟至18世纪末，西班牙仍保有庞大的美洲殖民地和太平洋殖民地。16世纪至18世纪是欧洲人入侵太平洋的第一阶段，其特征是欧洲列强依靠航海技术发现了太平洋以及大肆占地，尽管其中夹杂着霸权争夺，但其激烈程度无法与19世纪末以来相比，例如英国人库克船长直到18世纪后期才发现新西兰、澳大利亚、夏威夷等地。

对于太平洋形成统一空间意识真正起决定性的事件有两个：第一，美国从一个大西洋型国家扩张成一个太平洋国家；第二，蒸汽轮船使得太平洋的空间距离大为缩小。美国是第一个真正位于太平洋的世界大国，美国作为一个太平洋大国的成长真正决定了太平洋19世纪以来的命运。如此看来，马汉等美国人将日美矛盾的激化视作太平洋时代来临的标志就显得太过虚伪。

豪斯霍弗认为，美国的太平洋扩张有几个关键的步骤：第一，购买阿拉斯加半岛，此举让美国成为太平洋北部门户的守门人；第二，发动美西战争，夺占西班牙在加勒比海的殖民地和菲律宾，前者确保美国在大西洋的霸权优势，后者让美国能直接干预西太平洋的事务；第三，美国吞并夏威夷群岛，使得美国永久性地控制了东太平洋；第四，建造巴拿马运河，这使得美国东部和西部彻底摆脱被大陆分割的困境，从而成为一个真正统一了大西洋因素和太平洋因素的国家，既可监视大西洋-欧洲地区，又可觊觎太平洋-亚洲地区。

这四个步骤让美国成了世界历史上第一个真正的太平洋

霸主，与之相比，西班牙和英国的太平洋帝国皆脆弱不堪。尽管西班牙16世纪中期就征服了菲律宾，使得西班牙帝国成为世界历史上第一个太平洋-美洲帝国，尽管英国通过库克的发现占取了太平洋大片土地，同时又将加拿大也扩张成一个太平洋国家，但两大帝国在太平洋中心地区皆缺乏像夏威夷这样的战略据点。换言之，西班牙和英国在太平洋两岸的殖民地缺乏稳固的联系，二者在太平洋的霸权实际上是环太平洋霸权，而非如美国那样是跨太平洋霸权。美国在太平洋的扩张类似于俄罗斯向远东的扩张，是平稳推进式的，其结果是美国基本上控制了太平洋重要的战略据点。

美国是第一个意识到太平洋的空间已经渐趋统一的国家。如此看来，马汉、荷马李等人激愤地认为美国缺乏地缘政治意识，缺乏帝国意识，就不符合事实。没有哪个严肃的地缘政治学家会认为，美国独立后的帝国扩张缺乏一种地缘政治意识和帝国意识。欧洲思想家早就指出，《门罗宣言》是美国地缘政治意识的杰作，美国1841年将《门罗宣言》扩展到夏威夷，宣布任何国家不得干涉夏威夷事务。[1] 我们中国人更不会忘记，1844年，美国就逼迫清政府签订了《中美望厦条约》，当时美国还不是一个太平洋国家，它的边界距离太平洋至少还有一千公里。

如果说全球重心转移到太平洋意味着太平洋世界成为世

---

〔1〕 Haushofer, *Geopolitik des Pazifischen Ozeans*, Kurt Vowinckel Verlag, Heidelberg-Berlin, 1938, p.77.

界历史的中心，那么我们也要明白此种转移究竟意味着什么。全球权力中心从大西洋向太平洋的转移，不是指大西洋-欧洲衰落破败，太平洋复兴繁荣，而是指原先主要存在于大西洋世界的霸权争夺，终于扩展到了太平洋，从此太平洋将远离和平，迎接战争。太平洋统一空间意识最终的形成，意味着太平洋进入了大国激烈争夺霸权的进程。中国由于既深入亚欧大陆腹地，又直面太平洋，从而变得更为重要。

美国突入太平洋引发的重大后果是日本的迅速崛起。众所周知，正是美国人打开了日本的国门，正是美国越过太平洋扩张到东亚近海，让日本人产生了强烈的地缘政治忧虑，从而不得不走上地缘扩张之路。日本地缘政治学家从美国抵进东亚前沿悟出的出路是，必须走地缘扩张之路，此后西攻大清，北伐俄罗斯，皆源于美国扩张到东亚导致的地缘政治紧张。

1894年日本发动甲午战争是太平洋空间格局发生变动的真正开端，也是太平洋空间意识趋于统一的真正标志，因为这次战争乃是日本崛起为一个太平洋强国的真正开端，其结果是大清被彻底限制在大陆上，失去了参与太平洋事务的地理基础：台湾岛。由此，"中国问题"卷入了日、美的太平洋霸权争夺，其激烈程度远超此前英、俄的亚洲霸权争夺。

日本通过甲午战争尽管打败了作为太平洋大国的清朝，但欧美列强仍没有把日本当回事。英国实在是找不到更好的结盟对象对付俄罗斯，才勉强拉日本凑数，于1902年签订《英日同盟条约》。但是，1904—1905年的日俄战争真正震惊了西方列强，因为没有任何一个欧洲列强认为日本能战胜俄罗斯。这次战争也表明，日本之志绝非只做一个东北亚强国。这次战争不仅阻止了俄罗斯帝国在远东继续南下扩张的势头，而且将俄罗斯帝国的势力大幅逐回到西伯利亚。这也意味着，日本取代俄罗斯成为中国东北方向的主导性帝国。日、美争霸太平洋的时代真正来临。

荷马李正是在日俄战争后，撰写了《无知之勇》，以预言日美之间必有一战。荷马李认为，日美必有一战的原因是日俄战争后，日本已经把美国当作了头号敌人，并已经下定决心为即将到来的决战进行准备。其理由是日本是一个海洋国家，意在成为一个控制太平洋的海洋强国，而美国同属太平洋国家，在太平洋有重要利益，故两个海洋强国为了太平洋的霸权必将爆发战争。荷马李甚至准确指出了日本发动进攻的主要地点，以及进攻路线。在这场必将爆发的战争中，"中国问题"成为核心。

太平洋统一空间意识时代的到来，不仅让中华帝国四周都遍布强大的帝国，而且导致了世界历史中一种绝无仅有的现象：为了反击外来侵略，同一文明圈内部首先爆发更为野蛮的侵略战争。为了应对这场必然之战，日本从西方帝国学到的地缘政治洞见是，日本即便控制了夏威夷以西的太平洋岛屿，也无力与美国竞争，因为这样一个纯粹的以太平洋为核心的日本帝国没有庞大的自然资源，而用于帝国竞争的自然资源基本上都位于大陆。此外，其时英、美两大太平洋强国皆拥有广阔的后方陆地。因此，日本要想获得能与美国抗衡的国力，势必要侵略亚洲大陆。日本只有通过侵略亚洲大陆，成为像美国那样的两栖帝国，才足以与美国抗衡。甲午战争、日俄战争、侵华战争恰好印证了日本的这一思路。

对于日本的这一扩张逻辑，美国心知肚明。美国地缘政治学尽管具有海洋属性，却充分认识到，仅仅占取东亚外围的群岛根本不足以战胜一个囊括东亚大陆的陆海两栖帝国。换言之，若东亚地区被整合成一个陆海两栖帝国，美国称霸太平洋的目标就无法实现。因此，美国早在日本将其当作敌人之前，就已经确定针对"中国问题"的政策，这一政策包含两个层面：1.阻止某个帝国独占中国；2.如有机会，由美国独占中国。日美矛盾的核心是"中国问题"。至此，中国所面临的三千年未有之大变局才真正显露其残酷的本质：西方帝国向东方的运动从各个方向包围了中华帝国，其运动逻辑必然导致下述生死抉择：中国作为一个主权国家能否存活，中华民族作为一个独立民族能否生存。

三、中国与太平洋战争

面对这样的危局，中国该何去何从？

豪斯霍弗在《太平洋地缘政治》中总结太平洋的地缘政治特征时指出，中、日两国在两千多年里始终共生共存，仅有的忽必烈远征日本也要归因于草原民族的游牧扩张性。[1]

---

〔1〕 Haushofer, *Geopolitik des Pazifischen Ozeans*, Kurt Vowinckel（转下页）

豪斯霍弗意图通过强调这一历史经验，告诫日本不要侵略中国，应与中国结盟。尽管历史没有依照豪斯霍弗的期待前行，这一建议却符合国民党政治家的看法。国民党政治家没有意识到，随着太平洋统一空间时代的来临，中日之间已经是生死之敌，更没有意识到这一生死对抗与太平洋战争的关系。

1914年8月，在欧洲的大战爆发之际，孙中山致日本首相大隈重信的信中指出，日本帝国能够与独立的中国共存，极力劝诫日本帮助中国复兴，共建东亚永久和平之局。[1]日本8月23日对德宣战后，迅速占取我胶州湾，第二年更是向北洋政府提交意在灭亡中国的"二十一条"。在近代中国第一次面临亡国灭种的危机之际，孙中山仍认为日本与中国能够和谐共存，日本应该帮助中国复兴。[2]与其说孙中山的此种乐观与天真源自中日自古以来共生共存的历史经验，不如说以孙中山为首的革命党没有理解1840年以来，尤其是甲午战争以来中国所面临之危局的本质。

同时，这也意味着，在孙中山对新中国的政治想象中，中国不是一个太平洋国家。因为即便他所设想的中日友好共存能够实现，中国也将被封锁于大陆上。兴许正是缺乏对中国地缘政治处境的深刻理解，让孙中山的革命事业注定难以

（接上页）Verlag, Heidelberg-Berlin, 1938, p.25.
〔1〕 见《孙中山全集续编》卷三，北京：中华书局，2017，页83—86。
〔2〕 见《孙中山全集续编》卷四，北京：中华书局，2017，页133—134。

成功。与之相反，以袁世凯为首的北洋政府倒可能真正意识到，日本已成中国复兴的首要敌人。看来，中日两千年共存共生的历史经验无法抵御现代帝国争霸的政治逻辑。

1917年，美国意图参与欧洲大战，遣国务卿兰辛与日本特使石井签订《兰辛-石井协定》，承认日本在中国拥有特殊权益的同时，强调要维护中国的主权、领土统一，意在避免日本独吞中国。"一战"结束，美国强势重返东亚，在华盛顿会议上极力限制日本在太平洋的势力。美国咄咄逼人的态势，反而加速了日本尽快独占中国的步伐。1931年9月18日，日本发动突袭，迅疾占取中国东北，成为真正意义上的太平洋战争的开端。中国已不再能奢望置身于日美争霸之外。石原莞尔的"最终战争论"观念清晰地表明了这次对中国的突袭剑指何方。[1]

与孙中山比起来，国民党的第二任领袖蒋介石的地缘洞察力显得要敏锐些。早在1929年，蒋介石就做出判断："第二次世界大战之起，亦必在中国"，而且"远则不出15年，近则随时均可发生"。[2]不过，此判断也未必表明蒋介石已经把握到"中国问题"的实质。因为，在"九一八事变"三年后，蒋介石在《敌乎？友乎？——中日关系的检讨》一文中，仍希望中日能化敌为友：日本最大的敌人应该是美、

---

〔1〕 青梅煮酒，《太平洋战争（Ⅰ）：山雨欲来》，北京：现代出版社，2017，页221—228。

〔2〕 转引自徐戬，《世界历史中的"九一八"》，《开放时代》2012年第11期。

苏，中日不应该处于敌对关系中。[1]这种对"中国问题"的错误判断，导致蒋介石的国民政府始终优柔寡断，最大的表现就是不敢对日宣战，甚至是1937年7月，日本全面侵略中国后，蒋介石也没有对日宣战，依旧期待能在其他大国的干预下，实现对日和解。直到1941年12月，日本袭击珍珠港后，才跟在美国后面对日宣战。

1939年9月1日，德国入侵波兰，第二次世界大战的欧洲战争爆发。11月18日，蒋介石在国民党五届六中全会第六次会议上，发表《中国抗战与国际形势：说明抗战到底的意义》的演说。蒋介石说：

> 我们抗战的目的，率直言之就是要与欧洲战争-世界战争同时结束，亦即是说中日问题要与世界问题同时解决，……否则，世界问题不能解决，中国问题也就不能解决，而我们中国依旧不能脱离次殖民地的地位。因此，中国抗战在时间上，尤其最后问题的解决上一定要和世界战争联结起来，使远东问题与欧洲问题，随今日东亚、西欧战争之终结而同时解决。

其时，所谓的世界战争还未联成一体，英、美、苏等太平洋大国对日本侵华坐视不管。两年后，蒋介石等来了共同解决"东亚、西欧战争"的机会：日本于1941年12月7日，

――――――――――

[1] 徐戬，《世界历史中的"九一八"》，《开放时代》2012年第11期。

同时向美国、英国、荷兰三国发动战争，将侵华战争与太平洋战争联系起来。可是，与美、英、苏结成同盟共同打败日本，真的能解决"中国问题"？蒋介石会不会仍然犯政治上太过天真的毛病？1945年2月的雅尔塔会议给了蒋介石一个响亮的巴掌。

中国取得抗日战争的胜利，绝不意味着"中国问题"得到了解决。太平洋战争的实质不过是，美、苏取代了日本对中国的地缘政治逼迫：俄罗斯人重新获得1905前在北太平洋和我国东北方向的战略优势；美国终于打败足以挑战它的海上强国，成为太平洋独一无二的霸主，取代日本从东部挤压中国的战略空间。斯大林迫使国民政府签订《中苏友好同盟条约》，以及战后美国的对日政策充分证明了这一点。中国付出2500万人伤亡的巨大代价打赢了抗日战争，丝毫没有改变自17世纪末以来中国周边强邻环伺的地缘政治处境。

四、结　语

"二战"结束前，"中国问题"在世界历史上的变迁包含两个阶段：英俄争霸亚洲的阶段和日美争霸太平洋的阶段。在这两个阶段，"中国问题"都是核心，这基于一个简单的地理事实：中国既深入亚洲腹地，又面临广阔的太平洋。"二战"结束后，"中国问题"进入新的阶段，糅合了亚洲和太平洋两个方面，这要归因于美、苏在"二战"后形成的冷战格局。《雅尔塔协定》已经设想过以长城为界对中国进行势力范围划分：长城以北归苏联，长城以南归美国。

中国共产党领导的革命-解放战争，突破美苏的势力范围划分，使得中国大陆归于统一。对日战争胜利后，台湾回归中国，使得中国从形式上拥有了创建海陆两栖国家的地理基础。但是，由于国民党败退台湾，新中国仍然被限制在大陆上。1950年6月，朝鲜内战爆发，随后美国悍然将势力扩张到中国近海，新中国被切断了与太平洋的联系。地缘政治的紧张，迫使中国不得不与苏联这个占据欧亚大陆核心的陆地强国结盟。

麦金德曾告诫海上强国，必须避免欧亚大陆形成陆地性联盟，而"二战"后的苏联构建的社会主义阵营要比麦金德曾预见到的欧亚大陆联盟大得多。豪斯霍弗也在《太平洋地缘政治》中，极力主张日本与德国和苏联组成欧亚同盟，以反击英美的海上霸权。新中国与苏联缔结《中苏友好同盟互助条约》可以看作中国回归自己的大陆性的标志。古代中国是一个典型的陆地型国家，但进入现代世界后，地缘政治态势的变动，使得中国远不能满足于做一个纯粹的大陆性国家。抗美援朝战争的爆发以及中国志愿军的战争史充分表明，若不拥有海洋，大陆性国家将始终限于被动防御。

20世纪50年代末，中苏分裂，逐渐演变为边界冲突，中国陆上的地缘政治压力猛增。1972年中美和解以及随后的改革开放，被西方地缘政治学家视作中国朝向海洋、选择与海上强国"结盟"的标志。1991年，苏联解体，美国的地缘压力骤减。1992年，美国地缘政治学界就抛出"中国威胁论", 瞬间将中国当作了战略性敌人。这意味着, 中国海上的地缘政治压力剧增。进入21世纪后, 美国宣布"重返亚太", 钓鱼岛问题、南海问题以及近来中美之间的摩擦皆是此种压力的具体表现。我们看到, 新中国在倾向海洋还是倾向陆地之间的变动, 完全归因于地缘政治的压力。

纵观自17世纪末以来"中国问题"的历史变迁, 我们会发现中国的地缘政治压力丝毫没有减轻, 反而愈来愈强。这意味着, 改革开放带来的中国综合国力的上升, 远没有到"中国崛起"的地步。所以, 对于西方地缘政治学家所谓的中国以东亚为中心形成了一个独立地缘政治辖区的说法,[1] 我们不可轻信。由此来看, 中华民族的伟大复兴必然包括化解乃至克服这一地缘政治的困境, 否则中国这条巨龙将始终被限制在东亚大陆上, 无法真正腾飞。

---

〔1〕 科恩,《地缘政治学: 国际关系的地理学》, 严春松译, 上海: 上海社会科学院出版社, 2014, 页273—309。

正义战争学说与现代国际法秩序的演变

方　旭[*]

　　正义战争学说的出现，背景之一在于回应中世纪基督教秩序面临的外部危机。当人类诸方各执一词之时，上帝，抑或尘世的代理人就承担起超越各方的法官角色。与此同时，基督教体系内部各教派为争夺《圣经》解释的垄断权发动大规模宗教战争，而"哪方发动的战争是正义"，或者"谁才是神圣战争的发动者"的争执召唤出主权国家组成的国际法秩序体系，"法"取代了至上神圣者对正义战争的裁定。至此——主权国家被嵌入国际司法体系内，发动一场正义战争就应该符合法律规定，也就是说，现代国际法体系允许持有正义的一方合法发动战争。反过来看：不正义的战争在当下国际法体系的规范下被视为"非法行为"。按照这一思想史脉络，有两个问题需要回答：一是战争裁决的形式从"正义-非正义"转移到了"合法-非法"，这是否已然改变了战

---

　　*　作者为重庆市委党校马克思主义学院副教授。

争的实质呢？二是主权国家组建的国际法体系以"规范法律"终结了正义战争的"神圣裁决"吗？本文重点考察"正义战争学说"的概念，将其放在西方古典源流及其现代转向的宏观背景下审视，进而探究正义战争与国际法秩序演变之间的内在联系，试图回答以上两个问题。

一、神圣战争：正义战争学说的古典内涵

按照国际关系学的通论，正义战争的思考来自中世纪经院神学家以来的国际关系史的梳理。但若继续深入追踪，可发现其内涵起码要追溯至古希腊-罗马时代。从文本来看，最早将"正义"与"战争"结合的是古希腊赫西俄德的诗作。《工作与时日》开篇介绍人世间存在两种不和之神：一个挑起战争与争斗，另一个激励人类相互竞争。无论是战争还是竞争，都需要有个正义裁决者。赫西俄德引入宙斯，"让我们用来自宙斯的，也是最完美的公正审判来解决我们之间的争端吧"[1]。但《工作与时日》没有说明的是宙斯凭靠何种正义（价值）来裁决争端。

《神谱》的神话叙述则为《工作与时日》提供了解答：宙斯最先娶了墨提斯（智慧），作为第三代神的宙斯通过武力和智慧击败了前一代的泰坦诸神，他成了新秩序的决断者。秩

---

〔1〕 赫西俄德，《工作与时日·神谱》，张竹明、蒋平译，北京：商务印书馆，2006，页2。

序始终与法相伴——宙斯娶忒弥斯（神法），之后忒弥斯生下了时序三女神：秩序女神、正义女神、和平女神。以这种方式，智慧的宙斯为自己的统治增添了崭新的力量：秩序、正义、和平成了维护人类社会秩序的三种根基性价值取向。[1]

由此脉络梳理，我们可以进而考察荷马《伊利亚特》、希罗多德《原史》（旧译《历史》）和修昔底德《伯罗奔尼撒战争史》等古代涉及战争的文本，从中我们发现这些古代文献无不在阐述发动战争缘由：爱情、劫掠、征服、防卫等——这些缘由皆是"自然正义"。尽管战争各方持有的正义战争的理由呈现多元化，但这些战争理由都共同追求一种和平秩序的正义。

罗马与早期基督教对正义战争学说的改造显得具有"进攻性"。与希腊的多神论导致的多元价值观不同，基督教带来的是一套完整的一神论正义战争学说。就基督教教义本身而言，任何形式的杀人流血行为都将在末日审判中被打入地狱。可面临战火连绵、蛮族入侵的政治环境，如何鼓励士兵奔赴战场，奋勇杀敌？这是罗马法学家与早期基督教教父们要解决的首要问题。

罗马时期的法理构造始于王政时期的一个独特的官职建制：罗马的"祭司团"（collegium fetialium），通过调查建制实现"形式正义"的法理程序，产生了第一个正义战争与非

---

〔1〕 程志敏，《古典正义论：柏拉图〈王制〉讲疏》，上海：华东师范大学出版社，2015，页120。

正义战争的裁决机构。[1]而后，以西塞罗、李维为代表的法学家们开始构建帝国疆域之内"以和平为目的的战争法权"理论。西塞罗奠定了"以和平为战争目的"发动正义战争的学理根基，战争的首要原则便是正义，尤其是在程序上要做到正义，"除非事前提出要求或者预先通知和宣布进行战争，否则任何战争都是不公正的"[2]。

最早开始系统梳理正义战争学说的是基督教哲学家安布罗斯和奥古斯丁。安布罗斯直接承继西塞罗等罗马思想家精神遗产，他对战争正义性的论证具有极强的现实意义，即鼓励信徒走向战场捍卫国家。安布罗斯对参战主体也有所限制："首先，参战主体只能是非信徒或平民信徒，而不能是专业神职人员；其次，必须使用正当手段作战，禁止奸诈狡猾的不道德战术。"[3]奥古斯丁为消弭基督徒奔赴战场杀敌的精神恐惧，对正义战争理论进行大幅度的改造。不仅将正义战争的参战主体从平民信徒扩大到所有公民，更是打破了西塞罗与安布罗斯正义程序理论，甚至认为：作战无须拘泥两军交战陈法。[4]

---

[1] 林国华，《西洋正义战争学说简述：从奥古斯丁到维多利亚》，《学术月刊》2015年第2期。

[2] 西塞罗，《论义务》，王焕生译，北京：中国政法大学出版社，1999，页37。

[3] 侣化强，《基督教与早期战争理论：从西塞罗到奥古斯丁》，《政治与法律评论》2016年第2期。

[4] 奥古斯丁，《圣经首七卷辩惑》卷六第十题，关于《若苏厄书》第八章第二节里说："在进行公正的战争时，不管是明的战斗，或是（转下页）

奥古斯丁对正义战争学说的推动，最关键一点是质问谁有权决定并发动战争。谁有权利判定战争具有的正义性？他给出的答案是：权威者（主权者）。在《驳摩尼教徒福斯德》卷第二十二第七十五章说："要求宣布战争以及策划战争的能力，应掌握在主权者之手。"[1]"君主命令"成为战争是否正义的重要标准。奥古斯丁的正义战争学说中开始出现"战争理由"的道德召唤，对尘世国家主权者的服从神圣化了，并将上帝命令与主权者命令等同，由此绝对服从主权者走向战场成为基督战士的"天职"。

阿奎那以奥古斯丁学说为基础，系统论述了正义战争论题，总结出战争符合正义的三个条件。"其一，战争的发动者必须是主权君主，换言之，私斗被排除在正义战争之外，公战是正义战争的必要条件。其二，战争必须具有正义的理由。其三，参战成员必须怀有正当的意图，具体而言，就是扬善辟恶。"[2]阿奎那正义战争理论创建了以神圣战争、虔敬战争为主导的基督教精神共同体。

（接上页）运用诡计战斗，这都无关于战争的公正性。"阿奎那，《神学大全》，第八卷，台北：中华道明会、碧岳学社联合出版，2008，页255。

[1] 侣化强，《基督教与早期战争理论：从西塞罗到奥古斯丁》，《政治与法律评论》2016年第2期。

[2] 林国华，《西洋正义战争学说简述：从奥古斯丁到维多利亚》，《学术月刊》2015年第2期。

二、质疑正义：另一条经院神学路径

可是，施米特在其《大地的法》一书中质疑了奥古斯丁与阿奎那对古希腊-罗马正义战争学说的改造，他认为奥古斯丁的正义战争学说"令人感到消沉"，而"如果有人读过阿奎那上述关于正义战争的论点，那么他就会问，究竟曾经有多少战争是完全正义的战争"。（页132）由此，施米特打通了基督教传统中另一条质疑传统经院神学正义战争的学术脉络，而这一脉络正好是重构欧洲公法理论的基础。

当欧洲人踏上美洲大陆时，世界向其展现出全新面貌，这同时也意味着欧洲第一次具有了从欧洲陆地迈向全球的陆-海二重空间视野。世界争端的中心从地中海转移到新大陆，正义战争学说从经院神学家以古罗马为中心的"防御性进攻"，逐步转向近现代国际法秩序的产生。此时，如何在新时期论证正义战争学说，以帮助西班牙征服美洲大陆，参与全球事务，这个问题摆在了开始具有"全球视野"的西班牙神学家们面前。

西班牙著名人文主义学者、哲学家、神学家塞普维达（Juan Ginés de Sepúlveda）为西班牙对印第安人的征服与殖民提出辩护。他搬出的是经院神学家不可撼动的权威亚里士多德"自然奴隶"学说。在亚里士多德《政治学》第一卷开宗明义写道："野蛮民族生来就是奴隶"，以此论证印第安人的"奴隶本性"。通过将印第安人非人化，使西班牙获得了大规模占取和奴役印第安人的合法资格。西班牙多明我修会的维多利亚（Francisco de Vitoria）并不认同"某些民族生来就是奴隶的论断"，"天生奴隶民族"不能成为西班牙向印第安人开启战争的正义理由。他坚信基督徒与非基督徒的平等性，（safety of conscience）是最高的正义理由：

> 西班牙人和野蛮人一样都是人，因此基督教提倡的慈善友爱的义务，对他们也同样存在，每个人都是我们"恩慈的对象"。由此而导出的道德和法律上的结论是，所有西班牙人对所谓野蛮人享有的权利，反过来野蛮人对他们也同样享有，而且作为对立性的法律（jura contraria），野蛮人的权利绝对是相互性的、对等的。当基督徒和非基督徒，欧洲人和非欧洲人，文明人和野蛮人权利平等的时候，所有概念都必须是可逆的……这样一来，由此，对于地理发现和占有这一法权资格，西班牙人不能再加以使用，因为印第安人也可能反过来发现了我们的土地而秉持同样的法权资格……另外，如果说西班牙人无权将法国人封锁在自由贸易和法律交往的大门之外，那么野蛮人也同样没有如此对待西班牙人的权利。（页77）

发动正义战争的真正理由是什么呢？维多利亚认为要遵守两条原则：一是教皇可以借传教或十字军东征之事由，将殖民活动论证为教化蛮夷，如此实现"文明化"使命之举，如此对"无主之地"发起具有国际法上的合法性征服，这样的正义战争概念成为西班牙合法占取土地的理论基础。二是"平等的自由"，维多利亚破除了种族优劣说，推崇人人平等、法律平等等观点，这说明——西班牙人可以对印第安人传教或者开展商业活动，相反印第安人也可以如此对待西班牙人，倘若印第安人反抗传教或者自由商业，那就损害了西班牙人"平等自由"的权利，若西班牙人对其和平劝降再遭拒绝，便可对其发动正义战争……与此同时，如果有西班牙人在美洲遭遇欺侮，西班牙也可占其土地，为保护本国居民而发动干涉。这可能就是最早的"人道主义干涉"概念的来源。

15世纪，当美洲大陆以无主地的形式向欧洲开放时，维多利亚明显感到不能再采用传统经院神学家的基督徒-非基督徒的二元敌友区分，不能将美洲作为教皇圣战的战场，他试图用"平等""自由""启蒙""道德"等概念组成正义战争学说的根基，以此勾勒出以基督教共同体为基础的欧洲国际法框架，并以此将美洲吸纳进来，这一思考奠定了近代国际公法的基本结构，并影响了未来国际法秩序的型塑与生成。

16世纪后，随着轰轰烈烈的欧洲宗教改革拉开帷幕，中世纪宗教势力衰退。以法国、荷兰和英国为首的新教势力冲击着西班牙、葡萄牙为首的天主教世界霸权。国家主权开始登台亮相，战争神圣性逐渐消失，正义战争脱离了基督教神学的藩篱进入了规范法学领域。对非正义战争的惩罚已折射出民族国家结构下的国际秩序中的战争司法化、理性化、中立化雏形，将敌人"罪人化"，"禁止不正义行为"，"惩罚作恶者"成为正义战争学说的新转向，在此基础上构建着近代国际法新的架构。

在这里，正义与非正义的区分就涉及施米特著名的"政治就是区分敌友"这一论断，政治始终存在"最为剧烈、最极端的对抗，而且每一次具体对抗的程度越接近极点，即形成敌友阵营，其政治性就越强"[1]。但是在国际秩序建构中，敌友之分更为精微——中世纪的基督徒与异教徒敌友之分，直接导致了你死我活的宗教战争，而到了16世纪主权国家兴起之后，新型战争意味着战争最大程度的理性化和人道化。"主权国家"概念出现之后："主权国家不仅是一种消灭了中世纪的帝国和社会秩序的全新观念，它首先也是崭新的空间秩序的概念。"[2]"敌人"具有法律意义，不再是必须被消灭的对象。主权国家间拥有决断战争和敌人的战争法权，它承认即使敌人也同样拥有战争权利，也就是说，主权国家之间承认正当的敌人和非歧视性战争，并凭借这种理性的方式限定了战争和敌对性。[3]

---

〔1〕 施米特，《政治的概念》，刘小枫编，刘宗坤等译，上海：上海人民出版社，2004，页39。

〔2〕 施米特，《国家主权与自由海洋》，《陆地与海洋》，林国基等译，上海：华东师范大学出版社，2006，页73。

〔3〕 张旭，《施米特论敌人》，许章润编，《历史法学（第十一卷）：敌人》，北京：法律出版社，2016，页244。

三、正义转向：国际法中的战争犯罪化趋势

实现这一转变的法学家首推博丹（Jean Bodin）。在博丹新型国家主权理念的影响下，尼德兰叛乱期间的西班牙军事首领顾问阿亚拉（Balthazar Ayala）将维多利亚的"平等原则"推延到主权国家。国际法建立的基础在于国家之间主权平等，而真正国际法意义上的战争首先就应该是主权平等国家间的战争，"只有国家主权之间的武装斗争才是国际法意义上的战争，只有这种类型的斗争中才能产生所谓的'正当敌人'，其他的则属于对匪徒、叛乱者和海盗的追捕和镇压"（页130）。"正当敌人"概念的出现成为"正义战争"转向的关键点。"正当敌人"本质含义是"平等"，正义战争只能在平等的主权国家间进行，交战双方彼此视对方为正当敌人，在他们之上不再有更高的立法者或法官、神圣者，同样也不会存在任何神圣正义旗号下集体惩罚机制。主权国家君王具有对自己国家裁决的权力，各主权国家之间具有同等的战争法权。这就无须上升到神学和道德层面展开你死我活的战争。在客观上，让主权国家拥有绝对战争权反而限制了总体性、灭绝性战争的发生。

贞提利（Alberico Gentili）接受了博丹主权国家理念，在《战争法三论》中对正义战争学说开展了去神圣化、去道德化工作。宗教改革之后，新教的"因信称义"思想深入各个领域，国际法也不例外，作为新教徒的贞提利对国际法理

论做出的一个重大革新便是用有经验的法官取代教皇的仲裁权，由法官来仲裁战争是否正义。

他关于正义战争的论述主要集中在：第九章"宗教能作为正义战争的基础吗？"、第十章"主权者是否可以正当地诉诸战争来维持臣民间的宗教"、第十一章"臣民是否应该为了宗教与其主权者交战"等篇目中，[1]他摒弃了宗教因素作为发动战争的理由，确立了一种权利侵犯的"赔偿"原则。阿亚拉与贞提利把战争从"神圣正义"导向"主权正义"，确立了"非歧视性战争"的概念，即各国拥有完全平等的权利，无须考虑其行为动机的正义性，以及不能充当另一国的裁判者，国家间的法律地位平等，使得发动正义战争的国家和发动非正义战争的国家之间不存在歧视，（页145）这是国家主权逻辑的结果。

神圣战争的消逝并不意味着欧洲公法秩序中绝对敌友区分的消亡。在博丹们看来：强盗、海盗和叛军都不是"正当敌人"，而"非正当敌人"是刑事惩罚和无害化的对象。施米特认为，在康德出版的《道德形而上学》中，将"非正当敌人"描述为"其公开表达出的意愿（无论以口头还是行动方式）反映的是某种原则，如果这种原则成为普

---

[1] 贞提利的《战争法三论》分为三卷，第一卷是战争法总论；第二卷是提出战争作业的合法方式、宣战、公开的战争开始后所允许和禁止的行为等；第三卷则讨论战争的终结问题。本书现由西南政法大学行政法学院蔡乐钊博士译出，贞提利的引介研究，参看李明倩，《国际法先驱：阿尔贝里科·贞提利》，《宁夏大学学报》（人文社会科学版）2011年第5期。

遍性规则，那么各民族间的和平状态就不可能实现，而会陷入永久性的自然状态"（页148）。康德划分了欧洲公法的核心概念：正当敌人与非正当敌人。对于任何遭遇"非正当敌人"威胁的主体而言，就有了无限制战争的权利。所有主权国家可以为了自己的自由免受威胁而将共同行为正当化，甚至于针对这种非正当敌人的私人战争也能被视为正义战争。（页148）

康德认为，博丹-阿亚拉-贞提利这一脉去神圣化，去道德化，强调主权国家平等作战，以凭借"强力"获取战争胜利的欧洲公法统绪，是一种纯粹的野蛮性的表现，他认为国际纠纷应该由一个中立性的机构来处理，而不是凭借暴力。[1]

英美所代表的海洋-经济力量颠覆了欧洲公法的陆地空间秩序，国际法秩序的更迭导致了正义战争内涵的变迁，最为重要的后果就在于引入了正义与不正义战争的区分，由此导致歧视性战争概念的复归。

其理论作为打入欧洲公法体系的楔子，从而在根本上动摇了正义战争理论根基的是荷兰法学家格劳秀斯（Hugo Grotius）。在格劳秀斯看来，此前的正义战争的论证关键在"正当敌人"与"非正当敌人"，这个决断是主权国家按照其目标和利益的"国家理由"发动战争，格劳秀斯认为所有正义战争必须有个"正当理由"。格劳秀斯通过正义战争裁

---

〔1〕 惠特曼，《战争之谕：胜利之法与现代战争形态的形成》，赖骏楠译，北京：中国政法大学出版社，2015，页11。

决，抗拒主权国家享有绝对战争权利，认为主权国家只能因为正当理由发动战争，何为正当理由呢？格劳秀斯提出了诸如一些自然法权利或义务（如正当自卫、实施惩罚等）。这么看来，战争已经可以融入一架自动运行的法律机器。但施米特质疑，在战争实际过程中，可能每个主权者都声称自己是正义的一方，那谁来决断正当理由（正义）呢？格劳秀斯打破平等国家间的绝对战争权，重新请回主权国家之上的仲裁者，这又是一条回到中世纪的老路。（页139）仲裁法庭正式回归中世纪的教会价值判断，也正是裁决正义战争与否的——"侵略罪"的理论来源。

四、规范正义：现代国际法秩序的生成与演变

格劳秀斯是近代以来的自然法学家、国际法学家们关于正义战争学说的讨论之滥觞。经由普芬道夫（Pufendorf，1632—1694）、沃尔夫（Wolff，1679—1754）、瓦特尔（Vattel，1714—1767）、奥本海（Oppenheim，1858—1919）、凯尔森（Kelsen，1881—1973）、劳特派特（Lauterpacht，1897—1960）等国际法学家改造，格劳秀斯主张的正义战争观融进了实证主义条约法。至此，正义战争学说真正演变成"罪行"说，非正义理由战争则定为"侵略"。

凯尔森开宗明义地说道："战争是大规模的谋杀，是我们文化最大的耻辱，因此保障世界和平是我们首要的政治任

务。"[1]按照凯尔森们的构想，国际法的框架下通过建立国际组织，构建国际法律秩序，从而协调国家之间的关系，国际新秩序应当通过以司法权为中心的有行动能力的国际组织来实现。[2]世界联盟计划要建立具有司法性质和职能的中心机构（如国际法院、国际警察等），以国际司法手段追求国际正义。

第一次世界大战结束后，协约国试图依据《凡尔赛条约》审判前德皇威廉二世，尽管种种原因导致审判未能成功，但协约国依据《凡尔赛条约》第227条公开控告威廉二世"极度侵害国际道德和条约的神圣性"，以及第231条强调"德国发动的战争是一场不正义的侵略战争"。按照传统欧洲公法原则，战争双方是正当的敌人，承担战争责任的主体应该是主权国家而非个人。因此这两个条款已经撕裂了传统欧洲公法的主权平等原则，从而引入了歧视性战争概念。

真正使侵略战争罪刑化的是1925年的《日内瓦议定书》。该议定书建议保障所有主权国家面临非正义战争的侵略时能获得绝对安全。如此一来，《国际联盟盟约》首次将侵略（裁定战争正义与不正义）概念引入国际性法律文件。

与此同时，关于世界和平的各种构想如雨后春笋般涌现，而和平的前提便是放弃战争。芝加哥律师莱文森

---

〔1〕 Hans Kelsen, *Peace through Law*. Chapel Hill:The University of North Carolina Press,1944,p.8.

〔2〕 汤景桢，《凯尔森的国际法治理论及其现实意义》，《行政与法》2012年第4期。

（S.O.Levinson）认为国际法应该禁止战争，提出"战争即是非法"的建议。同时要依据国际法庭的形式，建立一个管辖战争争端的解决机构。基于这个观点，1928年8月27日由法国外长白里安和美国国务卿凯洛格倡议，15个国家签署《关于废弃战争作为国家政策工具的一般条约》，即《白里安-凯洛格条约》，俗称《非战公约》。《非战公约》的主要内容：一是各缔约国庄严宣布，他们决定废弃以战争作为解决国际争端和推行国家政策的工具。二是各缔约国同意不用和平之外的方法解决任何国家纠纷。[1]

现代政治学意义上的"正义战争学说"至此形成。按照《布莱克维尔政治学百科全书》的定义："正义战争指那些旨在确定何时、何人、何地为何种形式的政治目的而使用武力是正当的，以及对正当使用武力应如何加以限制的理论。"[2]依照以上国际条约精神，侵略应被视为一种独立的国际性犯罪，"法学以法律实证主义的名义，在所有当代重大的法律问题上闭嘴"（页220），主权国家构成的欧洲公法体系冰消瓦解。

在施米特看来，撕裂欧洲公法体系的还有美国的威尔逊主义。曾经的欧洲中心主义——所谓的人类主要被理解为欧洲的人类，文明自然也指的是欧洲的文明。（页209）施米特

---

〔1〕 王明中，《评凯洛格非战公约》，《江汉论坛》1980年第2期。
〔2〕 戴维·米勒、韦农·波格丹诺，《布莱克维尔政治学百科全书》，邓正来译，北京：中国政法大学出版社，2002，页405。

不无嘲讽地说道："将这种日益表面化、肤浅化并不断扩展的普遍化过程天真地视为欧洲国际法的胜利。将欧洲从世界国际法中心的云端上跌落误以为是青云直上。"（页215）

随着经济自由和商业全球化的风潮成为世界秩序形成的新势力，在几次划分界限（教皇子午线、西葡拉亚线、英法友好线、西半球界限等）之后，"欧洲各民族和国家组成的大家庭或共同体突然向全世界敞开大门，这不是简单的数量上的增长与扩张，而是向一个新局面的转变"（页222）。这一场新的国际法秩序的转变从主权国家推向普世帝国。普世主义追求绝对至上的裁判权，普世性的虚伪正义，国际法庭替代理事会只不过是"战胜国"换上国际法的外衣登台亮相，以"法"的面貌取代曾经的神圣裁决罢了。

在施米特看来，日内瓦联盟作为普世主义裁决代表"正是因为普世主义的结构与建立欧洲大空间内部独立秩序的客观必然性存在着的失调关系而走向毁灭的"[1]。要摆脱普世帝国对主权国家的干涉唯有依靠大空间秩序。一方面，大空间秩序符合各民族依据血缘、语言、土地等存活的生命延续原则；二是随着现代科技的发展，机枪、坦克、飞机、潜艇等武器极大地改变了战争形态和格局，诸多弱小国家因国力弱小无力跟上武器技术日新月异的变迁，失去了实际的战争法权，即便在形式上保留了"国家"的名称，在武力、经济、

---

〔1〕 施米特，《论断与概念》，朱雁冰译，上海：上海人民出版社，2006，页306。

意识形态方面却依附于大国势力 —— 新的国际法大空间秩序
呼之欲出。

余　论

施米特在1939年的《以大空间对抗普世主义 —— 论围
绕门罗主义的国际法斗争》一文中关注了远在东亚发生的
"九一八事变"。他敏锐地看到本身保持区域中立的门罗主义
改头换面成为一种普世主义的干涉势力。门罗主义走向普世
主义，摧毁了"一战"以来的国际秩序 —— 正义战争的裁决
再也无法保持中立。战争的主动方日本（号称自卫防御作
战）通过对国际法正义战争学说的深度理解，正式完成脱亚
入欧的关键一步。"日本通过1894年与中国的战争以及1904
年与欧洲大国俄罗斯的胜利战争，向世界证明它愿意遵守欧
洲的战争法规则……日本还在1900年与欧洲大国一起平等
地参加了镇压'义和拳暴动'的远征军。一个亚洲大国从此
而崛起并得到承认。"（页212）通过几次"战争操练"，日本
已摸清楚正义战争的门道，开始参与现代国际法秩序的治理
体系。

当"九一八事变"爆发之后，南京国民政府诉诸国际联
盟，要求以集体行动反对违背《日内瓦公约》的成员国。可
在国际联盟调解期间，日军加紧攻占山海关、热河等地，以
实际的侵略行为向国际争端调解机制的无能报以反讽，并公
然退出国际联盟。国际联盟对待1936年意大利侵占阿比西

尼亚亦是如此，"国际联盟的制裁所施加的压力也没有达到极限，既没有切断石油供应，也没有关闭苏伊士运河"[1]，施米特怒斥1946年解散的国际联盟，"国际联盟就是英法这两个领头的欧洲大国得以控制和操纵小型或中型欧洲国家的工具……任何国际法的目的都不是为了废止战争，而是为了限制和约束战争，即避免发生毁灭性的战争。但是国联对此却毫无助益"（页222）。

　　国际法庭裁决一场战争的正义与否，关键在于"谁"在裁决正义，不公义的裁决必然导致失序的正义。我们再反思开篇的问题，就会清醒地认识到：是战争构建了国际法秩序，而正义战争的本相在于战胜者所做的政治决断。战争的胜利者依据自身的战略利益构筑国际关系。正义战争的转向并未改变战争以强力为基础的实质，法律规范在形式上取代神圣裁决，却未抛弃规范之下的价值取向。只不过如此建立的国际关系体系，当时代变迁、国际环境变化时，依据原有正义战争学说构建的国际秩序会不再适应国际形势发展需要，到了此时，新法（Nomos）会再一次推动对世界秩序的划分，诸国及其组成的大空间秩序将参与重建新时期"大地的法"。

---

［1］ 施米特，《论断与概念》，页241。

施米特的五重封印

读《大地的法》引论五篇

贺方婴 *

> 他们没有议事的集会，也没有法律，
>
> 他们居住在挺拔险峻的山峰之巅，
>
> 或者在挺拔幽暗的山洞，
>
> 各人给自己的妻儿立法，不关心他人的事情。
>
> ——《奥德赛》（9: 106—115）

施米特在《大地的法》的前言中饱含感情地宣称，本书是献给欧洲公法学祭坛的祭品。这部著作基于作者40多年从事公法研究的心得，是"一部不设防的学术成果"。可是，当我们翻开第一章，马上就卷入了困惑的旋涡。

《大地的法》全书共四章，第一章由五篇短文构成，合称"引论五篇"。至少从形式上看，这五篇短文各自独立成章，似乎缺乏有机联系。初读之下，每篇的主题皆清晰明

---

* 作者为中国社会科学院外文所副研究员。

确，逻辑严密。但既然合称"第一章"，这五篇引论之间定然有内在关联，然而这种关联究竟何在，令人费解。

一般而言，"引论"大多独立成篇，但施米特让自己的"引论"同时也是第一章。这意味着，"引论"不仅具有总领全书的重要意义，而且与后三章交织一体。如此笔法让我们不得不细心揣测，作者的用意究竟何在。何况，作者在前言中已经表明，他与自己的古典前辈们一样预见到本书与属意的读者相逢纯属偶然：

> 我无法预见谁能理解这部学术祭品，他也许是一个思想者，也许是实干家，也许是一个根本无视其存在的破坏者和毁灭者。一本书的命运并非掌握在作者手中，更少与作者本人的命运有关。（页1）

伟大的作者往往通过巧妙的笔法为自己的用心之作封印，直至它遇上属意的读者才会开启"意义之门"。面对施米特在本书第一章布下的迷魂阵，我们不妨猜测，这部号称"不设防"的书其实一开始就在设防：第一章的"引论五篇"有如五重封印，盖在《大地的法》这部献给欧洲公法学祭坛的"祭品"之上。

作者声称，《大地的法》是他"发现大地的丰富意义"之路上的"探险尝试"，我们若能随这位"欧洲最后一位公法学家"去探问大地的秩序与法则，又何尝不是一种幸运？

在五篇引论中，题为"基督教中世纪国际法之解读"的

第三篇引论和题为"论法概念的含义"的第四篇引论篇幅最长，涉及的问题也最为重要。不过，两个论题表面上相去甚远，显得关系不大。引论的头两篇最短，简要地讨论了"前全球时代"的法权和国际法。在第一篇短论"作为秩序和场域之统一的法权"中，全书最重要的概念"占取"出现了。作者用了三分之二的篇幅从词源学角度讨论"占取"概念，随后，这个"概念"消失了。

直至三篇引论文后，"占取"概念重新作为第五篇引论的标题返回。在接下来的第二章，主标题就是"占取新世界"。从结构上看，"占取"主题使得五篇引论头尾相扣，形成一个自成一体的修辞空间。由此我们看到，第一章的主题应该是"占取"，它既是引论的关键词，也是全书的关键词。

何谓"大地的法"？施米特在引论第一篇就提出，"法"的原初含义是"占取"。如此理解"法"是施米特的创见吗？当然不是。施米特在第一篇引论文中清楚地告诉我们，如此理解"法"的原初含义，得归功于维柯（Giambattista Vico，1668－1744）。这让我们想到：施米特与维柯是同行，而且维柯特别喜欢语源学式的论证。理解施米特与维柯的关系对于我们理解《大地的法》一书至关重要，甚至可以说，维柯隐身于《大地的法》之后。

一、"法"与"占取"

第一篇引论题为"作为秩序和场域之统一的法权"，施米特开篇第一句话就说：

> 在神话的语言里，大地被称之为法权之母，这意味
> 着法权和正义的三重根源。（页13）

《大地的法》以这样的言辞开头，似乎是在向两百多年前的维柯致敬。维柯虽然终生不曾迈出阿尔卑斯山南麓的意大利，但他的《新科学》有与施米特《大地的法》同样的抱负：通过勘寻人类的立法历程，在时代的政治困惑中重新为欧洲秩序立法。不同的是，施米特以极为悲观的情调为全书结尾：美国的崛起终结了欧洲公法秩序。让施米特如鲠在喉的问题是：美国是欧洲公法秩序的衍生物，如果说欧洲公法秩序了结了，那么，也是自己了结了自己。

两百年前的维柯却雄心勃勃，他立志完成培根未竟的"新科学"，即重新勘寻支配整个人类生活的普遍法则。显然，要实现这一目的，首先就得清理人类的普遍历史和自然法的源头。在维柯那里我们看到，他试图借当时学界争论不休的荷马问题为寻找自然法或普遍法的历史源头提供基础。在维柯看来，荷马是民俗智慧的化身，这种智慧足以与玄奥智慧相提并论。维柯似乎在效仿格劳秀斯，试图从异教徒的神话-史诗中寻找人类立法的源头。[1]这意味着，首先需要对古传神

---

〔1〕 维柯的立法问题可参见笔者的两篇文章：《维柯论荷马与民俗智慧》，《安徽大学学报》（哲学社会科学版）2017年第1期；《"古今之争"（转下页）

话去神话化，或者说让英雄时代的圣贤去神圣化，让神圣的传说还原为人类的自然史。维柯的做法是，一方面认定荷马诗作是"诗性智慧"的成品，另一方面则展示其诗作中隐藏着古希腊诸民族的真实历史：荷马的两部诗作是仍在野蛮状态中的"希腊诸民族的自然法的两座宝库"（《新科学》7）。[1]

经过这种去神话化，荷马诗作虽然不再是圣书，但仍然算得上极为珍贵的历史文典。荷马毕竟是英雄时代的教育者，他的智慧属于英雄时代的智慧，或者说是英雄时代智慧的代表，正如摩西律法属于"刚脱离世界大洪水的杜卡良和庇拉夫妇那批人"（《新科学》919）。维柯说，荷马和摩西都让我们看到人类历史原初阶段的nomos含义。

施米特在"前言"中已经说过："法学与神话的渊源要远甚于法学与地理学的联系。"（页2）这无异于说，现代地理学家根本无法理解空间秩序问题，他们与维柯相比判若云泥。虽然施米特说，从去神话的神话学来理解人类的原初法，是萨维尼和巴霍芬这些人的功绩，但他马上又警告，法学必须保持自身存在的基础，不能与历史人类学混为一谈。这无异于告诉我们，虽然维柯凭靠历史探究"法"的起源，但他毕竟是法学家，而非人类学家。换言之，即便要从去神话化的神话学来理解人类的原初法，也必须持守法学的

（接上页）中的荷马问题——以维柯的〈新科学〉为中心》，《民族文学研究》2016年第5期。

[1] 所引维柯《新科学》的译文皆出自朱光潜先生的中译本，按原文段落编号标明出处。

立场，而非人类学的立场。这里隐含着的问题是，人类学的历史法学属于现代自然科学，而维柯的《新科学》不仅是法学，而且还带有天主教神学信念，这在现代的人类学式历史法学那里绝不可能见到。尽管自然地理的新发现使得"旧的欧洲中心主义的传统国际化秩序走向衰落"，大地的法面临新旧更替，但是，自然科学的新发现不能解决"人间此在的基本秩序"等问题，也不能真切认识大地法的丰富意义。

施米特与维柯一样，对罗马天主教传统忠贞不渝。所以，他在第三篇引论追溯了中世纪基督教的法学传统，又在第四篇引论文中往前追溯古希腊的nomos意涵。我们若要问，为什么题为"基督教中世纪国际法之解读"的第三篇引论文位于五篇引论文的中间位置，恐怕就不是在提一个莫须有的问题。毕竟，按照历时顺序，第五篇引论文应该在"论法概念的含义"一篇前面。

我们可以设想，从"基督教中世纪国际法之解读"回溯到"论法概念的含义"，类似于天主教徒维柯在致力打造"新的法学体系"时返回古代异教神话的深处去寻找法的概念的源头。发人深省的是，维柯恰恰从古代异教神话中认识到，法权的根基并非神授，而是基于最初的占取土地——施米特称之为"一切空间与权利、秩序与场域的连接点"（页12）。施米特说，对于土地最初的丈量与分配构成了法权的开端和基点，是"法权基础的原初行动"（页10），无论是对内的分配、划分，还是对外的侵占与夺取，"占取"必然是某一重大的历史事件的结果。这些说法若还没让我们看到维柯的身影，那么，只能说明我们忘了维柯。无论如何，施米特将最初占取视为法的基本内核，具有维柯的"新科学"色彩，在《大地的法》第四篇引论"论法概念的含义"开篇第一句话中，施米特将法的定义追溯到古希腊：

> 有一个希腊词，它对于最初的、奠定一切后来标准的丈量尺度，对于最初的占取——最初的空间划分和安排，初始的区分与分配，具有非凡的意义，这个词就是"法"（nomos）。（页37）

正是在这一语境中，施米特提到维柯：

> 如维柯说所，人类第一个法权是英雄们以土地法（Agrargesetze）形式获取的，在维柯那里，土地的分配和划分（la Divisioned ei Campi）是宗教、婚姻和避难庇护之外所有人类法权和人类历史的第四大组成因素。（页13）

施米特没有给出维柯说法的出处，这显得颇有意味。维柯的原话出自《新科学》第二卷，该章的标题是"系定理：是天神意旨制定了各种政体，同时也制定了部落自然法"，原文语境的修辞意味十足。按维柯的说法，那些宣称人类社会制度出自诸神的说法，仅仅是"说得很正确"，但"意思错误"。维柯没有进一步解释这一说法，直至此章结束（相隔了两个自然段），维柯才轻描淡写地提醒读者，他在前面

（即《新科学》437、439）已经指出：由于最初的城邦英雄都自称天神，用"由天神制定的法律"来定义"诸部落自然法的各种制度"并不为过。显然，维柯的"天神"并非启示宗教的上帝或异教徒的神，而是异教的部落首领。在"诗性逻辑"一章，维柯说：

> 英雄们把自己称作"神"，以别于他们的城邦中的平民，把平民就叫作"人"（就如在第二轮野蛮时代，佃户也叫作人，使Hotman大为惊怪），而大地主们（像在第二野蛮时代那样）乱夸口说自己掌握着许多灵丹妙药的秘密。

在随后的卷二：449中，维柯又进一步解释说，在氏族部落时期，强人们因傲慢引发的"自然的野心"僭取了原本属于天神的名号——"父亲"（patrare），这个词的原义是"制作"或"工作"，维柯称之为"普遍的特权"（al dritto universale）。这显然指立法的特权，即强人假借神意为部落立法的特权。

施米特在《大地的法》中引用维柯这个观点，他明确将维柯笔下的"强人-部落首领们"称为英雄们，将人类最早的法权归于强人之手。施米特并没有进一步解释，维柯为何在讲到强人立法时笔法曲折，还故意给强人立法"披上神学的外衣"。毕竟，凭靠语义稽古的手法将这些最早的立法行为解释为天神为人间制作法律，实在有些牵强。

1963年秋天，列奥·施特劳斯在芝加哥大学开设了"维柯研讨课"，他在课上向学生提出了一个问题：为什么维柯的《新科学》要披上一件神学外衣？这是施特劳斯在研讨课上提出的值得深究的七个维柯问题之一。施特劳斯相当郑重地对学生们宣布，自己此前没有研究维柯，但是：

> 现在是我该研究维柯的时候了。那么，他基于我恰好所知道的哪个点上进入我的研究之中呢？我想可以给出一个很简单的答案：历史问题。

施特劳斯对探究维柯感兴趣，是因为维柯在"历史取代自然正确的过程中所起的作用"：在自然正确被历史主义取代的过程中，维柯"可能是一位先行者和教育者"。在1970年9月撰写的《自然权利与历史》第七次重版序言中，施特劳斯提升了维柯的位置，短短千字序言三次提到维柯。施特劳斯承认，维柯的《新科学》既加深了他对"自然权利与历史"这一主题的理解，也使他的现代自然权利论得到确证。

因而，在1963年的维柯研讨课上，施特劳斯质疑，"政治的公正"（civil equity）等于"国家理性"（the reason of state）的说法，是否意味着政治的公正等于政治实用？基于这一质疑，施特劳斯提出，要关注维柯如何评价"针对民主制和君主制促进这种实用的能力"。据此，施特劳斯向自己也向研究者提出了一个相当尖锐的问题：

维柯为什么赋予其新科学一件神学外衣？尤其是维柯宣称，在历史的展开过程中，他看到了神意在起作用，这种神意起作用的方式至少是，野蛮人自私和利己行为的方式逐渐形成了社会生活和共同的善，并导致了一种发展，这与亚当·斯密"看不见的手"的隐喻中暗示的发展一样显著，或许更加显著。

施特劳斯暗示，维柯的"神意"与亚当·斯密"看不见的手"有某种一致性，这告诉我们，维柯的"神意"与他在《新科学》中所宣称的虔敬程度并不匹配。眼尖的施特劳斯提醒学生们，《新科学》中仅有两次提及耶稣基督，两次提及"摩西的黄金格言"（13.3[1]；参看《新科学》816、948）。若与维柯用整整一卷篇幅讨论荷马相比，施特劳斯提示研究者，必须重新审视维柯的"天主教捍卫者"的形象。他怀疑维柯很有可能像马基雅维利对待《圣经》那样，"在抬高李维的同时，仅为了将其打倒，连同倒下的还有《圣经》的权威"。有研究者由此推断：施特劳斯怀疑维柯"发现真正的荷马"的努力，便是这方面的挑衅（13.3-4）。

同为天主教忠实信徒的施米特对维柯笔下的"神意"不置一词，似乎在他看来，维柯的意义仅仅在于，他看到人类早期占取土地的行为是法的原初含义。维柯将之与宗教、婚姻和庇护并称为构成人类政体的四大原因，是人类社会"简

---

〔1〕 指《施特劳斯讲维柯录音稿》第13讲第3页，以下同理。

单而自然的起源"(《新科学》630）。施米特似乎刻意忽略了维柯紧随其后的补充：维柯在总结了人类诸种政体起源的四大原因后，随即提出"神意"是更大的原因。神意在制造诸氏族诞生的同时，也为头等部族制定了最早的自然法，他们通过强力占取土地，从而取得土地，以及统治依附于土地之上的子民们的治辖权，施米特称之为"人类第一个法权"（页18）。这些氏族父主们依靠"由神意制定的法律"（iura adii sposita），统治受其庇护的子民和所占土地之上的一切。在维柯看来，神意——这个构成人类政体最大的因素，是区分贵族政体与民主政体的关键。因此，神意制定自然法是人类社会全部法律的起源（《新科学》631）。

对于这些说法，施米特一笔略过，理由是"为了避免造成'占取无非事关神话学的法律古董'印象"。随后，他提议讨论更现代的两位法学家：以洛克和康德的观点来进一步论证，何以"占取"是大地法的核心问题。可是，维柯笔下的原初"占取"与现代式的"占取"究竟是什么关系呢？

二、为何返回荷马？

第四篇"论法概念的含义"的篇幅最长。施米特在简要讨论法的语义后突然说，为避免陷入"语言学的语义阐释的泥淖"，不妨看看"荷马意义上的法"。他提议读一读荷马《奥德赛》开篇头五行诗。施米特暗示读者，要格外注意第三行诗有两个不同版本：καὶ νόον ἔγνω［我懂得他们的心思］

与 καὶ νόμον ἔγνω［我懂得他们的法］。

我们知道，《奥德赛》讲述了希腊联军统帅之一的奥德修斯在海上漂泊十年的返乡故事。特洛伊战争结束后，奥德修斯立即率部踏上返乡之旅，途中，因部下偷食太阳神的牛群受到宙斯惩罚，归乡受阻。随后奥德修斯一行人流落到独目巨人族居住的岛上。为了搭救同伴，奥德修斯刺瞎独目巨人波吕斐摩斯的眼睛，惹怒了其父波塞冬，奥德修斯被迫滞留女神卡吕布索的仙岛，日夜思念故乡伊塔卡……《奥德赛》开篇的头五行诗，以精练的言辞概括了英雄奥德修斯的经历：

> 这人游历多方，缪斯哦，请为我叙说，他如何
> 历经种种引诱，在攻掠特洛伊神圣的社稷之后，
> 见识过各类人的城郭，懂得他们的心思；
> 在海上凭着那份心力承受过好多苦痛，
> 力争保全自己的心魂，和同伴们的归程。（1:1-5，
> 刘小枫译文）

诗人恳请缪斯神倾听一个游历多方的"老水手"（施米特语）如何历经磨难，抵御引诱而后保全心魂，力保同伴归乡的大地之子的故事。[1]值得注意的是，此处是《大地的法》全书的正文中首次出现的诗句，除此之外，就是施米特在前

---

〔1〕 奥德修斯的故乡伊塔卡与希腊各城邦一样，遵守的仍然是陆地的法则秩序，他们对海洋有着天然的敬畏。

言部分引用了歌德创作于1812年7月的两行箴言体诗句：

> 所有无关紧要的事情终将消散，
> 只有海洋与大地于此长留。

《大地的法》全书仅两处出现诗，而且皆暗含海洋与大地（空间）、永恒与短暂（时间）之间的对比。似乎在施米特看来，唯有人类的心智［νόον］和礼法［νόμον］堪与海洋和大地的永恒相媲美。《奥德赛》中的那位"足智多谋的老水手"（页45）——奥德修斯，无疑在凡人中最具神样的智慧，他在阿伽门农统率的希腊盟军中素以拥有善谋的超凡心智著称。作为"欧洲最后一位公法学家"，施米特在《大地的法》中提到奥德修斯，显然是因为这位古代英雄曾见识过世间的诸种政体，懂得不同的政体代表着不同城邦的品质，而这些品质都是立法者心智的体现。立法者的心魂借城邦的nomos得以表达——这正是法最初的、最本质的含义。

而欧洲最后一位公法学家则在《大地的法》一书中，意图化身为"游历多方"的奥德修斯，借心智超凡的古代王者的眼光，期冀拨开现代读者头脑中弥漫的、自19世纪晚期发端的法律实证主义所布下的语言迷雾：

> "法"被功能化为19世纪风格的"法律"。（页39）

其实，当施米特诗意地提及"荷马意义上的法"时，就不免让人想到，《新科学》将荷马归为"诗性智慧"，视荷马为最早的异教立法者。正如维柯在《新科学》中"寻找"与"发现"荷马，施米特同样效仿了维柯的思想进路。

施米特借古老的诗句返回到Nomos这一词语最早的诞生时刻，探察法的原初含义。首先，他着重强调了希腊人对于Nous与Nomos的区分。在希腊人看来，Nous具有普世意义，Nomos则不然。不同的城邦，以及生活在城邦里的人并没有什么特有的、独一无二的品性。在施米特看来，奥德修斯之所以会对"不同的城邦"或"'众多之人'的独特'精神'"产生兴趣，毋宁说，令这位足智多谋的英雄真正关注的是城邦"自身特定的，与众不同的秩序"（页45），这些秩序则由城邦的Nomos所缔造：

> 希腊人绝不会将这种区分与Nous［心智］（而不是Nomος）相联系。很少有人会讲出"众人"的Nous［理智］，因为nous［理智］具有普遍意义，属于所有能思考的人类，而不是"众多之人"。然而，包含有法（Nomos）之意的圈围或神圣之地，明确地表明其具有自身特定的、与众不同的秩序，为实现该秩序的特殊性，就需要一个具有洞察力且"足智多谋"的水手。（页45）

施米特并没有明言，那位"具有洞察力且足智多谋的水手"是谁。而且，在前一段中，他曾不无调侃地将"足智多谋的水手"说成"最早的社会心理学家"，嘲讽那些实证主义法学家从"认识论的角度解读Nous[心智],简直可以视其为新康德主义的先驱"。他甚至故意将孟德斯鸠、赫尔德,甚至赫尔帕赫和凯泽林伯爵说成是奥德修斯的"真实而动人的写照"(页45),似乎这些近代思想前辈能带领《大地的法》的读者冲破19世纪实证法学的迷障,重新认识大地之上的Nomos。不过,施米特随即话锋一转,毫不客气地说:

> 但是,在我看来,把城邦和城郭(ἄστεα)同表示精神、理性和心性的词语Nous[理智]联系在一起是荒谬的。因为Nous[理智]是普遍适用于所有人的,一个受到保护的城郭不存在自己特有的Nous[理智],但具有自身特定的Nomos[法]。

将nomos与Nous混为一谈的"现代心理学"(关于精神的研究),依据不同城邦的品性提出了"历史-社会心理学主题",在施米特看来,这完全背离了Nomos真正的原初含义,这种理解不仅令古人觉得不可思议,也绝不可能理解真正的法。施米特随即引用品达的诗句:

> Nomos Basileus[法即王者]。

施米特颇具深意地指出,希罗多德在《原史》(卷3,38)中曾引用过这句诗。施米特此前区分了"众多之人"与"所有能思考的人类",这两类人在不同城邦都能见到,前者人数众多，却不见得有Nous［心智］。毕竟，大地之上，能思考的人从来都是少数。这些有心智的少数人是为众多之人建立法的王者吗？施米特没有明说。只是在"荷马意义的法"一节结束时，他才最后提醒读者，倘若要探看大地上诸城邦的法，"需要一个具有洞察力且'足智多谋'的水手"，即需要借助一个奥德修斯式的王者的眼光。[1]

施米特暗示，他自己才是这个"老水手"。在《大地的法》中，这位老水手将借助古典的智慧，引领有心智并能严肃思考的人将眼光转向大地-海洋，深入理解人类空间秩序的历史嬗变：秩序与场域何时以及如何完成"结构导向性汇合"，最终成为现在的大地法。在第四篇引论结束时，施米特宣称，对于生活在"业已被现代科学测量过的地球上"的人们，无论是帝国、国家，还是各种政体的统治者及其政治体，开辟一个新时代和新纪元的基础，必然是"新的空间分配、新的圈围和新的大地空间秩序"。既然如此，重新奠定新的大地法势在必行。

三、现代全球化的"法"原义

当《新科学》借"神学的外衣"强调了人类社会的法权

---

［1］ 其实，在《奥德赛》中，荷马在奥德修斯返乡漂泊历险的明线之下，暗中的主线则是出城的王者如何通过对各种城邦政制的考察和比较，重新打造出具有哲人-王的洞察力的思考。参见拙文《特勒马科斯游历记的政治寓意》，刊于《古典学研究》第2期，上海：华东师范大学出版社，2018。

起源的神圣性的同时，又用语源学和神话学的例子暗中摧毁了法权起源的神圣性，以便为基督教上帝的"神意"所制定的"法"留下历史空间。换言之，在维柯笔下，"诗性智慧"与野蛮的原初生活秩序联系在一起。维柯对新教徒霍布斯的反驳在于：自然状态并非没有"法"，毋宁说，自然状态自有其"法"。尤其值得我们注意的是维柯的"循环往复"说：欧洲近代历史中出现的残酷战争，是野蛮的自然状态时代的"复现"。既然如此，霍布斯的法学就无异于在提供一种野蛮的自然状态的"法"。当我们读到施米特下面这段话时，不得不说施米特与维柯心有灵犀：

> 这些"利维坦"依据条约进行自我约束，但事实上，这是一种有诸多问题，具有高度不确定性的法律。这不过是一群利己主义者和无政府主义的联合，指望他们自我约束，岂不是开玩笑？实际上，传统的约束力——例如教会、社会、经济的力量——倒更具持久性。因此，这个时代的法（Nomos）是另外一种不同的、更坚固的结构。（页125）

《大地的法》通过批判19世纪以来实证主义法学导致的法学概念和语词混淆，返回"法"的原初意义，绝非是要"为过时的神话赋予人为的新生命"，而是要为我们理解现代欧洲公法问题提供一个历史的基础："法的原初含义"与"最初的占取行为"连在一起，不正是现代欧洲民族国家兴起，罗马天主教的空间秩序观念遭到遗弃后的现实吗？换言之，施米特强调"占取"在大地法权中的核心位置，将"具体的秩序"与"最初的场域"结合，意在强调中世纪的秩序观的历史意义。19世纪以来的实证法学强调的"章程、规章、命令、措施"等，听起来十分理性化，实质上不过是对"仅有合法性（Legalität）之法律赋予原始意义的行为"。（页40）由此我们可以理解，为何在五篇引论文中，题为"基督教中世纪国际法之解读"位于中间位置。施米特以与维柯相同的方式充分展示现代的大地法的"占取"含义，为的是提醒欧洲人，中世纪基督教的法学观念并没有过时。按照基督教的法学观：

> 法可以被视为城墙，因为城墙也建立在神圣定位的基础上，法也可以像土地和财产一样不断成长与繁殖：一个神圣的法可以"养育"出全部的人类诸法。（页37）

这意味着"法"其实有两个来源：源于大地的自然状态的"法"和基督降临所带来的"神圣的法"。Nomos Basileus 听起来是个希腊的表述，但基督同样是"王"。事实上，希腊的"王者"概念极为含混，僭主也可以被称为"王"。

在引论第四篇，施米特在对"法"与"法律"做了概念性的区分之后，马上转入讨论"作为统治者的法"。这一表述出自亚里士多德《政治学》卷四第4章。亚里士多德在此主要探讨平民政体与贵族政体的优劣问题，"作为统治者的法"的原文是 ἄρχειν δὲ τὸν νόμον [出自礼法的统治],而且短短五行重复出现了两次。(《政治学》1292a1-5)亚里士多德强调,在两类平民政体中,法具有统治的权威性,其共同特征是:全体具有公民身份的人皆可"参与行政管理"。他马上又列举了第三种平民政体,在这种政体内部,民众代替法行使权力,民众的决议取代法成为最高的统治权威,究其原因在于:

> 造成这一后果的正是那些蛊惑人心的平民领袖们。因为在依法统治的平民政体中没有平民领袖的位置,主持公务的是那些最优秀的公民,然而一旦法失去其权威,平民领袖就应运而生了,平民大众合成了一个单一的人格,变成高高在上的君王;民众并不是作为个人执政掌权,而是作为众人的整体。……这种性质的平民,由于挣脱了法的束缚,就俨然以君主自居,寻求君主式的统治权力,就滋生了极权专制,奸佞之人在这种政体中得势,这种性质的平民制就好比是从君主政体中演变出来的僭主的敕令,而平民领袖与僭主佞臣相比,简直是一丘之貉。[1](《政治学》1292a8-21)

在亚里士多德所描述的第三种平民政体中,平民领袖僭

---

〔1〕 中译本见亚里士多德,《政治学》,颜一、秦典华译,北京:中国人民大学出版社,1994。

越身位，取代了法的统治地位，民众则抽象为一个单一的人格，平民领袖以全体人民的名义实行君主式的统治。在亚里士多德看来，这是极权专制的源头，甚至不能称其为政体，因为"法失去了权威，政体也就不复存在"。（1292a33）

施米特在"作为统治的法"一节中，绝口不提所引原文的语境，仅轻描淡写地指出，"作为统治者的法"是与"平民统治"相对立的概念，并且法的统治建立在"均衡、适中、稳定的土地财产制度基础之上"。施米特还特意标注此观点在《政治学》中的详细出处。倘若我们不能设想施米特的记忆力和文献功夫不可靠，那么，他在此很可能更改或者说推进了亚里士多德的原意。这意味着，施米特暗示民主政体与法的统治不相容，其观点的尖锐之处在于：民主政体既谈不上合法性也谈不上正当性。

> "法"在本义上完全是非间接性地，即不需要通过法律而获得"法权之力"（Rechtskraft），"法"是一种建构性的历史事件，而建构正当性（Legitmität）的行为，即对仅有合法性（legalität）之法律赋予初始意义的行为。（页43）

施米特所称的"一种建构性的历史事件"即最初的占地，"所谓的'法'就是专属强者的恣意法权"。他不无调侃地说，这种说法如同当代德国的法律实证主义的表达："实然就是应然，事实即为法律。"

不过，在第一章临近结束时，施米特专门对这一令人震惊的说法做了澄清。他犀利地指出，19世纪法律实证主义是非基督教和无神论的，而现代法律的实证主义是法学家们理想幻灭后的结果：弃精神转而追求"自然科学至上、工业-技术进步，以及新的革命正当性"。《大地的法》的后三章所描述的，正是大地的法脱离罗马天主教秩序后的现代转向过程——离基督教欧洲的秩序与场域的统一体越来越远的历史过程。

在现代欧洲已然离弃上帝这个统治权威的历史处境中，施米特除了目睹全球化的"法"不断引出一个又一个恶果，他还能有何作为呢？

"欧洲公法"的精神与形式

施米特《大地的法》中的两条线索

王　钦[*]

写于1942年至1945年、出版于1950年的《大地的法》（ *Der Nomos der Erde* ）一书，一般被认为是施米特后期从"空间"（甚至所谓"地缘政治"）角度出发探讨国际秩序和欧洲公法的代表作——这一点从其完整的标题《欧洲公法的国际法中的大地法》（ *Der Nomos der Erde im Völkerrecht des Jus Publicum Europaeum* ）便可见一斑：作者将其论题限定为处在一个特定时期和空间中的"大地法"。[1]

的确，显而易见的是，施米特在《大地的法》以及同一时期写就的其他论著中——例如《国际法的大空间秩序》（ *Völkerrechtliche Großraumordnung mit Interventionsverbot für raumfremde Mächt,1939-1941* ）、《陆地与海洋》（ *Land und*

---

　* 　作者为北京大学国际批评理论研究中心博士后。

〔1〕　关于《大地的法》的创作时间，参见 G. L. Ulmen 为该书英译本 *The Nomos of the Earth*（ New York: Telos Press Publishing, 2003 ）撰写的导言。

Meer, 1942）等 —— 越来越多地将考察的重心放在国际政治的层面，而不像前期著作中那样关注现代国家及其与政治、天主教传统的关系。"空间""秩序与方位""国际法"等概念，取代了"决断""例外""主权""政治神学"等概念，成为被频繁提及的语词。

换言之，在20世纪40年代的施米特的笔下，国家之间的关系或国际秩序，似乎取代了单独的现代主权国家在施米特20世纪20年代的著作中占据的分量。如果说在《政治的概念》（*Der Begriff des Politischen*, 1927）中，施米特处理的问题是"主权国家的瓦解"，那么在《大地的法》等后期著作中，他面对的核心问题则是"世界秩序"本身的瓦解。[1]

不过，根据施米特的论述，现代欧洲主权国家的诞生与所谓"欧洲公法的国际法中的大地法"密不可分。在施米特大致限定的"欧洲公法"之成立和维系的历史时段内（16世纪至19世纪末），主权国家在欧洲这一特定地域内形成的国家间关系，乃是"世界秩序"成立的不可或缺的条件。在这

---

[1]　G. L. Ulmen, *The Nomos of the Eath*, p30. 值得注意的是，Ulmen指出，施米特在1934年首次使用"nomos"这个概念来表明："每个法学家都有意无意地拥有一种关于法律的概念，将其视为一种法则、一个决断或一种'具体秩序'。"（页19）关于施米特前后期著作中呈现的论述重心和指向上的差异，学界已多有论述，例如Garlo Galli, "Carl Schmitt and the Global Age", *The New Centennial Review*, vol.10 (2), 2010, p. 4. 不乏论者直接从地缘政治的角度理解《大地的法》，例如Stuart Elden, "Reading Schmitt Geopolitically", *Radical Philosophy*, 161, 2010, pp.18-26，作者在文中批判性地探讨了施米特对于几个表示"地域"概念的语词的使用。

个意义上，或许可以认为，施米特前后期著作虽然在论述的侧重和使用的概念上有着相当的差异，但所关心的问题则是一以贯之的，也即在以主权国家为基本单位的世界秩序解体之后，面临这样一个失序的时代——思想上自由主义与无政府主义意识形态横行；法学上实证主义和规范主义日益撕裂法律与现实的关系并使法律体系趋于僵化；经济上由美国主导的全球性自由贸易不断穿透民族国家的政治边界，消解内部与外部、经济与政治、公共与私人等二元对立；以技术理性为支撑的普遍主义摧毁思想的具体性和地域性而又无法提供替代性的"秩序（ordnung）与方位（ortung）的结合"——如何为将来的政治形式和秩序寻找可能性条件？

因此，只有沿着《大地的法》所呈现的现代国际法视野的思想脉络，《政治的概念》等前期著作所讨论的国家与政治的关系、主权国家的权威性决断等论题，才能获得施米特所再三强调的具体性和历史性。

但与此同时，通过细读《大地的法》，本文将表明，由于在施米特的论述中"欧洲公法"在诞生之初便已经包含了不稳定的内在因素，以至于施米特所设想的由相互承认的、平等的主权国家所构成的"战争的舞台"也就内在地变得不可能了。这是因为，"欧洲公法"以及随之而来的世界秩序，从来都无法满足于纯粹形式上的规定，而其内容上的意识形态主张——无论是明确的还是隐匿的——则依附于一种在政治上始终无法得到形式化的中世纪基督教精神的残留，它是政治现代性危机的表征而非解决方案。

一

《大地的法》的基本论述并不复杂：通过历史性地考察欧洲公法意义上的国际法如何在中世纪基督教共同体解体后，经由16世纪诞生的现代欧洲主权国家的国家间关系而成为一种在一个特定地域内为各个国家所遵守的规则，施米特对比了欧洲中心主义的世界秩序中形成的种种对立或边界——政治与经济、公共与私人、战争与犯罪、法学与神学等——与随着第一次世界大战及其后的世界格局之变动而引起的这一秩序的瓦解，以及由美国所代表的经济与文化的普遍主义，揭示出"欧洲公法的国际法"时期所产生的被施米特认为是"人的权力范围内秩序的最高形式"[1]的法学-政治创造，即欧洲内部对于国家之间的战争的框定、限制和对于"非歧视性战争"的规定。

在这一框架下，国家之间的战争不会上升到彼此毁灭的高度，交战双方彼此之间承认对方的战争权，而位于"欧洲公法"秩序之内的主权国家则凭靠自身的决断来发动战争。战争双方对于彼此而言都是"正当敌人"（justus hostis）[2]，

---

〔1〕 Carl Schmitt, *The Nomos of the Earth*, p.187. 以下引自此书的引文皆随文标注页码，不另作注。

〔2〕 施米特在解释"正当"一词时写道："正义战争问题与战争的正义理由问题截然不同。'正义战争'是'正当敌人'之间的战争；'正义战争'意义上的'正义'，意思与'形式正义'意义上的'无瑕疵''完美'一样，就像人们谈及'婚姻法'（*justum matrimonium*）的时候那样。"（转下页）

也就是在形式的意义上彼此承认平等政治地位和权利的主体，而不是以道德乃至宗教上的"正义理由"（在当代，这一"理由"可以呈现为彼此相对的意识形态话语）为原则，对敌人展开残酷的、毁灭性的打击。

"欧洲公法的国际法"随着门罗主义（1823）对于所谓"西半球"的划定而逐渐瓦解，国际法背后具体的空间秩序开始被抽象的普遍性原则代替。由此而来的是，与"欧洲公法"时期的战争和敌人观相对，无论是美国以民主为旗号对其他国家发动战争，抑或像在列宁那里一样以共产主义理念为原则展开阶级斗争，都将战争重新带到"歧视性"的地盘，即在道德的意义上将敌人看作绝对的、非人性的、必须予以消灭的对象。

对于战争与和平的秩序而言，没有比这种绝对的敌意更具破坏性、更为惨烈的情况了——用施米特在《政治的概念》中的话说，以人道主义为名的战争是最凶残的，"这种战争必然非常强烈而非人性，它由于超越了**政治的框架**（*über das Politische hinausgehend*）而将敌人贬到道德和其他范畴之中，同时试图将敌人视作一个不仅要被打败，而且要被彻底毁灭的怪物。换言之，他不再是一个必须只被打退回自己边界的敌人"。[1] 可以认为，《政治的概念》中提到的

（接上页）（页153）有意思的是施米特在这里举的例子："婚姻法"暗示了"正义战争"的各参与方（也就是欧洲国家）之间的连带关系。

[1] Carl Schmitt, *Der Begriff des Politischen*, Verlag von Duncker & Humblot: München und Leipzig, 1932, p. 24; 强调为引者所加。

"政治的框架"和敌人的"边界",预期的正是《大地的法》中"欧洲公法"时期形成的限定性的战争框架。

　　这一限定性的战争框架的产生,与现代主权国家在其中扮演基本角色的"欧洲公法"密不可分。对此,施米特给出了两条重要的线索。这两条关于"欧洲公法"的历史线索相互缠绕、彼此补充。厘清这两条线索,将有助于我们认识和评判施米特有关"欧洲公法的国际法中的大地法"论述中至关重要的张力或困境。

　　一方面,施米特认为"欧洲公法"时期的国际法诞生于中世纪教会和帝国之间的空间秩序解体之际,并与之有着紧密联系:"中世纪欧洲国际法的统摄性统一被称作respublica Christiana〔基督教共同体〕和populus Christianus〔基督教民族〕。它具有确定的秩序和方位"。(页58)重要的是,在中世纪宽泛的基督教共同体的领域内部,"基督教君主国之间的战争是框定了的战争。它们有别于针对非基督教君主国和民族的战争"。(页58)

　　尽管基督教共同体成员之间可能相互交战,但战争并不会威胁共同体的统一秩序,因为这一秩序并不取决于君主个人的意志,而是取决于凌驾于共同体成员之上的教会的精神权威,正是后者在意识形态和具体机制的层面为战争各方提供道德、神学、法学和政治上的准则。至于中世纪整体的空间秩序的瓦解,施米特则将其源头追溯到13世纪:

　　　　一旦(自13世纪以降)形成了不仅在事实上,而且逐渐在法律上脱离罗马帝国的政治实体，一旦它们将教士阶层的权威限制在**纯粹的精神领域**中，中世纪基督教秩序就开始解体了。（页65；强调为引者所加）

也就是说，在施米特看来，当基督教共同体的精神权威无法在制度意义上为共同体的空间秩序做出规定而变得抽象的时候，它在形式意义上就失去了维系共同体的力量。但是，即便在基督教共同体开始瓦解之后，在种种全球性的划界尝试中，我们仍然能够发现基督教共同体的精神残留——这里施米特特别举出的例子是1529年的《萨拉戈萨条约》（Vertrag von Saragossa）所划定的横贯太平洋的"拉亚线"（Raya），这条分界线也被称为"新教皇子午线"。

值得注意的是，施米特指出，这一分界线的维系取决于达成协议的西班牙和葡萄牙共同"承认同一个精神权威和同一种国际法，双方必须在占有属于另一种信仰的君主和人民的土地问题上达成一致"。（页91）与其说分界线的维系取决于协议本身所达成的一致，不如说取决于协议双方得以进行谈判的背景条件："这些君主国共享同一个秩序（ordo），拥有同一个裁决性权威的权威，这在国际法的根本意义上将基督教君主和民族与非基督教君主与人民的领地区别开来。"（页91）[1]

---

[1] 在这一点上，阿伦特（Hannah Arendt）对施米特的批评显得既重要，却又不得要领。阿伦特在自己对于《大地的法》的批注中写道：（转下页）

无论是 1529 年的这条分界线，还是此前由西葡两国于 1494 年签订的《托尔德西里亚斯条约》（Tratado de Tordesillas）所明确的世界分界线，都以基督教秩序和权威为前提，预设了基督教民族对于非基督教民族具有占领并传教的权利。[1]

（接上页）"[nomos 的] 尺度是指向哪里的呢？ 'nemein' 是给予每个人他自己的东西——不是在和土地的关系中，而是在和其他定居在这片土地上的人的关系中。"的确，无论是对于"nomos"一词的词源学讨论，还是关于"大地法"的历史叙述，施米特强调的始终都是"占有"而非"契约"或"分配"。但是，与其像 Anna Jurkevics 所说的那样，阿伦特看到施米特对于土地的关注"排除了对于契约和创制的时刻的理解，而后者标志着城邦的建立"，不如说阿伦特对于"契约"的着重论述在施米特的视野中属于"欧洲公法"瓦解之后的历史境遇中才会产生的思考方式。也就是说，如阿伦特那样，在解释"nomos"的含义时将"分配"放在"占有"之前，相当于将一切问题都转化为生产和消费的问题（无论是马克思主义还是自由主义的立场）。施米特就此问道："今天人性已经将地球整体'占有'了，以至于没有什么再可以被占有？占有真的停止了吗？只剩下分割和分配了吗？或者，只剩下生产了吗？如果是这样的话，我们必须进一步追问：谁是我们星球的这个大占有者、大分割者、大分配者，谁在管理和安排这个统一了的世界的生产？"（页 335）关于阿伦特阅读《大地的法》的笔记的讨论，参见 Anna Jurkevics, "Hannah Arendt Reads Carl Schmitt's *The Nomos of the Earth*: A Dialogue on Law and Geopolitics from the Margins", *European Journal of Political Theory*, Vol. 16 (3), 2017, pp. 345-66。

[1] 从殖民主义和文明论话语的角度批判性地考察这些分界线的论述，可参见刘禾，《国际法的思想谱系：从文野之分到全球统治》，收于刘禾编，《世界秩序与文明等级》，北京：生活·读书·新知三联书店，2016。不过，刘禾在论述中将上述分界线和之后的"友好界线"等量齐观，认为两者是在不同历史时期由欧洲国家建立的、基于某种意识形态话语（无论是基督教的叙事还是文明等级论的叙事）的世界瓜分线，这一论述敉平了施米特《大地的法》中对于"分界线"和"友好界线"的区别性讨论，因而没有考虑到基督教共同体的精神权威在两种情况中至关重要的在场和缺席。

在这里，作为精神权威的教会的制度上的具体性以及由此产生的所谓"空间秩序"，并不能被轻易地解释（和批判）为意识形态层面上欧洲民族对于世界其他民族的文明优越性的预言；毋宁说，这一"空间秩序"的奠定和维持，需要在施米特《罗马天主教与政治形式》（*Römischer Katholizismus und politische Form*, 1923）的延长线上来理解。在这部著作中，施米特提到了教皇的"代表"作用：

> 教皇不是先知，而是基督的在世代表。……教宗职务不依赖于个人的超凡魅力（Charisma）；这意味着，司祭占据着一种似乎与他的具体人格完全无关的职位。然而，他却不是按共和思维来理解的那种官员或代表。与近代官员不同，他的职位并非与个人无关，因为他的职务是绵延不断的链条的一环，这个链条与基督的个人天命和具体人身（Person Christi）密不可分。这实在是最令人惊异的对立复合体。[1]

天主教会作为一个"对立复合体"结构，能够将各个在现代主权国家那里无法调和或解决的矛盾因素 —— 自然与精神、自然与机器、自然与理性等二元对立 —— 统摄在自身内部，而不会导致自身的内在分裂。关键的是，如**韦伯**（Samuel

---

[1] 参见施米特，《罗马天主教与政治形式》，刘锋译，收于施米特，《政治的概念》，上海：上海人民出版社，2004，页56—57。

Weber）所说，"教会因一种**形式主义**而能够统合各种一般看来不可调和的因素和态度"[1]。教会的形式原则使之借助对于"人类生活的物质性"的优越性而"展现了一种独特的能力，即'塑造''历史和社会现实'"。[2]

在施米特看来，教会的"形式原则"并不意味着抽象性和普遍性（如他对于法律实证主义和规范论的批判那样），因为"对立复合体"的结构是一个富有生命力和理性的"具体存在形态"[3]，其运作方式不是对于僵硬规则的搬用——施米特认为这是政治中立性堕落为现代经济-技术统治的表现——而是基于"代表原则"的实现。如上所述，施米特认为"代表"的根源在于从基督的"具体人身"到在世教皇的职务的"绵延不断的链条"，这一回溯性的力量使得有限和无限、死亡和救赎紧密联系起来；教会作为"人格化的基督本身"，借助代表原则，使得本身缺席之物、不可见之物变得在场和可见。而在政治的意义上——

> 代表意味着通过公开现身的存在（öffentlich an-wesendes Sein）使一种不可见的存在变得可见，让人们重新想起它。这个概念的辩证法在于，它预设了不可见

---

〔1〕 Samuel Weber, "'The Principle of Representation': Carl Schmitt's *Roman Catholicism and Political Form*", *Targets of Opportunity*, New York: Fordham University Press, 2005, p. 29；强调为原文所有。

〔2〕 Ibid., p. 30.

〔3〕 施米特，《罗马天主教与政治形式》，《政治的概念》，页53。

的东西的缺席，但与此同时（gleichzeitig）又使它在场了。这并非随便什么类型的存在都是可能的，而是预设了一种特殊类型的存在。[1]

因此，可以说代表原则"通过共时性和叠加而将时间空间化；它由此创造了一个公共性的在场的媒介"。[2]教会的形式主义恰恰因为源于基督的"具体人身"的代表链条而确立了一种独特又具体的**空间秩序**，尽管或正因为它无法被还原为现代地理学或地缘政治意义上的"空间"，它在中世纪基督教共和国的框架内确保了基督教国家之间的平等关系，确保了教会的权威地位。这一结合了"秩序与方位"的形式主义，绝不是在抽象和普遍的意义上谈论空间，而是实现了施米特所强调的空间与政治理念的对应："从国际法学的观点来看，空间和政治理念不允许彼此分离。对我们而言，既没有'无空间'的政治理念，反过来也没有不带理念的空间或不带理念的空间原则。"[3]与之相对，反而是17世纪以降随着数学、物理学、天文学等科学领域的发展和所谓"西方理性主义"的兴盛，在改变人们对于整个世界基本面貌的认识的同时，引入了一

---

〔1〕 施米特，《宪法学说》，刘锋译，上海：上海人民出版社，2005，页224。

〔2〕 Samuel Weber, "'The Principle of Representation': Carl Schmitt's *Roman Catholicism and Political Form*", p.38.

〔3〕 Carl Schmitt, "The *Großraum* Order of International Law with a Ban on Intervention for Spatially Foreign Powers: A Contribution to the Concept of *Reich* in International Law", Schmitt, *Writings on War*, trans. and ed. by Timothy Nunan, New York: Polity Press, 2011, p.87.

种"空洞的空间"观念，而其最终的后果便是康德的先验论哲学，空间在那里变成"知识的一种先验形式"。[1]

因此，历史而言，尽管16至20世纪的欧洲国际法放弃了中世纪基督教共同体成员在发动战争时诉诸的"正义理由"，但恰恰是后者的特殊结构使得"框定了的战争"这一形式性的发明成为可能："尽管存在种种内在的反常情况，但中世纪'正义战争'的学说至少是建立在基督教共同体的框架之中的。……由教会认可的十字军和传教士的战争，因而就是正义战争，不区分侵略或防守。"（页120）哪怕失去了教会的权威性存在——

> 只要在占有土地的欧洲国家之间存在着**精神共同性的残余**，"发现"概念就足够了。……在这一全球界线的背景下，对于战争的理性化、人性化、法律化——对于战争的框定——得以实现。至少就欧洲国际法中的大陆性的陆地战争来说，这是通过将战争限定在国家之间的军事关系上而实现的。（页100；强调为引者所加）

----

[1] Carl Schmitt, *Writings on War*, p. 122. 施米特在《陆地与海洋》中指出，现代科学的不同领域产生了"半打"关于空间的观念，而这些观念之间缺乏任何意义上的统一性。不过，施米特的目的不是给出一种具有"统一性"的空间观念以涵摄现有的这些"互不关联地共存"的观念，因为关键问题不是空间观念在现代的杂多和不统一，而是在这种背景下"空间"失去了与政治理念之间密不可分的关系。参见 Carl Schmitt, *Land and Sea*, trans. Samuel Garrett Zeitlin, New York: Telos Press Publishing, 2015, p. 48。

"欧洲公法的国际法"对于战争的框定和限制、对于战争的形式化、对于敌人的非歧视化，取决于一个无法在欧洲国际法的明确规定中找到表达的"精神性"权威的残余。当基于自身形式原则的教会不再具体地做出决断，不再"自上而下"地实现基督的在世代表，中世纪基督教共同体的"空间秩序"在现代性的政治条件下便只能呈现为"欧洲"这一地理空间的纯粹形式，尽管施米特试图通过"框定了的战争""正当敌人""陆地与海洋的平衡"等概念为欧洲的精神残余赋予名称。粗疏地说，从基督教共同体到统一性的欧洲的历史性承继关系的论述，构成了"欧洲公法的国际法中的大地法"的"内在线索"。与之相对，施米特还从"地理大发现"与欧洲现代主权国家诞生的角度，勾勒了欧洲国际法的另一条"外在线索"。

从施米特的论述脉络而言，之所以需要"外在线索"，不（仅）是因为《大地的法》首要关注的是全球空间秩序，而（更）是因为：尽管中世纪基督教共同体在内部实现了框定性的战争原则，共同体内部的战争所诉诸的"正义理由"背后有着教会的限定和证成，但是宗教战争**内在地**就具有变成"歧视性战争"的倾向："如果战争的正义性可以根据'正义理由'来规定，那么就总是存在一种潜在的倾向，歧视不正义的对手并消除作为法律机制的战争。战争很快变成单纯的惩罚行为，带上惩罚性质。"（页142；强调为引者所加）一旦教会的权威地位丧失，各个基督教国家不再遵循一种更高的共同秩序和法则，没有政治形式的"精神性残余"

恰恰有可能变成"歧视性战争"的口实，16世纪欧洲国家的不同教派以"正义理由"为名进行的宗教内战已经充分证明了这一点。施米特需要以更明确的方式说明"欧洲公法"时期对于战争的框定和限制所具有的稳固历史地位。

二

根据施米特的观点，"欧洲公法"时期的战争理念是现代世界的产物，因为古代世界缺乏对于整个世界的地理认识，因而对于"边界"的理解建立在相互排斥而非相互承认的基础上，共同体之间也就无法形成所谓"正当敌人"的观念，"规范各个帝国之间关系的国际法无法被轻易转化为对于战争的牢固框定，也就是将另一个帝国承认为一个'正当敌人'。因此，在另一个标准诞生之前，这些帝国之间的战争便是毁灭性的战争"。（页55）随着"地理大发现"的理性精神而诞生的，是现代主权国家这一重要政治主体。而象征着现代欧洲国家间关系的全球性划界线，便是16、17世纪出现的所谓"友好界线"（amity lines）。

例如，不同于"拉亚线"，1559年西班牙和法国通过《卡托-康布雷齐和约》（Frieden von Cateau-Cambrésis）所确立的"友好界线"，属于"占有土地的天主教国家和新教的海洋国家之间的宗教内战时代，它们是17世纪欧洲国际法中非常重要的一部分"。（页92）"友好界线"迥异于"拉亚线"的关键之处在于，在前者那里不再有一个明确的、更高的共同权威可以在制度性的意义上为和约双方提供秩序依据，毋宁说，界线的内部和外部是由所谓"开放空间"观念所区分的——"地理大发现"对于地球的测量和对于所谓"无主土地"的"发现"，使得欧洲国家可以在地理学和地缘政治的意义上清楚地辨别欧洲的"内部"和"外部"。在国际法的意义上为整个世界确定秩序，预设了地理和空间意义上对于地球进行的测量和表象，"新的全球意象诞生于地球测量和15与16世纪的地理大发现，它需要一种新的空间秩序。由此开始了持续至20世纪的现代国际法时期"。（页86）这种新的空间秩序奠定了"欧洲公法的国际法"的基础，它构成了16—20世纪规定战争与和平法则的根本的"大地法"。在地理学的意义上，通过陆地与海洋、欧洲大陆与"新大陆"的区分，一个统一的、封闭的欧洲形象浮现了出来：

> 在界线之外有一个"海外"区域，由于缺乏任何对于战争的法律限制，唯有强者的法则在那里适用。友好界线的特征在于，不同于拉亚线，它们在试图占有土地的各个契约方之间界定了一个冲突领域，这恰恰是因为各方缺乏共同的前提和权威。……它们所能达成一致的唯一事情，便是"界线之外"的**开放空间的自由**。这种自由意味着，友好界线划出了一块区域，在那里可以自由而野蛮地使用武力。（页93—94；强调为原文所有）

在16和17世纪，"友好界线"揭示的不是一种，而是两种

"开放空间"：海洋和有待占领的"新大陆"。值得注意的是，施米特在《大地的法》的论述中，虽然再三强调陆地的空间秩序和海洋的空间秩序各自产生了截然不同的关于战争、敌人、法律等观念的认识，却没有在政治和法学的层面说明，欧洲国家针对"化外之地"发动诸多充斥着血腥、暴力、残忍镇压的战争，与所谓海洋秩序之间有什么关联。换句话说，如果以海洋因素为导向的英国和以陆地因素为导向的法国在17世纪的对峙或紧张关系构成了这一时期"大地法"的核心（比较页48、172、180—181），那么殖民地与宗主国之间的政治和法律地位的差异，似乎就在"陆地"因素内部打入了一个不稳定的楔子。如果欧洲内部的法律和约束在"新世界"都不起作用，那么欧洲民族针对"野蛮"民族的侵略，是一种绝对的战争吗？如何在法律上为这种战争类型做出规定，它与第一次世界大战期间和之后产生的战争的犯罪化和道德化之间是什么关系？施米特没有考察这些问题，但他写道：

> 16和17世纪国际法中的友好界线的关键意义在于，在分配新世界的争斗中，大片自由区域被指定为冲突区域。……在欧洲之外指定一个冲突区域，也有助于框定欧洲的战争，而这也是它在国际法中的意义和证成。（页97）

也就是说，通过在地理上区分欧洲的"内部"和"外部"，被施米特视为和平的伟大成就的"战争框定"得以实现。遭到侵略、占领和殖民的欧洲之外的领地，构成了欧洲的"内部的外部"，或者借用阿甘本（Giorgio Agamben）的术语来说：欧洲"包含性地排斥"了被它殖民的领土。如论者所说，殖民地的地域性地位的特殊性，正在于它一方面"外在于国际法，不受欧洲国家间的战争法则规范"，另一方面却"仍然内在于全球空间秩序"。[1]具有征候性意义的是，施米特一方面明确提到"自由的海洋"和"自由的新大陆"的差异，另一方面则不时将两者共同与欧洲大陆对峙起来，仿佛殖民地同时处于"陆地"与"海洋"这两大基本因素的内部与外部。

在这个意义上，之所以说沿着"地理大发现"论述"欧洲公法"时期的欧洲中心秩序，构成了一条"外部"线索，是因为施米特的论述展现了一个欧洲国家及其殖民地之间的复杂拓扑学空间，它通过"包容性排斥"的运作而结构性地划出了一个"有秩序"的欧洲、"无序"的"新世界"，以及属于"另一种秩序"的英国。根据这种论述，欧洲中心的国际法的合法地位，根本上而且只能从"地理大发现"的空间安排之中寻找："一旦中世纪的基督教共同体的空间秩序被摧毁，所有神学论述都被抛弃，对于欧洲中心主义的国际法而言，剩下的仅有合法权利便是发现……之前未知（也就是

---

〔1〕 Andreas Kalyvas, "Carl Schmitt's Postcolonial Imagination", *Constellations*, vol. 25 (1), 2018, p. 35.

未被基督教主权者们发现）的海洋、岛屿和地域。"（页131）
在这里，基督教共同体的"精神残余"为另一种精神所取
代：理性主义。或者说，"地理大发现"背后的支撑是理性
主义的发展，即便归根结底理性主义本身无法提供一个替代
性的精神权威：

> 在15和16世纪，欧洲对于新世界的发现……是一
> 种新觉醒的西方理性主义的成就，是诞生于欧洲中世纪
> 的智性文化和科学文化的产物，它必然受到各种思想体
> 系的帮助——它们以基督教的方式重构了古典欧洲和
> 阿拉伯思想，并将它熔铸到一种巨大的历史力量之中。
> （页132）

由理性主义的发展和科学技术的进步所带来的对于整个世界
的测定和认知，致使从中产生的新的欧洲秩序"与其说是精
神性的，不如说是空间性的"。（页146）可是，如前所述，
殖民主义给施米特的主张带来的困难是，陆地和海洋这两大
元素所产生的不同空间秩序，由于陆地因素的内在分裂——
殖民者的陆地和被殖民者的陆地的差异——而始终无法像施
米特坚持认为的那样实现一种充满张力的平衡。这么一来，
欧洲国家之间的空间秩序无法仅仅满足于地理空间和物质技
术上对于欧洲的"内部"和"外部"的区分："欧洲公法"
无法建立在内在分裂了的陆地因素之上，而必须诉诸意识形
态的证成——最典型的例子便是欧洲的文明论等级话语。正

因如此，一旦殖民地被赋予政治上平等的地位和权利，"欧洲公法"基础上的国际法便开始瓦解：

> 很明显，由于海外殖民地开始与欧洲土地意义上的国家领土不可区分，国际法结构也改变了，而当它们变得平等的时候，传统的、带有明确欧洲性质的国际法开始终结。因此，殖民地概念包含一种**意识形态重量**，它首先影响的就是欧洲殖民主义。（页199；强调为引者所加）

需要指出，去殖民化运动给"欧洲公法"带来的危机，恰恰不是在地缘政治的意义上瓦解了具体的欧洲空间秩序，而是在意识形态上挑战了欧洲的自我证成，也就是说，不是从形式上，而是从内容上消解了"欧洲公法"的正当性基础。施米特所担忧的是，"欧洲公法"瓦解之后，一种普遍性的、缺乏区别的"世界法则"（页227）无力提供新的"大地法"的条件。随着具体的世界秩序的解体，没有方向性、没有目标的普遍主义——其代表是技术理性、法律实证主义、精神上的虚无主义——将在全世界占据统治地位，由此引致政治无序、绝对的敌人、无限制的战争。[1]"刚

---

[1] 在这个特殊的意义上，施米特的确为"欧洲中心主义"张目，他认为反殖民主义"是促使［欧洲］空间秩序瓦解的现象。它仅仅向后看，仅仅指向过去，它的目标是清算迄今为止仍然有效的事态。但是，除了道德律令和对于欧洲民族的罪犯化，反殖民主义没有创造任（转下页）

果会议至第一次世界大战的世界政治发展表明，欧洲对于文明和进步的信念不再能够用来形成国际法制度了。"（页226）可是，欧洲国家用于意识形态自我证成的、对于"新世界"的占有和殖民的文明论话语，难道不正是另一种普遍性的话语吗？不是。在这一点上，尽管施米特没有明确论述，但或许可以认为，将欧洲的意识形态证成区别于去殖民化运动、美国的民主和自由贸易等普遍性意识形态话语的地方，恰恰在于前者脱胎于基督教共同体的"精神共同性"，后者曾通过教会的代表原则获得自身的具体性和空间秩序 —— 它不是地理测量意义上的"空间"，却保留了"欧洲公法"时期的空间秩序所不具有的形式和内容的统一。对于基督教共同体瓦解之后的欧洲来说，意识形态内容上的文明论话语和地理空间形式上的内外之分，需要依靠一个崭新的政治实体作为中介才有可能艰难联系起来。这个去神学化之后的空间意义上的国际秩序的历史前提，就是16世纪开始出现的**现代主权国家**。

三

在施米特的论著中，从《政治的概念》到《大地的法》，

（接上页）何关于新秩序的理念。根本上被一种消极的空间观念规定的反殖民主义，没有能力在积极的意义上开创一种新的空间秩序"。参见 Schmitt, "Die Ordnung der Welt nach dem zweiten Weltkrieg", 引自 G. L. Ulmen, "Translator's Introduction", Carl Schmitt, *The Nomos of the Earth*, p. 31 n62。

现代国家从来都不是一个抽象的、适用于各种历史时期和民族的概念，毋宁说，它指涉的从来就是一个"具体的历史事实"。（127页）在《大地的法》中，施米特对于现代主权国家做出了如下界定：

> 在欧洲大陆上，［国际法的］新秩序由国家创造。其历史特殊性，其特定的历史正当性，在于将整个欧洲世俗化。（页128）

并且，"国家被确立为新的、理性的秩序，确立为去神学化和理性化的历史代理"。（页159）作为世俗化和理性化的实现者，现代主权国家终止了欧洲的宗教战争，将封建领土和政治权利都收编在中央化的、统一而客观的"利维坦"内部，并且在特定的地理空间内明确了封闭的固定疆界，以此在政治和法律上区分国家的"内部"和"外部"。结果，主权国家对内的政治统一和对外确立平等的、相互承认的国家间关系，构成了同一个历史进程的两个面向。与此同时，在主权国家内部，道德-神学思维和法律-政治思维的分离也确立起来——

> 在国际法历史上，现代转向的实现依靠的是中世纪期间无法分割的两种思想的双重分离。它们是道德-神学论述与法学-政治论述的截然分离，以及同样重要的"正义理由"问题（它以道德论述和自然法为基础）和

典型的法律–形式问题"正当敌人"的分离。（页121）

国家可以中立性地对待"正义理由"，将道德和宗教等考虑从对于战争的规定中排除出去，为国家之间的战争提供一种纯粹政治的（在此读作：纯粹形式性的）框架："新的欧洲国际法的纯粹国家战争力图中性化并由此克服宗教团体的冲突；它力图终止宗教战争和内战。战争如今变成一种'形式的战争'。"（页141；参照页120－121）国家在政治和法律上的集中权力不再涉及"正义"的特定内容，而关注"国际和国内法中的形式、程序和司法"。（页157）主权国家的出现，使得"纯粹的政治"领域成为可能。国家作为"最终的权威"和"绝对的状态"[1]，能够独立而自律地就政治上的敌我之分做出决断，不掺杂神学、道德、文化等层面的价值判断。[2]欧洲国家在形式上的相互平等和意识形态上的文明论话语分享，经由"国家的人格化"过程而统一在一个权力集中化的政治实体之中。

---

[1] Carl Schmitt, *Der Begriff des Politischen*, p. 7.

[2] 值得注意的是，施米特将自己的法学家身份区别于神学家："伪神学敌人的神话不太适合大众时代。更何况神学家往往将敌人定义为必须被消灭的对象。但我是一个法学家，不是一个神学家。归根结底，我能够将谁认作我的敌人？很明显，只有那能够质疑我的人。通过将他认作敌人，我承认他可以质疑我。谁可以真正地质疑我？只有我自己，或者是我的兄弟。他者是我的兄弟，我的兄弟是我的敌人。"参见 Carl Schmitt, *Ex Captivitate Salus*, trans. Matthew Hannah, Cambridge: Polity Press, 2017, pp. 70-71。

迈向"国家"这个新的伟大体制和新的国际法的关键一步，在于这些新的、毗邻的、自我封闭的权力集合体被再现为**人格**。它们由此具备了一种关键性质，使得战争可以与决斗相类比。（页143；强调为原文所有）

各个人格化的国家在世界的空间内形成了一种没有上位裁判与权威的力量平衡局面。然而，施米特自己也承认，只有在"理想的形式"（页143）的意义上，欧洲国家间的战争可以类比于决斗。这是因为，从实践层面来说，在"决斗"那里，形式性和对于敌意的限制是由一个高于决斗双方的制度性权威保障的，而在国际上的"自然状态"中，国家间战争的框定和限制完全取决于国家间的关系本身。当"正义理由"被交付给各个主权国家自身的决断，战争与和平的秩序便都建立在欧洲国家间的关系这一基础上——不但战争是这一关系的表征，对于战争的限制同样是这一关系的表征。"战争的舞台"同时也是和平的舞台。没有什么能够保障战争不向毁灭性的方向演变。对于欧洲国家间的秩序，这种近乎不可能的自我奠基超出了各个主权国家自身的意志，它源于"包含所有这些主权者的欧洲中心主义空间秩序的约束力量"。（页148）

"欧洲公法"与现代主权国家之间的这种莫比乌斯带式的相互生产和彼此缠绕的关系，显然已经无法单纯地从理性主义和物质技术的角度加以阐明，也无法诉诸主权国家在战争理由上的中立性或制度上对于法律、政治和道德领域的分离。更何况，在写于1936年的《霍布斯国家学说中的利维坦》一书中，施米特已经看到了现代国家在法律和政治上的形式化既是一个历史成就，也是导致法律堕入实证主义和规范主义的重要因素：主权国家这个"利维坦"从霍布斯为之奠定基础的论述开始就已经被转化为一台机器——

> 技术上被代表的中立性要想有效，国家的法律必须独立于主观内容（包括宗教信仰、合法性证成和恰当性），它只有作为一种实证性规定的结果——以命令规范的形式规定国家的决断装置——才是有效的。……由此，对于法律思考和国家理论思考，一种新的基础得以产生，即法律实证主义。作为一种历史类型，实证性法律国家开始在19世纪出现。[1]

法律实证主义是中性化机械国家观念的产物，它是技术中立与最高权威的结合。法律的中性化和形式性无法证成或遏制战争，它在必须对于公开的敌我关系做出决断的主权者那里无法提供政治依据。那么，如果主权国家在自身内部或外部（即它与其他国家形成的关系）归根结底都无法为"欧

---

[1] Carl Schmitt, *The Leviathan in the State Theory of Thomas Hobbes*, tr. George Schwab and Erna Hilfstein, Chicago: The University of Chicago Press, 2008, pp. 44-45.

洲公法"时期的欧洲秩序提供正当性基础,"欧洲公法"实现对于战争的框定的基础究竟是什么呢? 正是在这里,施米特提到了一个重要的神学概念:**奇迹**。

> 将16和17世纪教义性的国际内战转化为"形式的战争",也就是转化为被欧洲国际法限定的国家战争,不啻是一个奇迹。经历了宗教内战的残忍血腥后,欧洲国家及其对欧洲陆地战争的框定(将它限制为纯粹的国家战争)是人类理性的奇迹般的产物。(页150—151)

"奇迹"并不是一种修辞上的夸张。众所周知,施米特在《政治的神学》(*Politische Theologie*, 1922)中将法学中的"例外"类比于神学中的"奇迹",并且主张,关于现代主权国家的概念在结构和历史两个层面延续了神学的概念。[1]可以说,经由"奇迹"这个神学概念的连接,《政治的神学》中由主权者(国家)所做出的决断,在《大地的法》中成为"法"(nomos)这一划定欧洲边界的行为。在这个意义上,与其说《大地的法》中对于空间和"法"的强调完全在世俗的、非宗教的角度考察现代国家和国际秩序,而《政治的神学》等前期著作着眼于现代国家的神学起源,不

---

〔1〕 Carl Schmitt, *Political Theology: Four Chapters on the Concept of Sovereignty*, trans. George Schwab, Chicago: University of Chicago Press, 2005, p. 36.

如说"大地法"的空间划界和确定秩序行为"移置"(在这个词的精神分析意义上)了主权者的决断。

在这里,值得引述意大利思想家加利(Carlo Galli)对于施米特笔下的"法"(nomos)的考察。根据加利的说法,"nomos"是一种超越于现代主权国家之上的原初性决断和分割,一种"超越尺度的尺度","这组平衡(陆地与海洋的平衡、个体与国家的平衡、政治与技术的平衡 —— 这一切构成了欧洲)与不平衡(欧洲和世界其他地区)便是欧洲公法时代的大地法(其具体而有方位的秩序)。于是,'法'作为方位与秩序的概念,指的并不是某种自然地与虚无主义无涉的原初性的'在地性'。根本不是这样。'法'表明,尺度从超越尺度的事物中产生,政治从原初的暴力中产生,具体秩序的方向不是由和谐,而是由创造政治空间的'分割'和分配所确定,政治空间产生的规范性不是来自某个规范('nomos'不是'法律'),而是来自一个具体的差异化行为"。[1]在现代性的政治条件下,国家的正当性依据、国家间关系的确立,源于一种非实质性的"空无",一种非基础的基础。施米特在《大地的法》中将国家的主权决断放置在"欧洲公法的国际法中的大地法"这一具体的历史语境下,但"nomos"本身不是一个政治主体,毋宁说,"nomos"既是一个分割和分配的原初行为 —— 类似于决断,这一行为无

〔1〕 Carlo Galli, *Janus's Gaze: Essays on Carl Schmitt*, ed. Adam Sitze, trans. Amanda Minervini, Durham and London: Duke University Press, 2015, p. 107.

法追溯到某个既定规范，而恰恰产生了规范、产生那使"常规"状态与"例外"状态的区分得以可能的整个情境——同时也是由这种分割和分配行为形成的特定秩序，换言之，"nomos"既是一种奠基性的行为，也是一个制度性的结构，既是一个"尺度"，也是一种"形式"。（页70）与其说这是施米特论述自相矛盾的表现，不如说从结构上而言，"nomos"的双重特质恰恰呼应了主权决断的神学来源，也即基督的"道成肉身"既是一个历史事件，同时也确定了此世的政治秩序。通过自身"位格"的超验性——十字架上的牺牲（Kreuzesopfer）——基督实现了死亡与救赎、个体与普遍的统一，从而为政治统一体由以维系的"代表原则"奠定了唯一的基础："通过基督的这种牺牲"，韦伯写道，"人类生活的'自然生存'得以被克服，而对施米特来说，这种克服为政治实体的建构和存续提供了一个样本"。[1] 行为、尺度、法则、秩序和形式，在"nomos"对世界的分割和分配中承诺了具体的、空间上的统一，它在逻辑和时序上源于罗马天主教的"形式主义"——就此而言，罗马天主教不啻于一个真正的政治主体。但在地缘政治层面，以去神学化的、非宗教的方式对欧洲做出的"内部"和"外部"的划分，一种理性主义的划分，又成为现代主权国家之间维系平等关系、支撑"非歧视性战争"的一个前提要件。

---

[1] Samuel Weber, "'The Principle of Representation': Carl Schmitt's *Roman Catholicism and Political Form*", p. 40.

于是，一方面，基督教共同体的共同权威和精神同一性的瓦解，为战争的"正义理由"原则让位于"正当敌人"原则提供了历史条件；另一方面，这一精神同一性的瓦解，也让以主权国家为核心单位的现代政治丧失了能够结合"秩序与方位"、空间与政治理念的政治主体性。因为基于理性主义的形式主义的主权国家无法自足地为自己提供正当性基础：内部而言，政治和法律的中性化和形式化将导致国家的机器化、法律实证主义与规范主义的抬头，不断抽空乃至危及国家做出主权决断的能力；外部而言，"欧洲公法"对于殖民地的"包含性排斥"时时可能威胁到欧洲文明论话语背后徘徊着的基督教精神残余。在这个意义上，"nomos"与其说是上述困境的解决，不如说是它在施米特笔下的又一个表征。

论施米特《大地的法》中的"占取"概念

娄　林*

施米特晚年与汉学家什克尔（Joachim Schickel）谈论《游击队理论》时曾经强调："拥有如此惊人大地空间的中国，是对抗海洋唯一乃至最后的制衡。"[1]大地与海洋作为不同文明品性的差异，是施米特持续思考的核心论题之一。而要理解施米特的"大地"品性和政治哲学意义，最好从他1950年发表的《大地的法》入手。

但是，从篇章内容上看，《大地的法》似乎是一部以大地之法作为标准的欧洲公法史——还带有某种对未来的预示。书的标题全名为 *Der Nomos der Erde im Völkerrecht des Jus Publicum Europaeum*，可译为"欧洲公法的国际法中的大地法"。[2]这个颇具文艺复兴风格的冗长书名，意图究

---

*　作者为中国人民大学文学院讲师。

〔1〕　《与施米特谈游击队理论》，收于刘小枫选编，《施米特与政治的现代性》，上海：华东师范大学出版社，2007，页22。

〔2〕　中译参《大地的法》，刘毅、张陈果译，上海：上海人民出版（转下页）

竟是什么呢？其实，写于1939年的《禁止外国势力干涉的国际法大空间秩序——论国际法中的帝国概念》（以下简称《论国际法中的帝国概念》）的"导言"，已经预示了《大地的法》的标题和书中的核心关注：

> 国际法，作为万民法（jus gentium），作为各个民族之间的法，首先，并且最早是一种人格化的具体秩序，换言之，一种以民族或国家为决定基础的秩序。……传统民族各自生活，互相尊重，然而它们之间的每一种秩序不仅在人格意义上是被决定的，从地缘意义上来讲，这些秩序还是具体的空间秩序。至今为止，国家概念仍旧是空间秩序必不可少的因素，而不仅仅是一种人格化的统治领域，而国家首先意味着一个疆域上有限而封闭的联合体。……无论如何，我们不仅必须通过国家的概念修正现存的国际法理论，还要从空间秩序的观点考察国际法问题。为达到这样的论证效果，我认为有必要跳出"国家"的普遍观点中关于领土问题的抽象思考，有必要引入具体的大空间（Großraum）概念，并且结合大空间秩序的概念与国际法理学。[1]

（接上页）社，2017，下文引用据德语有细微修改之处不一一注明。德文本 参Carl Schmitt, *Der Nomos der Erde im Völkerrecht des Jus Publicum Europaeum*, Zweite Auflage, Berlin: Duncker & Humblot, 1974。

[1] 施米特，《禁止外国势力干涉的国际法大空间秩序》，方旭译，收于《经典与解释51：地缘政治学的历史片段》，北京：华夏出版（转下页）

这段引文颇长，但施米特明显已经开始思考《大地的法》中的相关问题。首先，这里已经预示了他为什么要用nomos这个希腊词重新界定全球的政治秩序：[1] Gesetz或者law、loi之类，都不足以具备这种秩序的含义（页33—35）。其次，这里对传统民族、现代国家的评价以及大空间秩序的期许，背后的整体思考轮廓当然就是欧洲"国际法"史以及施米特对"新大地法"的期许。就大空间秩序来说，欧洲现代以国家为主体的国际法秩序从现实到理论都已经严重不足，必须引入大空间的秩序，才能为欧洲和世界确立被实证主义所败坏的国际秩序——而欧洲（或者德意志帝国）必须成为这样基本的"大空间秩序"之一，成为与美国帝国主义抗衡的大空间。[2] 所有这些都必须基于从希腊开始的"大地"和nomos，才能贯注强烈的意志和精神。

因此，这个大地（Erde），不是随便某块土地，而是有其界限和规则的人类共同生活的场域，换言之，必须有为大地（包括海洋和太空）立法的能力，才能统摄所谓大地的本

（接上页）社，2018。另参William Hooker, *Carl Schmitt's International Thought:Order and Orientation*, Cambridge:Cambridge University Press，2009，参第二章"施米特的国际思想"（Schmitt's "international thought"），页11—30，尤参页22—26。

[1] 大多数的英语解释者都将施米特的"nomos"翻译为"order"，同上。另参 *The International Political Thought of Carl Schmitt*: *Terror, Liberal War and the Crisis of Global Order*，edited by Louiza Odysseos and Fabio Petito，London: Routledge，2007。

[2] 参Martti Koskenniemi, "International Law as Political Theology: How to Read Nomos der Erde?" *Constellations*, Volume 11, No. 4, 2004, p. 494。

质内涵。在施米特看来，自地理大发现以来，只有欧洲才是这样的大地。因此，施米特的大地具有双层含义：首先是表面意义上作为全球时代的地球的大地；其次，这个大地的发现以及规则乃至于意志均来自欧洲的现代文明，大地的本质规定来自欧洲，所以大地是欧洲的大地。这样我们就能理解这本著作的标题：在这个题目中，存在三个要素："欧洲公法"（Jus Publicum Europaeum）的"国际法"（Völkerrecht）的"大地的法"（der Nomos der Erde）。

在这样一个普世的自由主义 —— 尤其是虚假的哲学式道德感强烈的自由主义 —— 盛行的时代，像施米特这样坦诚而尖锐的西方思想家着实罕见，但这或许才是西方现实最强大的地方所在，其中有我们必须直面的残酷与理性。这种残酷与理性尤其体现在《大地的法》中的奠基性概念"占取"（Landnahme）中。既然大地有两层含义，或是欧洲自身的土地，或是地球上所有的土地。那么，大地如何成为人在其中生活并立法的场所？施米特说，这一切的开端来自"占取"。

一、韦伯的"占取"概念

"占取"（Landnahme）并不是一个常见的德语词，根据施米特自己的说法，这个词直到他写作《大地的法》之前几十年才开始广泛使用。他在注释里还认为在法学领域几乎没有人提到过（页47—48）。但是，这并不完全符合实情，至少韦伯——韦伯是法学家吗？——有几处与施米特息息相关的典型用法，而施米特在与什克尔交谈时曾经表示过对韦伯的熟悉。[1]

在早年的《古代文化衰落的社会原因》（Die sozialen Gründe des Untergangs der antiken Kultur）中，韦伯说道：

> （在公元前287年的平民革命胜利后，）罗马共和国事实上是一个武装农民的国家，或更确切地说，一个由自耕市民组成的征战国家。每次战争都是占取更多的土地以供拓殖（Jeder Krieg ist Landnahme zur Kol-onisation）。罗马兵源乃从罗马自耕市民的非长子中征召。这些非长子们没有继承权，只有靠从军征战去为自己赢得土地，同时也只有以这种方式为自己谋得片草寸土后他们才有资格取得充分的罗马公民权。罗马扩张力量的秘密全在于此（Darin liegt das Geheimnis seiner Expansivkraft）。[2]

韦伯这里谈论古罗马的武力扩张与其经济形态的问题，但这不是我们这里的关注要点。韦伯使用的Landnahme，表

---

[1]《与施米特谈游击队理论》，页20。

[2] 收录于Max Weber, *Gesammelte Aufsätze zur Sozial- und Wirtschaftsgeschichte*, Hrsg. von Marianne Weber, Tübingen², 1988, S.294。汉译收录于《民族国家与经济政策》，名为《古典西方文明衰落的社会原因》，韦伯，《民族国家与经济政策》，甘阳等译，北京：生活·读书·新知三联书店，1997，页10。

达了一种双重性：这种占有的目的是罗马的非长子们的政治和经济生存之途，似乎只是一种个人性的目的，最终成为一种个人的占有；但是这种个人性的目的只有通过罗马作为一个政治共同体的占取行为才可能达到。这与施米特的使用至少有几处相关：首先，占取必然是通过战争行为而达致；进一步说，占有不是罗马法概念中的原初占有，也即西塞罗所谓的"远古的占有"（《论义务》1.7.21），这对理解施米特的占有概念非常有益。其次，韦伯虽然主要谈论经济问题，但是这里的占取背后显然含有罗马共和国的国家政治规划在其中："罗马扩张力量的秘密全在于此"；这种结构与施米特对欧洲殖民扩张时代的描述当然有某种结构类似。

韦伯对Landnahme的使用并非这一处，在最著名的《经济与社会》里，还有几处用法与这里直接相关，都出现在第二部分，我们列举两个最为典型的例子。首先是第五章"宗教社会学（宗教共同体化的类型）"（Religionssoziologie [Typen religiöser Vergemeinschaftung]）第七节"等级、阶级与宗教"（Stände, Klassen und Religion）：

> 伊斯兰教的宗教战争更甚，因为它比十字军其实更加明显，是一次基本以封建租息为取向的地主占领土地的行为——乌尔班教皇也不失时机，十分明确地劝说十字军骑士：为了给后代争夺封地，必须进行占取

（grundherrlichen Landnahme）。[1]

　　这一节标题中的"宗教"涵盖了犹太教、基督教和伊斯兰教，但韦伯的主要笔墨还是集中在早期基督教和中世纪基督教在整个政治、经济结构关系中与农民以及封建领主的关系。在这段引文里，韦伯"占取"一词的使用方法，与前文雷同，上一次使用是罗马的占取行为，这一次则是中世纪基督教教会的占取行为，如果与施米特在《大地的法》中的用法略做关联，这显然就与中世纪基督教的整体世界秩序相关，甚至是某种前提。韦伯所谓"为了给后代争夺封地"，当然就是基督教政治秩序的延续，一种世代累积不休的秩序，后代既是政治的子嗣，也是精神的子嗣。占取则是达到这种目的所必需的军事和政治行为。

　　同样在第二部分，第八章"政治共同体"第四节"帝国主义的'经济基础'"（Die wirtschaftlichen Grundlagen des »Imperialismus），韦伯再次使用了"占取"一词。在这一章开篇，韦伯就给政治共同体（Politische Gemeinschaften）下了一个定义，在这个定义里，韦伯强调了政治共同体的两个基本特征：领域或者土地；秩序。这在某种程度上就是施米特的"大地"与"法"这两个词语的应有之义。韦伯强调，

_____

〔1〕　见 Max Weber, *Wirtschaft und Gesellschaft. Grundriß der verstehenden Soziologie*. Besorgt von Johannes Winckelmann. Studienausgabe, Tübingen [5], 1980，S.288。中译参林荣远译，《经济与社会》（上下卷），北京：商务印书馆，2004，此处是上卷，页534。

这种领域必须在任何时候都能够以某种方式确定下来，施米特则强调这个领域之被占有的最初政治行为。很显然，在写作这部书的时候，韦伯认为帝国主义形态的欧美列强是这种政治共同体的一个最为重要的类型。在这个第四节里，韦伯将论述的主题转向19世纪欧洲列强的"帝国主义"，不过他认为这种帝国主义形态不仅仅是一种现代现象，罗马乃至中世纪的欧洲都有类似的政治形态。作为与帝国主义的资本主义不同的农民共同体，他们经济的首要特征与土地有关：

> 暴力占有（der gewaltsamen Aneignung）的原初之物，除了女人、牲口和奴隶之外，首当其冲的，就是土地，只要土地缺乏的话。在进行争夺的农民共同体中，消灭迄今为止一直生活在这块土地上的人，直接征服土地（die direkte Landnahme），是自然的事情。（同上，德文页522，中译本，下卷，页233）

韦伯随后以古代的条顿人为例加以说明。这里的占取似乎是与帝国主义政治共同体不同的古代农民共同体的政治特征。那么，作为对比，帝国主义的形态如何呢？韦伯说：

> 一个政治共同体获取（Der Erwerb）海外殖民地、凭借暴力手段（durch gewaltsame Versklavung）奴役当地居民或者至少把他们束缚于土地上作为种植园劳动力进行剥削，这给资本主义利益集团带来巨大的盈利机

会。（同上，德文页523，中译参下卷，页235）

这样的共同体，韦伯列举了古代的迦太基，但尤其是西班牙、英格兰、荷兰——这些都是施米特在描述对新世界占领时的重要政治力量。而施米特以占取来形容欧洲列强对殖民地的占有，所谓占取新世界（《大地的法》，第二章"占取新世界"），但韦伯用了一个相对中性的"获得"（Erwerb），不过他又加上了一个补充："凭借暴力手段"，凭借暴力手段获得并维持所获得的土地，不就是占取吗？施米特着重强调这种占取背后的政治理念或者意图，但韦伯强调，这种"建立在直接暴力和强迫劳动基础上的殖民掠夺式资本主义"，比同其他政治实体和平的贸易获利机会要大得多（德文页525，中译页237）。无论二者有多大的区别，但很显然，其中存在一个共同的事实：对非欧洲土地的暴力占有和控制（一是政治控制，一是经济控制）。

约略而言，韦伯使用的"占有"一词，就其基本含义来说，与施米特的使用既有相同，也有差异。其中本质的类似正如施米特所说：

> 并不是所有侵略或临时占领都是占取，后者以建构秩序为目的。（页47）

无论韦伯还是施米特，他们都强调占取背后所具有的秩序，韦伯对古罗马和中世纪天主教会的占取的描述，都强调了其明确的政治意图。但是，韦伯更倾向于用"占取"来描述古代社会的占有行为，施米特更强调"占取"行为在西方历史和思想中的一贯性，尤其强调它在16世纪欧洲公法上的重大意义。就后一点而言，韦伯的使用几乎可以纳入施米特的使用含义之内。施米特是否细致地阅读了韦伯当然是难以判断的历史，但是韦伯的使用至少表明，在施米特写作《大地的法》的时代，通过当时最重要的思想家韦伯的著作，"占取"的这些思想含义对当时的知识界来说一定不会陌生。而且，在《大地的法》中，施米特明确引用了韦伯对于法律的社会学看法（页37）。我们挖掘出韦伯对"占取"的使用，并非考索之癖，其实只是要证明一个浅显的道理：施米特的思考不是个体的行为，韦伯以及更多的前驱都在共同思考，这才是尼采所发现的"权力意志"的西方文明。

二、施米特对"占取"的规定

施米特在《大地的法》一开始就明确断言，占取是"法权基础的原初行动"。借用韦伯的概念，任何一个政治共同体，对内部秩序的奠定以及外部关系的确立来说，占取都是"首要的合法资格，其后所有的法权一概由此而生，以此为据"（页10—11）。约略而言，占取既是内部秩序确立的开端，也是外部秩序（国际法）得以确立的前提，这是一种政治秩序的建构。[1]但是，这个极为重要的开端却被实证主义法学所忽略，他们"将建构秩序的进程问题视为非法学问题而予以排斥"（页50）。如果说16世纪以来对非欧洲土地的占取是欧洲公法的基本前提，那么，施米特在这个国际法体系瓦解的时候重提"占取"概念，就相当于说，采取实证主义法学进路，根本无力着手"新大地法"的秩序构建，而在后欧洲公法时代，建立新的大地法对于欧洲——或者对于任何一个空间秩序——来说都是生死攸关的事情，而这种新大地法必须首先探讨"秩序建构"问题。在这个意义上，"占取"作为开端就不是一个纯粹法学问题，而是一个政治法学问题，或者一个政治神学问题。当施米特以占取作为开端的时候，至少意味着，新的秩序、新的大地法的开端仍旧与"占取"问题息息相关。

但施米特首先从罗马法的占取概念描述入手。他最早使用的占取概念，是对拉丁术语occupatio的德语翻译。施米特引用12世纪《格拉提安教令集》中的国际法本质规定，但这个规定来自6世纪的伊思多尔（Isidor von Sevilla）的《词源》（页9—10）。伊思多尔是教父时代最后的代表，也被称为最后一位博学的古代人，后来被罗马教廷追封为"教会博士"（1722年）。但这里还有一个关键的疑问：occupatio其实是一个非常经典的罗马法概念。

---

[1] William Hooker, "Histories of space", *Carl Schmitt's International Thought: Order and Orientation*, pp.72-73,75.

我们举两个重要的例证。首先是施米特也提到的罗马法汇编《学说汇纂》。《学说汇纂》卷41《所有权、占有与时效取得》在关于物的所有权的规定中提到：

> 无主之物，根据自然理性归先占取者所有（quod nullius est, id ratione naturali occupanti conceditur）。（《学说汇纂》，41.1.3, pr.）

> 产生于海洋中的岛屿（此种情形较少发生）归占据它的人（occupantis fit，系occupatio的分词形式）所有，因为它不属于任何人。（同上，41.1.7.3）[1]

根据《学说汇纂》的定义，这种类型的占有符合"自然理性"，也就是符合万民法（41.1.1, pr.）。其次，《学说汇纂》其实提到了海岛，或者海洋中的无主之地，这为16世纪开始的殖民时代的海外占有提供了某种论据。但是，根据施米特的"占有"的政治属性来说，罗马法的这种规定显然不够。西塞罗在《论义务》中的占取则明显强调了某种政治属性：

> 不存在任何自然的个人所有，或是由于远古的占

---

[1] 中译参贾婉婷译，《学说汇纂（第四十一卷）：所有权、占有与时效取得》，北京：中国政法大学出版社，2011，页3、11。

有（vetere occupatione），例如从前无人的荒漠；或是由于胜利，例如有人通过战争而占领某处；或是根据法律、契约、协议、阄签等。[1]

就自然本身而言，没有什么存在物的首要属性是个人的，因此就必然为某个政治体所有——《论义务》卷一第七节所谈论的正是共同体及其政治德性。但对施米特来说，占取从个人的占取过渡到政治共同体的占取，仍然不够，因为任何性质的共同生活的群体都可以采取这种占有行为。占取背后还必须具有一种精神和思想的规定，这就是施米特的占取概念要从一个基督教化的说法开始的根本原因。基督教学者伊思多尔的定义在中世纪之所以被继承，有一个非常明显的政治背景：中世纪的基督教普遍政治秩序规定。施米特认为，这才是真正国际法秩序的开端。

因此，施米特的占取概念的首要特征不是他经常强调的历史时刻的意义，而在于这个概念背后具备的普遍政治规定，也正是在这个意义上，前全球化时代，甚至中世纪之前的古代帝国并不存在真正的国际法，或者说那只是"不完整不确定的国际法形态"（页19）。中世纪的基督教世界尽管也是前全球化时代，但是从精神理念上来说，中世纪反而开创了现代的国际法秩序。其中根本原因就在于，中世纪进行土

---

[1] 西塞罗，《论义务》1.7, 21；中译参王焕生译文，《西塞罗文集：政治学卷》，北京：中央编译出版社，2010，页333。

地占取的各个民族，虽然各有差异，但是它们同处于基督教共同体之内，有着明确的秩序和场域：

> 基督教领域内的基督徒贵族的战争是封闭性的，这种战争不会影响到基督徒共同体内部的统一，其性质与针对非基督教世界的征伐性战争迥然不同。（页23—24）

因此，中世纪与此前的时代相比，有一个根本的不同，基督教文明对这个世界有一种非神话式的现实理解——所谓神话式理解，即把自己的帝国视为整个世界，或者世界的中心（页16）。中世纪的基督教共同体对基督教领域和非基督教领域具有明确的"空间秩序划分"，明确的敌我区分（页31），这当然以"基督教这个前提性的法律框架为前提"（页24）。与其视所谓基督教的法律框架为某种实定法，不如说施米特的真正用意在于，中世纪的基督教政治秩序具有一种空间秩序的本质的现实规定。

到目前为止的溯源，都还不是施米特真正意义上的占取，毋宁说，这些都是现象学式的预备性考察，旨在规定占取的精神品质。真正的占取，真正的国际法意义上的占取，是所谓"占取新世界"，或者说西方世界对非西方世界的殖民。殖民主义对美洲、非洲和亚洲所造成的数个世纪的灾难，恐怕是任何史家和思想家都不能回避的历史与思想事实，因此，对占取新世界所做的论证或者辩护，是施米特在"占取新世界"一章的主旨之一。这是本文下一部分要讨论的内容，我们目前还是先回到"预备性的考察"，因为还有一个根本问题没有回答：占取固然是大地的法的开端，但除了开端之外，占取与"大地"和"法"（nomos）的本质关联究竟是什么？[1]

占取既与大地有关，也与法（nomos）有关（页41），正是由于这种相关，才最能够凸显"大地的法"的基本内涵。大地，在施米特这里不是物理意义上的土地，也不是普通的国土领域，在引论第一节"作为秩序和场域之统一的法权"中，施米特一方面坚持占取是土地的初始理由和法权根基，因此"占取"所占取的，不是别的，正是土地。另一方面，他更加强调，占取的本质在于，正是凭借这种行为，"空间与权利、秩序与场域"才找到了连接点。这就是说，大地作为被占取的对象，是占取行为赋予了大地政治品质，而这种品质是决定性的，即便人类将政治生活空间拓展到海洋和太空，但仍然是大地决定政治的品质，这是"大地的法"乃至"新大地法"必须含有"大地"一词的根本缘由。施米特还强调了大地的另一个特征：作为整体的地球（页17）。这就意味着，在地理大发现之前，所有对于大地的认识都是片面的、不足的，在这个意义上当然就不存在国际法——连国际是什么都没有搞清楚，哪里来的国际法呢？但

---

〔1〕　参Helmut Rumpf, "Der Nomos der Erde und der Geist des Völkerrechts", *Archiv des Völkerrechts*, 4. Bd., No. 2 (September 1953), pp. 189-197；尤参 pp.192-193。

是新发现的世界秩序必须将欧洲大陆的国家间的平衡作为整个空间的秩序原则，也就是说，这个大地是欧洲的土地原则所理解并且得到完全认识的大地。如此一来，占取就是这种意义上的大地的必然要求。

Nomos 呢？施米特放弃了德语单词 Gesetz，而使用古希腊的词语 nomos。很显然 Gesetz 不足以传达施米特的意图。根本原因在于，它"变成了一种人工制作的实证主义法律"（页 37）。施米特采用 nomos 是为了强调它所具备而 Gesetz 所不具备的几个根本含义：1. 法与场域和秩序之间的决定性联系（页 36）；2. 法是"一个民族社会和政治规则在空间上变得可见的直接形式"（页 37）；3. 作为空间划分根本环节的法（页 45—46）。就此来说，空间秩序必然来自占取，因此 nomos 就必然基于占取行为，但是又不仅仅是基于占取行为。在解释品达和梭伦关于 nomos 的使用时，施米特说：

> 尼德迈尔对法的解读之所以正确，就在于其彰显了法与最初具体而建构性的分配行为（即占取）之间的联系。

这里的意思再清楚不过了：占取之为占取，而不是随便什么占领和侵略行为，是因为占取形成并体现一种 nomos，一种关于政治秩序的整体视野。施米特的"占取"似乎有一些含混，一方面它是个普遍概念，无论任何时代，任何民族都会采取的政治行为："在他们迁徙之后定居下来，并开辟新的空间，就实现了占取。"（页 49）但另一方面，在大地法的基本论述框架里，占取又专指地理大发现之后的"占取新世界"，也就是全部的殖民历史（页51）。这两种含义恰恰在它与nomos的运动关系中得到了完整的理解：占取当然是最初的具体分配行为，但是这种行为的本质在于构建具体空间秩序的权力，这个建构过程以及随后的政治安排都可以nomos命名：统治本身与具体的统治规定。"世界总是处于开放和运动的状态"（页46），只要运动不停止，新的nomos就必然呈现，占取和nomos处于某种运动关系或者辩证关系之中，而大地正是这个运动的场域和空间。

我们可以进一步发问，为什么在施米特看来，古希腊语的nomos具有如此强烈的意涵，具有穿越时空的能力，竟可以支配他对于法、对于世界秩序的根本看法？我们甚至可以认为他的解释很粗暴——比如他对荷马《伊利亚特》开篇的解释（页43—44），但是，施米特从希腊思想中选择nomos，在罗马法和基督教思想中提取占取概念，以现代哲学和科学的精神充实"大地"这个概念，这些做法不单单是一种纯粹的思辨，从根本上说，这是因为"新大地法"必须是"大地法"的延续，而这种延续，就必须是某种nomos的延续。我们可以视此为施米特对欧洲文明所怀的深情。如果这份情怀是真切的，而非施米特个人孤独的好古癖，那么反过来，我们就可以清楚地发现：占取是西方文明的基本品质之一。[1]

----

〔1〕 与尼采的关系，参 Gary Shapiro，"Beyond the Line": Reading Nietzsche with Schmitt, *Telos*, Thursday, March 8, 2012。

三、为"占取"辩护

在《大地的法》中，实质上的占取只有一种："占取新世界。"但是占取新世界只是欧洲文明发展到这个最重要阶段的必然结果，而非相反。就大地而言，只有到了16世纪，大地才真正成为"科学研究的事实对象和施以实际测量的空间"（页54），也就是说，到了这个历史阶段，大地才成为真正的大地，大地法也才有可能。而让大地法得以可能的，正是占取行为：

> 欧洲占取者这次出手，已经将大地的划分和建构秩序的必要性提上日程。（页57）

施米特将这种占取思维称为"全球性的划界思维"，本质上是一种空间秩序的规定。可是，"表面上看"，占取新世界"不过是手段强硬的占取"（页57）。如何让这种表面看来粗暴的占取显得合法而合理，是《大地的法》第二章"占取新世界"的要害，也就是辩护。第一次提到辩护（Rechtfertigung）的地方，施米特就界定了辩护的根本含义：

> 划定争夺新世界的战场，有助于遏制欧洲内部的战争。此即国际法上的意义与辩护。（页68）

施米特并没有要在亚非拉等被殖民的国家或者道德意义上为占取做什么道德辩护。他的辩护是欧洲中心主义的，是对欧洲文明与政治秩序正当性的辩护与说明，本质上与其他文明无关。因此出于纯粹利益和强力，将非欧洲的非基督徒视为非人而鄙弃，从而为占取行为辩护（页74—75），在施米特看来是错的，不是因为道德上不正确，而是因为这个辩护本身没有说服力：它不能在理论上证明占取是正义的。

唯一对此做出正义论证的，是西班牙的维多利亚。当时流行的看法是，印第安人不是基督徒，因此不是人，他们的土地不过是无主之地；但维多利亚不同，认为他们当然是人。但关键在于，虽然非基督徒也是人，可是这并不能"抹平人类历史进程中产生的社会、法律和政治上的等差"（页76）。基督教是欧洲文明的本质属性，而把非基督徒视为人的人道精神本身内在于基督教的含义之中。因此，基督教文明是一种更高的文明——"野蛮民族需要文明人的引导"（同上）。那么，在这个文明等级当中，基督教共同体对美洲新世界的占取，就具有一种文明意义，因此具有其正当的正义性质（页77）。施米特详细分析了维多利亚的"客观"论证，他超越了当时关于正义战争的根本思考：

首先，在维多利亚看来，如果野蛮人（非基督徒）既不好客，也反抗自由传教、自由通商，那么依照万民法，这就损害了西班牙的权利；如果西班牙之后的好言劝诫，"和平劝降"被拒绝，那么，西班牙就有发起战争的权利：正义战争的权利（页81）——这不是战争的权利，而是正义战争的权利。

维多利亚这里的论证其实隐含着一个前提：非基督徒必须接受西班牙人或者欧洲人对于世界的整体看法和整体秩序规定。基于这个整体规定，其他诸如好客、自由传教或自由经商等就成为"天然"的要求。

其次，人道主义干涉。如果当地有人遭受本地原住民不公的欺负时，西班牙人应该挺身而出，尤其是已经皈依基督教的本地人受到欺负时更应该如此（页81）。

施米特认为，这两点足以让西班牙的征服"在整体上获得完全的合法性"，这当然也就为其他的西方殖民做了合法性辩护。很显然，维多利亚与其他辩护者的差别不在于对占取行为本身的态度——无论维多利亚的辩护如何客观，他终究是支持占取的——而在于占取行为背后的理据的差异。就维多利亚本人而言，施米特认为，从本质上来说，"对于正义战争普遍性和中立性的结论，只有从传教任务这一点上才能够获得具体的决定意义"（页83）：

> 教皇授予的传教任务是地理大征服的法律基础。西班牙的基督教国王们也多次承认，传教任务乃是法律上的义务。（同上）

就此而言，维多利亚的辩护从根本上说，还是中世纪的，"是在基督教共同体的空间秩序"之内（页84），"地理大发现就是中世纪基督教共同体空间秩序的延伸"（页85）。但是，1600年以后的时代不再是维多利亚的时代，施米特的具体内容此处不再赘述，这里只需强调其中的关键，欧洲的空间秩序主体不再是基督教共同体，而是主权领土国家（页101）。维多利亚没有认识到这一点，也就无法真正确立现代的国际法。可是，施米特花费笔墨为维多利亚的辩护而辩护，并不是要论证他的具体理由是正确的，而是要揭示维多利亚辩护进路的有效性：文明的正当性和战争正义的论证。也就是说，维多利亚的辩护尽管不再有效，但维多利亚式的辩护依旧有效，质言之，基督教神学论证必须变成理论或者世俗论证："论证也必须去神学化"（页102）。

施米特没有将某个章节命名为自己的辩护，但这种辩护几乎贯穿全书。我们甚至可以说，《大地的法》从最根本意义上，就是这样一部辩护之书。不妨列举几处施米特的"维多利亚式"的论证。

占取新世界的前提是对新世界的发现。"发现"不是一种单纯的地理或者政治行为，而是西方现代文明的基本特征。是欧洲人发现印第安人，而不是相反，欧洲人能够做到这一点，是因为：

> 欧洲人15、16世纪对新世界的发现不是一个偶然事件……而是新觉醒的西方理性主义思想的现实成就，是源自欧洲中世纪之精神和知识文化背景的产物，在很大程度上得到了来自古典时期的欧洲思想体系以及与基督教－欧洲思想有关的阿拉伯思想体系的重大影响，并最终成为一种具有强大历史影响力的大事件。（页107）

这是全书最重要的段落之一。一言以蔽之，"发现"本身是欧洲文明的精神特质，向来就内在于西方的精神品质之中，而且是西方文明迄今为止所达到的最高峰之一。发现首先是西方理性主义思想的发现，至于对美洲的发现，只是这种精神的"现实成就"而已。维多利亚的护教式论证被施米特转换为文明论证——但维多利亚显然会认为，护教就是他的文明论证。因此，作为占取的前提，发现的"法权取决于更高一级的正当性。只有在思想和历史层面上做好足够准备的发现者，才能在知识和意识方面理解被发现者"。在这个意义上来说，被发现的大陆和那些在大陆上生活的人没有本质区别，都是一种对象化的存在，是作为逻各斯中心的欧洲文明的他者。

因此，欧洲基督教共同体就转变为这种现代理性主义思想的共同体，这种理性认为国家是欧洲政治存在的基本单位，那么欧洲的空间秩序就转变为这些国家之间的国家关系，而这种国家关系则确定了整个世界的国际法秩序。这就是欧洲中心的大地法的实现过程。然而这个国际法秩序瓜分了全球，这意味着一个新的困境：不再有新的土地可供占取。

四、新大地法中"占取"的位置

在没有新的土地可供占取的时代，16世纪以来的国际法秩序便濒临崩溃。在施米特看来，这首先是有其思想缘故的。《政治的概念》详细分析了这种以国家为主体的政治哲学的困境。根据施米特1963年为《政治的概念》撰写的再版序言，西方现代政治思想的努力是要构建一种称之为"国家"的东西，这是西方现代政治思想和法学思想的根本要点："国家是设定政治统一体模式的前提。"[1]但是如今，即便国家的概念保留了下来，这种国家的政治哲学构建也已经走向了终点（同上）。这种终结有两个原因。《政治的概念》第一节"国家的和政治的"描述了第一个原因，第二个原因则见于施米特1931年写作的《论国际法中的帝国概念》，后者略为繁难，但更具现实因素，前者则更具有政治哲学的维度。

我们先看第一个政治哲学层面的原因。在第一节里，施米特强调了两个关键点，其一即该书著名的开篇：国家的概念以政治的概念为前提。这个断言确定了二者在学理逻辑上的层次关系。第二点则更为关键，施米特在描述了政治的概念难以得到清晰定义的种种困难之后，提到了一个根本的现代难题：国家等于政治这个说法无比荒谬。其中关键在于，现代国家的根本目的其实是构建一个上述的"创造幸福条件"的社会，但是，国家不应干涉社会生活的个体或者各种团体。不过，随着现代自由民主社会的发展，施米特发现，与这种现代理论不符的现实状况是，属于国家事务的东西变成了社会事务，同样，本来属于社会事务的东西又变成了国

---

〔1〕 施米特,《政治的概念》,刘宗坤译,上海：上海人民出版社,2004,页90。

家事务。举例来说，根据自由主义的政治构想，文化事务本来应该属于"中立"的社会生活，但是，它现在不再保持中立，而逐渐被国家控制，也就是说，国家最终会对文化生活进行规定，于是出现了施米特所谓的"全权国家"，也就是凌驾于社会之上，并且全权控制社会的新型国家。现代国家概念本身吞噬了自己原初的政治构想。根据施米特引用的布克哈特的说法，这是民主制度的必然结果，因为民主制度下，"人民最梦寐以求的就是参与权力的运作，这样，国家的形式日益受到质疑，但国家权力的范围则变得日益宽泛"。一言以蔽之，国家和社会之间矛盾重重。[1]因此，施米特认为，我们无时无刻不生活于政治之中，但是通过"国家"这个现代概念反而让我们难以理解什么是政治。所以，我们必须切入政治的本质，而不是在国家这个现代概念下打转。

施米特放弃国家概念的第二个原因，更多基于现实的政治考虑和新的国际法构想。在本文开篇的引文中，他声称，在理解国际关系时，"有必要跳出'国家'的普遍观点中关于领土问题的抽象思考，有必要引入具体的大空间秩序（concrete Großraum）概念"，"国家"已经不足以理解国际政治关系："作为国际法中心概念的传统的国家概念，不再符合真实现状和事实"，那么，作为具体大空间秩序的现实

---

〔1〕 施米特，《政治的概念》，页24。施米特强调国家之高于社会的一面的矛盾，施特劳斯则强调，无论是国家高于社会，还是社会高于国家，这本身就是一个思想困境。

载体，帝国才是更加恰当的政治概念。在最为核心的第五节"国际法中的帝国概念"中，施米特明确提出：

> 大空间秩序属于帝国概念……这个意义上的帝国是领导性的、承载性的大国……每一个帝国的确有一个为其政治理念所照射而且不容外来干涉的大空间秩序。（同上）

这是有着既定疆域的"国家"所不能承担的政治空间。这个具体的政治原因其实不难理解：当欧洲以本大陆的国家为单位，在其他大陆占取殖民地的时候，它们的内部矛盾可以协调，维持"友好线"，但是一旦不再有可供殖民的土地存在，它们的内部矛盾将难以协调。

施米特这本书的标题是"大地的法"，在他看来，这一欧洲公法系统显然已是历史陈迹。但他为什么要用一个将要终结的历史秩序作为标题？目的就在于引出新的大地法——新的大空间秩序。新"大地的法"所以仍旧是新的大地法，而不是新秩序法，或者新空间法，或者其他某个新概念，是因为旧的"大地法"在形成国际法秩序过程背后的原则和意志，是新大地法所必须依从的。我们这里有一个显而易见的相关问题：在旧的大地法中，占取具有极端重要的开端和实际地位，那么，施米特对新大地法的构想中，占取具有怎样的地位？

施米特虽然写书洋洋洒洒，但用词十分慎重，颇有古典作家的风格。在《大地的法》前三章里，"大空间"（Großraum）除了在注释中之外，几乎没有出现，[1] 而"占取"则屡屡出现；相反，在第四章"关于新大地法的诸问题"里，"大空间"频繁出现，而"占取"则极其罕见。我们几乎可以得出一个直观的印象：这两个概念似乎具有某种可替代性和相关性。

施米特提到两种类型的占取：一种是内在于现存国际法整体秩序的占取，一种是摆脱现有空间秩序，在相邻国家的整体空间领域中建立新的法（页49）。所谓"占取新世界"的占取，基本上以第一种意义上的占取为主，因为无论欧洲主权国家在非洲或者美洲有怎样的战争与矛盾，它们都内在于以欧洲公法为中心的国际法体系之中。关于第二种占取，施米特已经暗示，这些挣脱既有秩序结构的占取，"有可能建构一种新的国际法空间秩序"（页49）。

什么是这种新的国际法空间秩序？虽然第四章很少提到占取，但几处都与门罗主义有关：门罗主义"终结了欧洲国家在西半球进一步占取的可能性"（页218）。下一处更加清楚地展示了其中的要害：

> 1823年门罗总统的宣言中却反对欧洲式的占取要

---

〔1〕 前三处只出现在注释里，唯一一次提及是页192，"国际法中非国家的元素和类别之概述"，最后一种元素，帝国的大空间秩序。这显然在提前说明第四章的内容。

求。在美国看来，美洲界线最初就具有防御老的欧洲大国的特征，是防止欧洲进一步在美洲建立占取的抵抗。但是，很容易看出，这个界线使得美国可以自由地在西半球获得占取……（页268；对比页206—207、211）

这段话最为清晰地说明了占取和大空间这两个概念的关系。正是由于大空间国际政治的兴起，占取才不再重要。门罗主义所宣扬的对"西半球"的政治利益诉求，构建了一个"超出国家边界的、国际法意义上的大空间"（页262）。大空间终结了殖民时代的占取行为。因此，当大空间政治兴起之后，占取就不再是国际法的决定性因素。

门罗主义在施米特的大空间概念当中有着特殊的地位，根据他在《论国际法中的帝国概念》中的说法：

> 1823年，美国第一次提出门罗主义，直到今天，这仍是"大空间"原则在当代国际法历史中最成功的例子。对我们而言，这是独一无二、非常重要的"先例"。如果要讨论国际法的"大空间"原则的法律概念，我们必须将门罗主义作为起点，而不是什么"自然国界"或者"国土权"，或者此前提到的其他任何的区域性条约。

门罗主义作为大空间秩序最为成功的先例，它的秩序形态，它对美洲或者西半球的新占取形式，塑造出一种不同的国际法秩序：国际秩序的构造不再基于欧洲的国家均衡以及其与殖民地的关系，而是门罗主义划定的空间形态。这种国际法秩序就是施米特所谓的"新大地法"的最早形式。"大地""法"这两个古老的词语暗示了大空间不完全是一种新构造。上引《大地的法》同一段引文后还有一句，美国并不想与欧洲决裂，它"毕竟属于欧洲文化圈"（页268）。可是，美国不仅仅属于欧洲文化圈。门罗主义之不与欧洲决裂，是不与自己的传统决裂。"西半球"暗示了西方的新生：

> 新的西方，即美洲将取代老西方和欧洲，重新确定世界历史的方向，成为世界的中心……文明的中心继续向西、向美洲移动。（页272）

施米特无意中提到过东亚的大空间（页199），但这是无法与门罗主义相提并论的，因为门罗主义代表了一种文明的努力和方向。美国要将美洲塑造成新的空间秩序，新的西方文明的中心。假如门罗主义保持这样的努力，或许会出现美利坚帝国、德意志帝国这种类型的大空间的均衡秩序，[1] 塑造出共同的新的西方中心以重新规定全球的国际法秩序。但是很遗憾，门罗主义最终还是沦为"普世性-帝国性全球原则……门罗主义的普世化，破坏了大空间不干涉原则，由此

---

[1] 《论国际法中的帝国概念》写于1939年，当时的德意志第三帝国正如日中天，所以施米特期待的是："大空间"概念有助于我们克服国家版图这一空洞概念的独断性，并把"帝国"提升为我们法律思考的决定性概念。

转变为某种超越国界的干涉主义"。(《论国际法中的帝国概念》；另参《大地的法》，页224）

或许是由于德国的战败，《大地的法》中关于大空间的叙述总是闪烁其词，没有施米特往常著作中那种常见的明晰与惊人的判断。但战争失败不代表施米特认为自己关于大空间的判断错误——否则他不会以"新大地法"命名他的新国际秩序期待。因此，占取概念让位于大空间，或者说，大空间政治是一种新的占取，大空间（Großraum）是占取的新形态。前面提到，占取的本质基于西方文明的"发现"本性（页107），那么，大空间就既是一种新占取，也是"发现"在政治上的新形式：

首先，如前所述，美国的大空间不是一种简单的空间攫取，而是一种自觉的文明担当，这是一种与发现并占领新世界相同的文明追求；其次，大空间中的政治控制，不再采取16世纪以来的占取形式，而是"现代的控制形式"（页233）：放弃以公开吞并的方式控制某个国家，但是——

> 被控制国的领土已经被吸纳进控制国的空间范围。被控制国领土主权的外在形式没有变化，但其主权的实质内容因控制国之经济大空间（des ökonomischen Großraums）的保障措施而改变。（同上）

占取的本质并没有改变。在施米特看来，这种以大空间为基础的国际法并未形成，但如今以国家为基础的国际法实际上已经穷途末路。那么，在这样的新大地法的开创时代，占取虽然隐匿，但或许变得更加重要。我们只有穿透大空间概念的迷雾，洞悉其中的"占取"本质，才会明白，当施米特将中国称为对抗海洋（英美帝国主义）的力量时，他对中国文明有着怎样的误解。但这种误解未必是坏事。

施米特与"拦阻者"学说

徐 戬[*]

一、《大地的法》的读法

1950年，施米特的专著《大地的法》终于成书。全书看似是国际法的思想史著述，其实并不容易把握。施米特在前言中刻意为读者设置了一道门槛：

> 这部书是各种艰难经验的无力自卫的果实，我把它放到法学的祭坛上，对这门学问，我已经侍奉了四十余年。我无法预见谁会夺取我的祭品，无论他是一位进行思考的人，还是一位实践上的使用者，抑或一位蔑视避难的破坏者和毁灭者。(页1)

施米特并非偶然地把本书的命运寄托在读者身上：如何

---

[*] 作者为河南大学政治系副教授。

读《大地的法》成了首要问题。

自从《大地的法》出版以来，不少学者尝试解读全书的思想意图及其言述方式。按照国际法学者科斯肯涅米（Martti Koskenniemi）的总结，存在着三种不同的解读方式：历史撰述式的读法、现实主义的读法以及思想融贯式的读法。不过，他本人推荐的是政治神学的读法：

> 《大地的法》将思想史、神话思辨和对国际政治的尖锐洞见融为一体，我把这一混合体视为施米特并未明说的政治神学的诸多片段。[1]

毋庸置疑，施米特在表面上的史学笔法背后有着特别的神学关切。早在战火纷飞的年代，施米特就开始精心构思自己这部扛鼎之作。"二战"之后，施米特笼罩在失败体验的阴影之中，身不由己地饱尝了国家厄运带来的苦涩。在必须保持沉默的时刻，似乎只有神学才能回应现世历史中的恶……逆境中的绝望迫使他重新直面神学问题。

然而，施米特的神学关切如何同《大地的法》的历史叙事相容？

要想弄清楚全书的深层脉络，首先要从施米特地缘法学的展开方式入手，否则就无法弄清施米特的世界史框架。

---

〔1〕 Martti Koskenniemi, "International Law as Political Theology: How to Read *Nomos der Erde?" Constellations*, Volume 11, No. 4, 2004, p. 494.

《大地的法》的论述围绕着以欧洲为中心的大地秩序展开，其潜台词是：欧洲绝非奥林匹亚诸神之一，而是有着成为全球法统的立法者的欲望。

就论述结构而言，全书有着清晰的脉络：依托地缘法学重构以欧洲为中心的世界史。《大地的法》分为四章：第一章以nomos概念为论述核心，站在法统的原初高度辐射全书；接下去的三章具体展开欧洲的现代法统，呈现出一个完整的全球秩序谱系学。法统的古今之变在于，前全球文明时代的空间秩序法则是单一的，现代欧洲的特质则体现为"陆地-海洋"的二元对立体系。最终，全书的落脚点相当明确：召唤大地上的新"法"（nomos）。

要想把握现代国际法的起源，必须理解中世纪的空间秩序何以瓦解。施米特指明了基督教帝国在国际法上的特殊地位：

> 这是一种前全球时代的空间秩序，然而正如我们即将看到那样，它为向第一个全球性国际法秩序的过渡提供了唯一的合法条款。所谓现代的，亦即从16到20世纪欧洲国家间的国际法，形成于中世纪的——由帝制（Kaisertum）和教权（Papsttum）担纲的——空间秩序的解体。（页21）

前全球时代各大帝国缺乏相互共存的意识，全球性的空间秩序尚付阙如。然而就理解现代法统的起源而言，前全球时代法统及其瓦解扮演了一个至关重要的角色。我们必须认真对待中世纪秩序，将政治神学视为理解施米特描述的现代法统的前提。

总体而言，国际法的历程分为三个阶段：基督教共同体阶段、领土国家阶段以及国际公法阶段。科斯肯涅米看到，施米特的论述框架面临两个内在问题。首先，他对400年来欧洲公法的历史叙事并非基于对从1500年到1900年的欧洲社会的具体分析，毋宁说他借助nomos概念铺陈其《政治的神学》中的著名论断："现代国家学说中的所有重要概念都是世俗化了的神学概念。"其次，施米特猛烈抨击掩藏在人道主义式的国际主义背后的世俗"价值"不过是虚无主义，似乎由此站到了普世主义的反面。其实，施米特暗中区分了两种不同品质的普世主义，亦即"真正的"普世主义和"伪造的"普世主义 —— 例如，16世纪的大公教经院主义和新"法"辩护者们的道德主义狂热。[1]

因此，施米特的政治神学不仅涉及世俗化的史学议题，而且可以引出实质性的价值立场。就这两点而言，施米特均刻意隐藏了自己的大公教经院主义立场。有鉴于此，政治神学式读法的致力方向首先是：揭示施米特没有明言的神学框架。

二、谁是"拦阻者"？

在谈及基督教帝国的强大的"历史性力量"时，施米特

---

[1] Martti Koskenniemi, "International Law as Political Theology: How to Read *Nomos der Erde*?" *Constellations*, Volume 11, No. 4, 2004，p.495.

引入了一个令人费解的神学形象——"拦阻者":

> 对于这个基督教帝国来说关键的是，其并非永恒的帝国，而是看到自身的终结和当前永世（Äon）的终结，尽管如此，它仍然能够承当一种历史性力量。决定性的、在历史上影响巨大的概念是"拦阻者"的概念，它奠定了基督教帝国的连续性。（页25）

谁是"拦阻者"？

在基督再临之前，敌基督会以一种隐秘的方式现身，在尘世上取代上帝的位置，"拦阻者"则是抵制敌基督的形象。在施米特笔下，"拦阻者"概念成了把握世界史意义的核心范畴。自从施米特进入中文世界，政治神学已经在学术界广为人知。然而，作为政治神学要核的"拦阻者"学说始终未受重视，这一现状严重阻碍了对施米特诸多论述的恰切理解。

详细考察"拦阻者"这一若隐若现的神秘形象，对把握《大地的法》的思想结构极为紧要。第一章"引论五篇"中，第三篇题为"基督教中世纪国际法之解读"，跟本文论题直接相关。此前施米特从未把"拦阻者"论题作为独立部分进行阐述。该篇分为三个小节：第一节为"作为空间秩序的基督教共同体"，第二节为"作为拦阻者的基督教帝国"，第三节为"帝制、专制、僭政"。

1947年12月19日，施米特在札记中写道："我信仰拦阻者（Kat-echon）；对我而言，这是身为基督徒理解历史并获得意义的唯一可能性。"[1]考虑到施米特思想同大公教经院主义政治传统的亲缘关系，这段告白值得引起高度重视。不过，仅仅把"拦阻者"论题理解为个人信念，无助于解释施米特政治理论的历史深度。在他看来，"拦阻者"理念是"原初的基督教理念"，乃基督教中世纪的核心标志。因此，不仅需要探究这一理念的神学渊源，而且要在施米特的驳杂论述中把握其基本线索。

"拦阻者"一词出自《圣经·新约·帖撒罗尼迦后书》第二节。针对"主的日子现在到了"这样的迫切期待，保罗用"拦阻者"形象警示这些信众，以便冷却他们的"启示录式的狂热"。

> 人不拘用什么法子，你们总不要被他诱惑；因为那日子以前，必有离道反教的事，并有那大罪人，就是沉沦之子，显露出来。他是抵挡主，高抬自己，超过一切称为神的和一切受人敬拜的，甚至坐在神的殿里，自称是神。我还在你们那里的时候，曾把这些事告诉你们，你们不记得吗？现在你们也知道，那拦阻他的是什么，是叫他到了的时候才可以显露。因为那不法的隐意已经

---

[1] Carl Schmitt, *Glossarium. Aufzeichnungen aus den Jahren 1947 bis 1958*. Herausgegeben von Gerd Giesler und Martin Tielke. Berlin: Duncker & Humblot, S. 47.

发动，只是现在有一个拦阻的，等到那拦阻的被除去，那时这不法的人必显露出来。[1]

从教会史上看，"拦阻者"是大公教理解历史的一个核心范畴，按教会的正统观点，"拦阻者"形象的历史化身并非任何一位"皇帝"，而是罗马帝国。显然，"拦阻者"概念跟欧洲对罗马帝国的历史想象密切相关。

面对当前时代的终末属性，"帝国"如何能"承当一种历史性力量"？对于基督教帝国而言，"拦阻者"这一原初的基督教历史观让基督徒正视生存处境的严峻，从而使政治生活成为可能。严格说来，"拦阻者"为摆脱基督教的"终末论瘫痪"提供了唯一出路。这一神学烙印为基督教帝国提供了正当性基础，将其同世界各大帝国区分开来。

施米特在阐释中世纪"拦阻者"学说时，提到两则重要的文献来源：哈尔伯施塔特的海默主教（Haimo von Halberstadt）对《帖撒罗尼迦后书》第二节的评注和蒙捷昂代尔的阿多索修士（Adso von Montier-en-Der）致戈贝加女王（Königin Gerberga）的书信。施米特在札记中讲，阿多索神学观点实际上源于海默主教的《圣经》评注。按施米特的解释，这一"帝国神学"符合大公教会的经学正统。从教父们到宗教改革，"拦阻者"的形象在基督教的历史中始终颇为含混，宗教改革之后，这一概念几乎被遗忘。到了20世纪，

---

[1] 译文取自和合本中文《圣经》。

施米特几乎以一人之力使"拦阻者"学说重新成为政治神学的核心论题。

毫不夸张地讲，施米特在"拦阻者"概念的当代复兴中扮演了核心角色。不过，他对"拦阻者"概念的运用让人觉得扑朔迷离，根据格罗斯浩奇（Felix Grossheutschi）的研究，"拦阻者"概念分别出现在施米特的九个不同文本中，在每一个文本中都起到不同作用。施米特笔下的"拦阻者"概念显得缺乏任何内在一致性，有学者干脆认为，施米特那里并没有一种"拦阻者"学说。

然而，施米特不太可能无的放矢。"拦阻者"不能单纯从神学含义加以理解，而是应该作为政治形象来把握。我们需要将其置于历史语境中具体地理解。"拦阻者"这一神秘概念同"帝国"概念关联在一起："帝国"历史地化身为阻拦终极恶的现世担纲者。

借助"拦阻者"概念，施米特占据了一个易守难攻的思想要隘，以便在争夺历史意义的战场上击败对立的历史想象：虚无主义。施米特把中世纪法统的衰落同现代虚无主义的兴起联系起来，其中的转换契机就在于，地理大发现和欧洲的全球性扩张导致了一场空间革命。这一世界史剧变撕裂了秩序和定位的原始纽带：

> 然后才会看到，19和20世纪的虚无主义同基督教中世纪时代的无政府主义状态区别何在。透过乌托邦和虚无主义之间的关联就会看到，秩序（Ordnung）和定

位（Ortung）的一种最终的、根本的分离可以在一种历史的-特殊的意义上称为虚无主义。（页32）

虚无主义并非空洞的概念，而是有着具体的否定性。从字面上看，"乌托邦"一词恰恰是对空间秩序的否定，这一概念绝非偶然地诞生在一个海洋性国家。由此可见，"拦阻者"本身具有论战意味，只有从其对立的立场才能获得恰切理解。

只有从大陆和海洋两种迥异的生存感觉入手，才能把握施米特笔下的"虚无主义"的历史针对性。无论虚无主义的具体体现是什么，施米特都对敌人做出了决断：从法律实证主义到社会的机械化，从世界公民到虚无主义式的集权，乃至世界一体化和历史的终结。

三、帝制与专制

政治神学的核心理念决定了大地的新"法"的根本特征。关键在于，这种拦阻者式的政治神学如何在施米特的理论框架中具体地呈现出来。施米特提出一种拦阻者式的主权概念，其担纲者即为"帝国"。

"帝国"在这里意味着这样一种历史力量，它能够抑止敌基督的出现和当前永世的终结，按照使徒保罗在《帖撒罗尼迦后书》第二节中的话，它是一种抑止（*qui tenet*）的力量。（页25）

就施米特的帝国论而言，"拦阻者"确保了例外状态的可能性，因而是基督教帝国之所以成立的先决条件。正如政治概念先于国家概念一样，"拦阻者"概念先于主权概念。阿甘本认为：

> 在某种意义上，任何国家理论都可以视为这种对帖撒罗尼迦后书第二章的解释的世俗化，这包括了霍布斯的国家理论，他认为国家是一种注定会阻止或延迟灾难（catastrophe）的力量。[1]

阿甘本想要说的是："拦阻者"遮蔽了弥赛亚的反律法主义，因而这种权力是不正当的。这一问题取向跟施米特背道而驰。施米特以基督教共同体的帝国秩序为基点，着重铺陈欧洲法统的嬗变：从帝制（Kaisertum）到专制（Cäsarismus）的现代断裂。

中世纪欧洲法统预设了基督教共同体的大一统格局。基督教共同体限定了自身的"内"和"外"，这种内外划分奠定了欧洲法统：内部由基督教君主们组成，共同服从大公教教会的精神统治，外部则是"化外之地"，包括了由基督教

---

[1] 阿甘本，《剩余的时间：解读〈罗马书〉》，钱立卿译，长春：吉林出版集团有限责任公司，2011，页136。

君主们控制之外的土地。这就意味着，中世纪法统的根本性的划分是基督徒与异教徒之间的差异，由此引出内外有别的战争原则。基督教的内部战争是受到限制的，并不影响基督教世界的根本格局。对外战争则全然不同，充满血腥的征服。

中世纪法统拥有一种独特的"皇帝制度"。"帝国"承负着神圣使命，这使"帝制"凌驾于"王国"之上。"皇帝"名号并不涉及任何实际统治，仅仅是履行"拦阻者"职责时的在世代理。

> 就基督教对帝制的观点而言，我看重的是：在基督教中世纪信仰中，皇帝的职务（Amt）并不意味着拥有绝对的、吸纳和耗尽所有其他职务的权位。这是一项加诸具体的王权或王冠（Krone）——一个特定的基督教国土及其人民的统治——之上的"拦阻者"的成就，肩负着各种具体的任务和使命。这是对王冠的提升，却非一种垂直的、直线的提高，它不是众国王之上的国王，不是众王冠之上的王冠，不是对王权或其后的世袭权力的延长，而是一项使命（Auftrag），这一使命源自一个与王权地位迥异的领域。（页27）

皇帝不是国王，而是通过名号超越了各个国王的权势地位："皇权"和具体的"王冠"之间存在着一种"本体论差异"。皇帝在完成十字军的使命之后，可以谦恭地卸下自己的皇冠，并不会因此有失体面。按照政治神学式的讲法，他相当于从政治身位返回自己作为国王的自然身位。

权力和权威不过是原初统一体秩序的一体两面：皇权和教权之间的关系既不是两种共同体之间的斗争，亦不会形成落入一人之手的中央集权。此岸和彼岸、世俗和神圣融贯成一个大一统的世界。作为"拦阻者"的现世化身，"帝国"确保了大一统格局的历史连续性。

13世纪以降，亚里士多德主义提出"完美共同体"论，这一学说认为，教会和俗世乃两种完美的共同体。这一立场颠覆了权力与权威之间的原初统一。最终，法国大革命打破了基督教帝国的连续性，造成了帝国形态的根本转折：欧洲历史上第一次出现了"专制"制度。

基督教帝国的"皇权"与启蒙话语中的"专制"想象风马牛不相及。施米特让我们看到，君主制并不等于"专制"，专制完全是一种"现代现象"。其实，"君主"抑或"共和"说明不了实质问题，至关重要的是辨别具体制度的宗教含义：皇帝是否承负"拦阻者"的神圣使命。

> 所有这类调整都忽略了"拦阻"的意义，从而未能产生基督教帝制，而是仅仅产生出专制。即便签了圣俗之间的协议，专制也是一种典型的非基督教的权力形式。（页28）

从13世纪到法国大革命，"拦阻者"的政治神学逐渐式微，随之而来的是一个日益"中立化"的世界。就此而言，各种哲学体系的中立化倾向为现代专制推波助澜。于是，帝制就无法基于"拦阻者"的使命实现对王冠的提升。

数百年来，中立化并未解决大地上战争的残酷，这种政治乌托邦反而会使不受限制的战争愈演愈烈，最终发展成20世纪的"世界内战"。施米特站在政治神学的历史深处思索全球秩序困境，把现代性的乌托邦想象推演到底，从中引出一种据说带有"后殖民"意味的全新视野。显然，施米特无意为如今已然不合时宜的神权政治辩护，而是有意凸显法统的政治品质。

四、世界史的风口

身处保守主义革命的洪流之中，施米特的思考向来同神学传统有着不解之缘。陶伯斯曾经指出，对施米特来说"时间就是期限"，"拦阻者"的时间充满启示录般的紧迫感。要想赢得争夺世界史的解释权的斗争，就要找到一个强有力的论说位置。正是通过"拦阻者"的视角，施米特展开了挽救历史意义的斗争。

"终结者"（eschaton）和"拦阻者"（katechon）代表着两种截然相反的时间感觉，施米特把两者之间的紧张关系挑明了：

> 我不相信，对于一种原初的基督教信仰，除了"拦

阻者"还有某个其他的历史形象是可能的。拦阻者抑止着世界终结的来临,这一信仰是从对所有人类行动的终末论瘫痪通往一种如此伟大的历史性影响——比如日耳曼国王的基督教帝国——的唯一桥梁。(页25)

在终末论想象和对历史的政治理解之间,"拦阻者"恰好起到一种桥梁的功能。然而,其中包含了一种深刻的矛盾:"拦阻者"阻拦了敌基督者,同时也阻拦了基督的再临(parousia)。敌基督者代表了极端的恶,为了克制这种根本的恶,就必须容忍相对的恶,让人类维持在恶的状态。只有避免彻底消灭终极的恶,人类才能从乌托邦狂热中解放出来,承负起现世的恶。

施米特的神学从属于其政治意图,在《大地的法》中,"拦阻者"体现出对时间的政治性理解。基督教的终末期待抹除了人生此在的当下,无异于使此世迫在眉睫的政治行动瘫痪了。施米特反对任何形式的终末论式的乌托邦幻想,因为这种幻想使人们逃避政治的严峻。任何去政治化的幻想都是真正的死敌。"拦阻者"打消了这类乌托邦幻想,把我们抛回尘世上的人生此在。

"拦阻者"抵制的是一个去政治化的世界的可能性,对手恰恰是终末论的世俗化变体:人类能够最终审判世界、历史和道德。为了把历史从去政治化中拯救出来,施米特决意让神学家早已遗忘的"拦阻者"起死回生。如果人们想要保持此世中投身政治的可能性,"拦阻者"就是一个必要的预设，从而使基督教的政治重新成为可能。

施米特的思想深处仍然保有异教要素，跟通常意义上的大公教保守主义同途殊归。与迈尔（Heinrich Meier）的政治神学阐释不同，帕拉瓦（Wolfgang Palaver）着重指出，施米特的神学预设并非基于严格意义上的《圣经》政治，而是与异教神话有着深层关联。[1]实际上，施米特拒绝将历史加以神学化。甚至可以说，只有拒斥上帝对政治世界的干预，政治才能原初地呈现出来，并把救赎历史变成世界历史。

受陶伯斯的影响，阿斯曼（Jan Assmann）把政治神学研究范式运用到古埃及和犹太教，然而反转了施米特的定义。按照施米特，所有现代国家理论中的重要概念都是神学概念的世俗化。阿斯曼反其道而行之，把这一著名定义改写成"所有神学上的重要概念都是政治概念的神圣化"。尽管这并不能说明施米特的神学立场，但是足以显明政治神学深广的阐释空间，甚至可以意外地开启一种尼采式的问题："敌基督"难道不就是基督本人？

实际上，拥有这种感觉的不乏其人。当代学者拉施（William Rasch）放言：我们恐惧敌基督的现身，同时就是恐惧基督本人的来临。

　　或许，我们有如曾经否认基督的法利赛人，并且可

---

〔1〕　Wolfgang Palaver, *Die mythischen Quellen des Politischen. Carl Schmitts Freund-Feind-Theorie*. Stuttgart/Berlin/Köln, 1997: 50.

能现在最终看到，他们本来是对的。是的，也许我们以一种奇特而又可信的方式知道，基督和敌基督者实际上是同一个人……[1]

或许，拉施的解释走得太远。不过从思想结构上看，"拦阻者"概念具有反终末论的思想底色，并不必然依托于其原初的神学框架。施米特对异教神话进行了大公教经院主义式改写，成了一种"没有基督的基督教"。所有现代国家理论都是"拦阻者"学说的世俗化。"拦阻者"的真正作用则是：通过容忍恶来限制恶。就思想史关联而言，施米特的《大地的法》同尼采问题遥相呼应。他的确曾把尼采的"善恶的彼岸"（善恶之外）视为对"jenseits der Linie"（界限之外）的神学化。两位思想家都竭力克服虚无主义，出于这一目的，返回大地是无从逃脱的世界史命运。

考泽莱克（Reinhart Koselleck）曾经指出，"世界内战"的思想根源是法国大革命传来的福音——启蒙人道主义。到了20世纪，列宁的革命普世主义预设了绝对敌人，这种敌对关系的绝对化取消了对战争的限制。如今，"拦阻者"论题不仅没有过时，而且同当代世界格局中的重大问题息息相关。令人惊讶的是，拉施将美帝国主义同保罗主义关联

---

[1] William Rasch, "Messias oder Katechon? Carl Schmitt's Stellung zur politischen Theologie". In: Jürgen Brokoff/Jürgen Fohrmann (Hg.), *Politische Theologie. Formen und Funktionen im 20. Jahrhundert*. Paderborn: Ferdinand Schöningh 2003, S. 54.

起来：

> 我们当前的罗马帝国——美国——同样发现，将其
> 特殊的政治和经济利益同一种世俗化的关于人权、民主
> 和自由市场价值的普遍话语结合起来是有用的。当保罗
> 声称在犹太人和希腊人之间没有差异时，他实际上把犹
> 太人从希腊人主导的世界上抹除了。[1]

保罗的反律法主义切断了人类同乡土的血脉关联。无论
是尼采还是施米特，在返回大地的途中都难免跟保罗相遇。
只不过，尼采的姿态比施米特更为决绝：只有克服保罗主义
的幽灵，大地的新"法"才有望化为现实。

从法国大革命到美苏之间的冷战，保罗的幽灵从未销声
匿迹。当代欧洲左翼思想受施米特政治神学的启发，纷纷
重新解读《罗马书》，俨然上演了一场圣保罗争夺战。讽刺
的是，与尼采的《敌基督者》中的彻底思考相比，阿甘本
的《剩余的时间》倒更像是中世纪晚期的圣方济各会激进派
异端。

我们看到，"白左"的文化政治是何等"激进"。出于对
人类生存品质的关切，施米特在《大地的法》中毫不妥协地
召唤一种大地的新"法"：

---

[1] William Rasch, *Sovereignty and its Discontents: on the Primacy of Conflict and the Structure of the Political*. London: Birkbeck Law Press, 2004 , p. 129.

只要世界史尚未终结，而是处于开放和运动之中，只要大势尚未永远固定和僵化，换句话说，只要人类和万族还拥有未来，而不仅仅是拥有过去，那么，从世界史事件历久弥新的显现形式中，就会产生一个新的法统。（页46）

在《大地的法》（1950）出版之时，施米特尚未意识到，中国革命不仅让欧亚大陆的地缘政治格局改观，而且具有深刻的世界史意义：正是来自土地深处的"拦阻者"们造就了大地的新"法"。在《游击队理论》（1963）中，华夏大地上的游击队员已然成了"拦阻者"的后现代化身：当政治家们和市民精英不再能够决断敌友时，游击队员挺身而出，在自己家乡的土地上同侵略性的海洋帝国主义浴血奋战。

在诸神隐匿的时代，政治思想必须肩负起提供新神话的使命。犹如本雅明笔下的历史"天使"，施米特召唤出来的"拦阻者"形象站到了世界史的风口。

区域国际法治何以可能

从"大空间秩序"到"大东亚国际法"

魏磊杰 *

　　"冷战"之后，新自由主义思维模式渐趋主导整个世界，成为"历史终结"之后唯一的意识形态。但是，这种假借全球化之名谋求文明一元化之实的智识霸权，并未如西方战略学家原本预期的那样水到渠成般地造就稳定的全球秩序。在进入21世纪之后，以"9·11"事件作为转折点，文明冲突、气候变暖、移民融合以及恐怖袭击等诸多相互交织的问题丛生，使得整个人类社会愈发处于一种焦躁、紊乱、排斥甚至彼此对立的不稳定状态中，历史并没有终结，整个世界仿佛"起火"一般，[1]无序近乎充斥着地球上的每个角落。置身此等历史构造之中，如何有效诊断由美国所支配的这个新自由主义国际秩序存在的原生性问题，并对症下药采取可

---

　　* 作者为厦门大学法学院副教授。

〔1〕　参见蔡美儿，《起火的世界》，刘怀昭译，北京：中国政法大学出版社，2014。

行的因应之法加以改进，当为我们当下需要认真思索的重大问题。就此，活跃于"二战"时期、彼此之间明显存在理论接力关系且皆对后世产生重大影响的两位国际法学家——德国的施米特与日本的田畑茂二郎——的"大空间秩序"理论，有望为我们反抗伪装成普遍主义的帝国文明论，思索未来世界新秩序之应然方向并系统建构新的"大地的法"提供诸多参考与借鉴。"大地承诺了和平，只有新的大地法思想可以实现和平。"（前言页3）

一、施米特的"大空间理论"：以大空间对抗普世主义

诚如科斯肯涅米所评价的那样，施米特终其一生都在探寻敌人存在于何处这一议题。[1] 在很大程度上，"敌人"观念乃是理解施米特政治思想的基础。在施米特看来，国际秩序的核心问题本质就是战争和敌人问题。在《大地的法》（*Der Nomos der Erde*）这部著作中，他将"敌人"观念的历史变迁置于国际秩序的三个发展阶段中来阐释，最终得出在欧洲国际公法崩解之后，新的世界秩序必将通过大空间来确立这一论断。

根据施米特的观点，16世纪前可谓第一阶段，此时欧洲

---

[1] Martti Koskenniemi, *The Gentle Civilizer of Nations: The Rise and Fall of International Law (1870–1960)*, Cambridge: Cambridge University Press 2004, pp.421-422.

最核心的特征是大一统的神权秩序，基于对基督的信仰，此等秩序以一种普世主义的理念作为支撑：世俗世界是神权秩序的翻版，基督徒的使命就是将福音传遍全世界。在这种观念下，这一阶段的获取规则就是教皇的教令，得到教皇的教令就相当于成为正义的化身。一旦遭遇抵抗，则解决冲突的规则就是神圣与邪魔的战争，彻底消灭其肉体，或者驯化其灵魂。

之所以如此，是因为政治与神学纠缠在一起，神学的善恶观感染到政治领域，造成一种"罪人"思维。在此种非黑即白的思维下，战争旨在毁灭敌人，而非仅仅将其打败，由此导致解决冲突的规则不具有妥协性，每一场战争都会被认为是最后一场战争。与此同时，这种逻辑也直接排除了以签订合约结束战争和第三方保持中立之可能。这是因为，若双方彼此将对方看作异类或罪犯，它们就不可能以和约方式终结战争。教会不会与异端签订和约，主权者也不会与罪犯妥协。在对与错之间，没有中立的第三方的位置，或者说，第三方也必须站在反对异端和错误的立场上。[1]

16—20世纪初始为第二阶段，其起点是现代国家作为一种特定秩序模式的出现以及对欧洲16世纪宗教内战的平息，主要特点体现在欧洲公法对欧洲主权国家彼此之间在欧洲大陆上的战争的限制。之所以能够限制战争，是因为国家这种秩序模式是政治世俗化的结晶，已经不再承担宗教使命。欧洲公法把战争看作共同生活在欧洲大地之上且属于同一个欧

---

[1] 郑琪，《施米特、敌人和国际秩序》，《政治思想史》2017年第4期。

洲大家庭的各主权国家之间的冲突。这种战争的首要特点在于"战争的正义性问题与正当理由（justa causa）相分离，而由形式的法律范畴所决定"。事实上，只要交战的双方涉及的是欧洲领土上的主权国家，那么这种战争就是正义的。它不再像宗教战争那样追问战争的实质性理由，进而争论交战双方正义与否。

> 战争的正义性不再基于与神学的、道德的或法学规范内容的相符，而是基于政治形式的制度和结构品质。从事战争的诸对立国家彼此处于同一层面，它们并不把对方看成是背叛者和罪犯，而是正当敌人（justi hostes）。

换言之，国家之间依然会有冲突，但这种冲突不再是正义与邪恶或曰信徒与异端的冲突，而只是平等对手之间的对决；冲突的对方不再被定性为该受道德谴责或法律制裁的"罪人"，而是含义类似于"他者"或"对手"的正当"敌人"，是彼此之间值得尊重的道德人格体。

> 不将敌人视为罪犯，对于人类来说相当困难。毋庸置疑，处理国家之间领土战争的欧洲国际法成功地实现了这种罕见的进步。[1]

---

[1] 施米特，《政治的概念》，刘宗坤等译，上海：上海人民出版社，2003，页117—118。

由于战争不再涉及与人性本质有关的神学或道德问题，它就无须上升为一种你死我活的终极战。施米特认为，独具特色的欧洲公法最突出的贡献就在于此：敌对性的相对化，使得平等的、非歧视的战争法权成为可能，从而开启了战争"理性化和人道化"的过程。

欧洲国家之间发生在欧陆之上的战争之所以能够得到限制，除了仰赖彼此之间的中立战争观念之外，还得益于欧洲公法将空间秩序区分成处于文明状态的欧洲与处于自然状态的非欧洲。所谓文明状态，是指欧洲国家间的冲突不再是中世纪的正义与邪恶冲突，而演变为力量较量意义上的可控的、理性的战争。与此相对，所谓的自然状态，则是指欧洲国家在非欧洲地域范围处理相互关系时处于一种"例外状态"。

在此状态下，战争不受任何道德和法律的限制，有的只是血腥的强者正义。欧洲和非欧洲的划分对欧洲公法至关重要，它使得欧洲内部所积累的问题可以向外部释放。通过向欧洲外部输送不受限制的敌对性，欧洲内部才得以维持一种由欧洲公法所协调的和平有序的稳定状态。如果说时间范畴之下的自然状态是文明状态的逻辑或历史前提的话，那么，施米特从霍布斯的著作中提炼出作为空间范畴的自然状态则构成了文明状态的现实基础。然而，"二战"后世界格局的最大变化就是，伴随殖民地和半殖民地国家纷纷独立，主要国家的疆域已经划定，不再存在自然状态与文明状态并存的局面，所有国家都进入文明状态，世界再无可供自由占领的不毛之地并进而对野蛮人民进行所谓的"教化",这就直接改变了欧洲国际公法赖以支撑的"现实基础"。

更关键的是,英美所代表的海洋力量在19世纪末和20世纪初的强势崛起,导致了这一大地空间结构的彻底崩溃,欧洲国际公法逐渐难以为继,国际秩序开始进入"人权普世主义阶段"。这个阶段的典型特征是对国家概念和道德中立的战争概念的抛弃,重新引入了一种歧视性的、以正义战争观念为中心的罪人概念。

在施米特看来,虽然基督教神学的大一统秩序早已瓦解,但是,在20世纪中前期,依托两次世界大战的胜利,英美海洋帝国却逐渐确立起了新的世俗神学。世俗神学借助于法律的话语把各种世俗的东西提升到神圣的地位,如人权、私有财产、自由等,从而再次据此把异己的群体定性为邪恶,再次制造出"罪人"概念。其间的潜在逻辑是,既然某种价值观念是"普世"的或曰效力及于整个人类的,那就意味着对所有"异己"都要作非人化处理,从而,改造甚至消灭异己在道德上完全能够自圆其说。[1]

从"罪人"向"敌人"的转化中,"敌人"概念是对欧洲摆脱宗教内战的理论总结,是政治世俗化的关键步骤,是为了对抗那种期待"最后一场战争"的思维,是为了避免各种版本的极端政治理想主义所导致的残酷与悲剧。唯有如

---

〔1〕 董静姝,《论施米特大空间理论及其对中国政治法律的启示》,《甘肃政法学院学报》2017年第2期。

此，国际秩序中才可能贯彻真正的平等，才可能免于强者以正义之名施行同化与奴役。然而，在施米特看来，新的世俗神学下的普世主义却使得这一理想的国际秩序化为泡影：它使敌人非人化（"麻烦制造者、罪犯和害虫"），使战争国内化、犯罪化、极端化，它是人类社会走向无序与野蛮的信号。

关于"二战"之后新的全球秩序将是何种情形，施米特列举了三种可能：第一种可能是，世界变得单极化，冷战的胜利者在其中成为唯一的主权者，乃至按自己的计划和观念占用、分配、利用整个土地、海洋和天空。换言之，一个"世界共和国"或"世界国家"将出现在这个星球上。

第二种可能是，旧的nomos的平衡结构依然被维持，在这种法秩序中，美国通过"海空支配"统管和保障世界上其他国家的平衡。换言之，这是一种霸权平衡结构，只不过承担者从曾经的英国变成了美国。

第三种可能仍然建立在平衡概念之上，只不过并非通过海空霸权结合来实现，而是指若干大空间或区域性联盟之间的平衡——这种若干大空间之间的平衡，就预示着新的"大地法"。[1]

第一种可能在施米特看来太过激进，无异于放弃了人类

---

[1] Carl Schmitt, *The Nomos of the Earth in the International Law of Jus Publicum Europaeum*, translated and annotated by G. L. Ulmen, New York: Telos Press Publishing, 2006, pp.354-355.

理性、放弃了对新"大地法"的理性思考；第二种可能留存既有的传统与惯例，未免显得过于保守；第三种可能则显然是施米特由衷向往的。在施米特看来，我们正处于一个旧秩序崩溃、新秩序即将产生的时代，在新旧秩序的交替中会产生新的秩序，而非混乱与虚无。

> 新国际法的产生取决于当今世界究竟是选择某单一国家独霸全球的局面，还是愿意接受一个由大空间、势力范围、文化圈共存其中的多元主义局面。（页224）

施米特认为，新的世界秩序，将通过大空间来确立，而大空间应在与对抗普世主义的关联中被思考。

（一）"大空间秩序"的现实起点

施米特对世界新秩序的想象植根于他的大空间理论。"大空间"一词并非施米特首创，实际上，该词首见于经济学讨论中，风行于第一次世界大战结束之后，与"技术-工业-经济"秩序的发展相关。在技术-工业-经济秩序中，诸如电、气之类能量的特定形式的小空间的孤立和隔离，在"大空间经济"中却能够被有组织地克服。[1] 这一原本是

---

〔1〕 G. L. Ulmen, "Translator's Introduction", in Carl Schmitt, *The Nomos of the Earth in the International Law of Jus Publicum Europaeum*, （转下页）

经济学的原理，由于经济的逐步政治化而毫无悬念地被用于思考国际法的新秩序——施米特正是对大空间进行政治学和法学讨论，并以之作为理解国际法和世界秩序问题的利器。

其实，早在1928年，施米特就敏锐地看到，随着现代科技的迅猛发展，许多曾经牢固的边界都弱化甚至消失了，传统状态遭到破坏，"法律意义上的主权"与"政治意义上的主权"之间的张力越来越大，民族国家体系逐渐式微，我们正生活在一个根本性的"政治重组时代"：在世界"愈变愈小"之同时，政治性单位（"国家和国家体"）就必须变得越来越大；[1]但施米特同时认为，一个"大同"的和谐世界尚在遥远的未来，或者甚至可以说，世界统一不过是一场幻梦——"即便英国与美国侥幸建立了一个真正的世界秩序，没有多元性的秩序也只意味着政治的终结"，[2]因为在一个"一"中，敌友区分已成为不可能。

换言之，在民族国家疆界逐渐被打破，欧洲国际公法的过去难以复制，而未来世界大同又远未企及或者说根本不可企及之困境下，在二者之间会出现一个新的政治单位或曰国

（接上页）translated and annotated by G. L. Ulmen, New York: Telos Press Publishing, 2006, p.23.

〔1〕 施米特，《莱因地区的国际法问题》，《论断与概念》，朱雁冰译，上海：上海人民出版社，2016，页137。

〔2〕 扬－维尔纳·米勒，《危险的心灵：战后欧洲思潮中的卡尔·施米特》，张龚、邓晓菁译，北京：新星出版社，2006，页125。

际法单位——大空间。[1]以战前德国为例,就其领土而言,它太逼仄因而难成世界性力量,但也不至于渺小和外围到退出世界历史,这意味着德国将在欧洲的未来中追寻自己的未来——欧洲这个相较单个主权国家而言更大的"政治群",就是一种"大空间"。[2]

施米特在自己的各部论著中都不厌其烦地表达着对普世主义的拒斥,《大地的法》一书也不例外。"贯穿全书的是同一种论调,即反对全球在盎格鲁-美利坚基于商业力量与制海权的保护下走向统一的危险前途。"[3]在施米特看来,"新世界"的秩序就意味着大空间与普世主义的对抗,而以大空间对抗普世主义在国际法实践中最首要和最成功的体现,就是作为防御性原则的门罗主义。

1823年,美国总统门罗第一次表达了"大空间"原则——"美洲国家独立;在这一地区之内不殖民;非美洲国家不干涉这一地区,同样,美洲也不干涉非美洲地区"——就是一种具体限定的、独立自主的、不容外部势力干涉的

---

[1] Fabio Petito, "Again World Unity: Carl Schmitt and the World-centric and Liberal Global Order", Louiza Odysseos and Fabio Petito eds., *The International Political Thought of Carl Schmitt :Terror, Liberal War and the Crisis of Global Order*, London: Routledge 2007, p.179.

[2] 施米特,《莱因地区的国际法问题》,《论断与概念》,页138;董静姝,《论施米特大空间理论及其对中国政治法律的启示》,《甘肃政法学院学报》2017年第2期。

[3] 扬-维尔纳·米勒,《危险的心灵:战后欧洲思潮中的卡尔·施米特》,页122。

大空间思想的展现。然而，伴随美国力量的强大，经西奥多·罗斯福和威尔逊总统的重新诠释，门罗主义在20世纪初成为普世性－帝国性全球原则，实现了由原初的区域防卫性质向普遍干涉的普世主义的改造，"将自由民主的原则无地区差别和界限地推延到整个地球和全人类"。[1]

放宽历史的视野，美国的成长壮大直至成为世界主导性力量，从正面看，就是自身主权拓展到超越主权的大空间直至主宰世界的普世主义的过程；从反面看，则是不断否定对手提出的大空间理论，最终穿透对手的主权藩篱的过程。当美国提出《门罗宣言》时，是对欧洲神圣同盟的普世主义的反对；当美国即将成为世界霸主时，就用其所代表的普世主义意识形态来压倒德国和日本的大空间理论。

为此，在警告德国要吸取门罗主义走向普世帝国的前车之鉴的同时，施米特坚定认为未来世界必定走向诸多政治单元的统一体，故而要"揭示一个国际法的大空间原则的健康内核，并使之为我们欧洲大空间而得到符合其本义的发展"。[2]究其实质，就是要主张恢复大空间秩序（门罗主义）的应有内涵，用大空间秩序取代国家、普世帝国，使之成为国际秩序的核心。

在施米特眼中，大空间排除外来势力的干涉，它是对抗以普世主义之名推行的干涉主义的现实出路。施米特将之

---

〔1〕 方旭，《以大空间秩序告别普世帝国》，《开放时代》2018年第4期。
〔2〕 施米特，《以大空间对抗普世主义》，《论断与概念》，页403。

置于19世纪旧的国家间秩序与普世主义世界政府理想之间，视之为人类和平希望所在，此为新的大地之法，"主导国"将成为这个大空间时代的中心政治单位。然而，我们切不可想当然地以为大空间格局是各族人民日益拓展其活动范围的结果，是走向全球共同体的准备。[1]

在施米特看来，大空间时期并非一个过渡阶段，未来世界最终仍将演进成为一个以区域秩序为基本单位而相互联系的国际生态，而非全球政府。虽然赞同科耶夫对国家死亡的诊断以及对现代性的分析，但施米特对于其所主张的冷战时期的二元主义乃是世界统一体的前奏这一观点，却难以认同。在他看来，恰恰相反，这只是介于欧洲国家时代和新的大空间时代之间的一个阶段而已。[2]

> 当今世界的（东与西，或者陆地与海洋）二元对立
> 并不是统一之前的最后冲刺，也就是说，并不是历史的

---

[1] 在《例外的挑战：卡尔·施米特的政治思想导论（1921—1936年）》一书中，乔治·施瓦布指出：施米特把大空间概念解释为"从传统的民族国家向单一世界的普世主义过渡的过程中不可避免的中间阶段"便是典型误读的一个代表。参见乔治·施瓦布，《例外的挑战：卡尔·施米特的政治思想导论（1921—1936年）》，李培建译，上海：上海人民出版社，2015，页25。

[2] 在1962年的一篇文章中，鉴于大量亚非国家独立之后纷纷加入联合国，美国已经不再能够控制第三世界之现实，施米特就认为，世界的二元结构最终将被一种多元–多极格局所取代。参见施米特，《第二次世界大战之后的世界秩序》，李柯译，吴彦、黄涛主编，《国家、战争与现代秩序：卡尔·施米特专辑》，上海：华东师范大学出版社，2017，页54。

终结。……我正在寻找一种新的全球nomos，一种新的大地之法；这种法不是来自几个诺贝尔和平奖的得主可以将权柄托付到他手上的那个世界主人的宣示；而是来自一种声势浩大、你来我往的"权力角逐"。[1]

事实上，施米特的政治概念始终是内在地与空间界分论联系在一起的。在施米特那里，政治统一体边界的扩展、帝国的建立，并不意味着人类最终会走向一个国家、一个民族。世界仍是政治的多样体，而非政治统一体。在新的全球秩序中，政治仍然存在，敌友划分仍然存在，而且"也只有这样一种敌对关系才有可能激发出施米特所谓的'历史能力'（Geschichtsfähigkeit）"，[2]进而使得历史永不终结。

（二）大空间秩序的基本构成与运作逻辑

根据施米特的看法，大空间（Grossraum）是一个介于国家与世界政府之间的国际法单位，它在民族国家体系解体后成为地球秩序构建的一种选择。大空间对应于帝国概念，它体现了一套理念与原则，并在此空间内排斥外部列强的干涉。大空间内的一个国家充当此空间的代表，在此意义

---

〔1〕 "科耶夫–施米特通信"，科耶夫等，《科耶夫的新拉丁帝国》，邱立波编/译，北京：华夏出版社，2008，页170。

〔2〕 扬–维尔纳·米勒，《危险的心灵：战后欧洲思潮中的卡尔·施米特》，页133。

上，它是一个"帝国"。大空间和帝国应当取代国家，成为国际法的中心词汇。在施米特绘制的"新世界蓝图"中，国家不再是国际法中唯一的空间单位，大空间成为新的"大地法"的标志。在大空间中，一个代表性的国家发挥着重要作用，而大空间中的各个国家仍然是主权独立的。此外，大空间"优位"于普世主义的支配或干涉——普世主义可以说是那种突破各种空间界限而肆意践踏他者的帝国主义的理论工具，大空间则体现着尊重、礼让、和平与理性的精神。

正如施米特所说：

> 一个新国际法的新的秩序概念是我们奠立在一个民族性的、为一个民族所代表的大空间秩序之上的帝国概念。这个概念包含着一种新的国际法思考方式的内核，这种思考方式从民族概念出发，并完全容许包含在国家概念之内的秩序要素存在，但同时却能够适应当今的空间观念和现实的政治生命力；这种思考方式可能是"属于行星的"，即属于地球空间的，而又并不消灭民族和国家，并不像西方民主国家的帝国主义国际法那样，从对旧国家概念之不可避免的超越走向一个普世主义-帝国主义的世界法。[1]

在这里，不难看出施米特正是依托门罗主义来建构其大

---

[1] 施米特，《国际法中的帝国概念》，《论断与概念》，页417。

空间秩序理论的。按照施米特的说法，原初的门罗主义意味着：产生这个主义的是一个"在政治上已经觉醒的"民族，它禁止外来的力量干预到本大空间之内，它拥有一种从历史角度来看强有力的、政治性的理念。[1]而大空间秩序则明显是一种经改装的"2.0版的门罗主义"，它由三项基本要素构成：单一主导国（Reich）、支撑大空间的政治理念（politische Idee）以及以排斥普世主义干涉为核心特征的大空间之间的关系。

单一的主导国

施米特所提倡的大空间概念，其结构一直都非常模糊。其中，只有对于Reich概念的分析最为细致。首先，施米特区分了普世主义帝国（imperium）与主导国（Reich）的不同。他指出，前者具有普世主义的内涵，在现实中表现为积极扩张的帝国主义，而后者则在本质上具有民族规定性。故而，二者具有对立性。普世主义帝国是对民族国家的取缔，其背后暗含的其实是强权逻辑，施米特显然不能认同，他认同的是在某个大空间内具有自身民族规定性，同时又尊重其他民族之政治生存，且对各民族之共同生活具有代表性与规划性的、作为一个巨大的历史性组织的国家。

国际法之可能性与未来，取决于对各民族共同生活

---

〔1〕 莫尔顿，《施米特的大空间秩序概念》，《科耶夫的新拉丁帝国》，页321。

之真正具有代表性和规划性的值的正确认识，并使之成为讨论和概念构成的出发点。这些代表性的和规划性的值今天已不再像18和19世纪那样是国家，而是主导国。[1]

然后，施米特又对主导国的资格进行了如此界定：

一个新的地球秩序以及一种成为当今头等国际法主体的能力，不仅需要高度"自然的"与生俱来的品质，而且还必须要有自觉的纪律、高度的组织和以自己的力量创造现代国家机器并将之牢牢掌握在自己手中的才干，这是只有高度集中人的理智力量才可能完成的。[2]

与纳粹法学家企图通过社会的完全生物化而将现有国际法虚无化并加以重构不同，施米特并未明确主张将德意志的民族性置于其他民族性之上，大空间中的单一"主导国"也并不取决于其自身的种族属性。施米特认为，单纯地依赖民族意味着忽略了国家所取得的"秩序上的真正成就"，在大空间中，"用有机的民族完全取代'形式上的国家'也必然带来'有限战争'观的死亡，以及他一直颇为珍爱的旧欧洲

〔1〕 施米特，《国际法中的帝国概念》，《论断与概念》，页406。
〔2〕 同上，页414。

公法中包含的交战国之间彼此平等原则的失效"。[1]正是对这种"政治性"的坚持，在某种程度上，使得施米特的大空间理论与希特勒鼓吹的生物学范畴上的"生存空间"（Lebensraum）政策区别开来，并在当下仍然具有可堪借鉴的意义与价值。[2]

对于大空间内部处于领导地位的帝国与其中的国家和民族的关系，施米特在"二战"以后对大空间概念的研究，可以让我们对此有一个更加清楚的观念。根据莫尔顿的归纳，在大空间内部，主导国的主导地位被强调到如此程度，以至于大空间已被等同于"真正的Reich"，而反过来，主导国也就是"独立的大空间"的代名词。

具体而言，每个真正的主导国都有一个为保护某些"特殊利益"而确定的"空间界域"，而这些利益又是超越了主导国疆域的。鉴于大空间并不等同于一个扩大版的国家，所以在大空间之内，主导国并不享有传统意义上的主权，享有的只是一种所谓的"空间主权"（Raumhoheit）（页263），这主要体现为跟磁铁周围的磁场相类似的"势力范围"。[3]空间主权影响力的大小要视距离主导国的远近和对于帝国的反

---

[1] 扬–维尔纳·米勒，《危险的心灵：战后欧洲思潮中的卡尔·施米特》，页62。

[2] Andrea Gattini, "Sense and Quasisense of Schmitt's Grossraum Theory in International Law: A Rejoinder to Carty's 'Carl Schmitt's Critique of Liberal International Legal Order'", 15 *Leiden Journal of International Law* 2002, p.62.

[3] Ibid., p.60.

抗而定。虽然对Reich跟大空间中的国家与民族究竟是什么关系，施米特几乎没有正面讨论过，但有一点是清楚的，那就是这个主导国有权干预整个大空间的事务，而且决定它的这些权利可否实施的，只能是主导国自己。

不干涉主义（大空间之间的关系）

就其本身而言，施米特的大空间理论并不支持纳粹意识形态的政治至上性。虽然施米特认为，新型国际法的原则首先在德国出现，但根据他的观点，他的大空间理论应当适用于"所有的生存空间和其他的历史情景"。如果说，门罗主义下的美国曾经是一个准大空间，那么其他大空间的出现也是可能且必需的。从1939年直到战后岁月，施米特始终都抱持这样的立场：世界被划分为几个大空间，对于盛行于国际事务当中的无序状态而言，乃是最有出路的解决办法。

就大空间之间的关系而言，除了最为核心的彼此之间互不干涉之原则外，基于莫尔顿对其著作的归纳，大体还衍生出以下特征：其一，它至少要由三个或最好是由更多"独立的大空间"构成；这些大空间可以形成一种全球性的力量平衡，而这种平衡接下来又会产生一种表现为彼此平衡的力量体系的世界秩序。其二，这些大空间彼此是相互承认的，而这又意味着它们会承认彼此的领土完整、经济和社会制度以及发动战争的权利。大空间之间的力量平衡可以"使得多个政治实体（Groesse）的共存成为可能"，而这些实体"彼此之间不会将对方看作罪犯，而将看作各种独立秩序的担当者"。其三，这些大空间将会"在一个新的水平上，通过各种新的维度"来产生一种新的、与18世纪和19世纪的欧洲国际法没有任何共同之处的国际法。[1]

揆诸他的思想脉络，此处我们能知道的是两个基本点：其一，大空间理念尽管与国家理念不同，但仍然与世界一统的观念南辕北辙；理想状态是一种由多个大空间组成的、恰如其分的"多元状态"，因为这足够建立起"有意义的敌对性"。诚如上述所言，这种敌对性也就是那种构建了政治并且使之永恒不衰的敌对性。施米特期许的乃是"一种声势浩大、你来我往的'权力角逐'"。[2]

其二，"大空间"是新的富有生命力的国际法单位，这一国际法单位立足于自身的边界内存在的特定历史脉络和具体秩序，并因而有自身特定的法则。换言之，每个大空间秩序各有自身不同的政治理念，越过这一边界到另一个空间，政治理念即为之一变。就大空间之间而言，正是因为若干理性区分的边界内的空间各有不同的政治理念，大空间才能够有效排斥所谓"普世主义"的价值僭政，避免普世主义英美帝国贩卖私货的干涉主义。

---

[1] 莫尔顿，《施米特的大空间秩序概念》，《科耶夫的新拉丁帝国》，页330。

[2] "较之盎格鲁－美利坚的'伦理－道德意义上的敌对关系'，照施米特看来，非消灭敌人的敌对关系和非歧视性对待敌人更容易取得成功——即便是从道德的观点来看。"参见扬－维尔纳·米勒，《危险的心灵：战后欧洲思潮中的卡尔·施米特》，页125。

政治理念（大空间内部的关系）

施米特认为，大空间的意思是一块块被代表着截然不同的政治理念的主导国所统治的区域。大空间概念在国际法中被固定下来之前，必须得到政治理念的支持。这个理念之中往往包含一个特定的对手，盟友和敌人本质上由这个政治理念所确定。[1]门罗主义的创始者将高举干涉大旗的、代表欧洲正统原则的神圣同盟看作敌人，反对来自他们的干涉主义，同时宣称亦不干涉任何欧洲大国的内部事务，以此捍卫自由和独立国家的政治理念。根据施米特的观点，由于一个新的大空间在中东欧兴起，西方民主国家的普世主义和干涉主义政策已经开始瓦解。

这个大空间的中心组成就是第三帝国，代表着反对外来势力干涉的政治理念。这种政治理念，根据施米特的说法，由希特勒在1938年2月20日的国会演说以及1937年11月5日的《德-波少数民族宣言》中做出了明确的表述：建立在民族社会主义共同体思维之上的现在的德国法律，为居住在外国的日耳曼少数民族提供保护。[2]在这个意义上，在欧洲的这一区域，由《凡尔赛条约》和国联承诺的对少数民族进行保护的普世主义和干涉主义框架就此终结。

更确切地说，第三帝国代表的这种政治理念包括为了给

---

[1] 本德斯基，《卡尔·施米特：德意志国家的理论家》，陈伟、赵晨译，上海：上海人民出版社，2015，页254。

[2] 乔治·施瓦布，《卡尔·施米特大空间概念的背景研究》，《例外的挑战：卡尔·施米特的政治思想导论（1921—1936年）》，页232—233。

德意志少数民族提供更好的保护，把它们同德意志帝国整合起来，同时，以防止少数民族和其他外来民族融合的手段来保证德意志民族共同体的发展。大空间之内的所有民族群体，无论是德意志民族还是非德意志民族，都将被允许作为独立的民族实体，在德意志霸权之下生活。[1]

换言之，尽管第三帝国将排除空间之外的力量，独自主宰这个空间的政治前景，但其内部关系在施米特的理论构造中仍是以对每个民族及其特性的尊重为基础的。

> 不论对沦亡的罗马帝国民族观的回忆，还是西方民族帝国之同化和熔炉理想，都使帝国主义概念与一个从民族角度理解的、尊重一切民族生存的Reich概念形成了最强烈的对比。由于德意志帝国位于欧洲中央，处在自由民主的、同化着各民族的西方大国的普世主义和布尔什维主义世界革命的东方普世主义之间，而且必须在两条战线上保卫非普世主义的、民族性的、尊重各民族生活制度的神圣性，这种对立情况显得尤为强烈。[2]

尽管如此，施米特的大空间理论仍旧显得过于抽象，对他言称必需的新型国际法也没有做出翔实的设计。[3] 大空间

---

〔1〕 本德斯基，《卡尔·施米特：德意志国家的理论家》，页255。
〔2〕 施米特，《国际法中的帝国概念》，《论断与概念》，页406。
〔3〕 战争期间，他曾经的学生从东线告假回乡，听完施米特对大空间热情洋溢的解释后回应："您的大空间范围有多大其实并不重要，关（转下页）

如何区别于一个扩大版且技术上更为有效的国家？主导国的政治理念何以"辐射"到整个大空间？主导国的政治理念能否对主导国自身产生约束？这些问题，施米特从未提及。有学者指出，"政治理念"之所以如此模糊，是因为施米特意图借助其来解决的问题——创制出可堪消除纳粹粗暴的占领与压迫形式的充分的政治同质性——过于困难使然。[1]

换言之，在第三帝国的外交政策未充分明朗之前，施米特如欲将其对外扩张纳入自己的"大空间"构想中加以正当化与理论化，客观上需要给核心概念留下足够的腾挪空间。本质上，政治理念的模糊性，甚至整个大空间理论的模糊性，是施米特提出这种理论抱持的两种目标之间存在的张力过大使然。

在1939到1941年间，施米特认为由于欧洲地缘政治现实的变化而有必要在国际法理论中引入"大空间"这个新概念。鉴于德国在中欧政治上的主导地位，所以他通过著作鼓吹德国拥有在与整个欧洲大陆直接相关的问题上做决断的权力，主张德国也应在欧洲做到美国在西半球成功做到、日本企图在亚洲做到的事情。为此，他根据既有的政治理论对这种新政治体的存在进行理性化，将其视为可堪代替普世主义的一种崭新的世界秩序。不过，施米特从未鼓吹过战争和让

（接上页）键是人民在其中究竟是如何生活的，这才是重要的。"本德斯基，《卡尔·施米特：德意志国家的理论家》，页256。

[1] Peter Stirk, Schmitt's "Völkerrechtliche Großraumordnung", 20 *History of Political Thought* 1999,p.372.

纳粹统治欧洲。

施米特尽管没有对德国大空间的领土方面做出明确界定，但他援引门罗主义作为其主张——大空间不是抽象的或漫无边际的东西，而是包含着能够获得承认的（领土）界线——的基础。显然，在施米特保守的区域主义预设、追求领土划界型的生活方式以及反普世主义的立场，与谋求大陆霸权，进而获得能够实施种族主义或全球统治的生存空间的纳粹终极目标之间存在难以调和的矛盾。[1]伴随纳粹的不断扩张，特别是入侵苏联与美国的参战，德国陷入一场全球性的观念冲突之中，施米特大空间政治学之命运就此注定。

客观评判，施米特正确地诊断了希特勒外交政策的一个特殊阶段。对施米特而言，这个阶段是个关键阶段，它为拓宽国际法的框架进而造就所谓的"国际法的大空间秩序"（Völkerrechtliche Großraumordnung）提供了可能性；而对希特勒而言，这个阶段只不过是一个连续过程中的转折点而已，它注定要展示一个不包含任何领土界线的雄心勃勃的计划。[2]此等理想与现实之间的错位、学术与政治之间的张力，最终导致施米特提出的新秩序理论只能是模糊的和未充分理论化的，事实上也从未超出一种单纯批判性而非系统建构性的观念模式。

---

〔1〕 William Hooker, *Carl Schmitt's International Thought: Order and Orientation*, Cambridge: Cambridge University Press 2009, p.148.

〔2〕 乔治·施瓦布，《卡尔·施米特大空间概念的背景研究》，《例外的挑战：卡尔·施米特的政治思想导论（1921—1936年）》，页235。

伴随德日的失败，世界进入美苏争霸的冷战时代，短期内并不存在一个大空间秩序崛起的可能。然而，无论前景多么渺茫，多么难以想象，施米特仍旧拒绝放弃这一最初用来理论化与正当化20世纪30年代国际政治情势的大空间观念，并执拗地继续将其作为解决未来全球秩序问题的一个最理想的答案。

诚如上述所言，在1955年《新的大地之法》一文中，他仍旧坚持未来最理性的世界秩序需要建立在若干大空间或区域性联盟之间的平衡基础之上，而实现之前提是彼此"能够合理划分界限并且内部实现同质化"。[1] 在1962年《第二次世界大战之后的世界秩序》一文的末尾，他对此进行了进一步说明：大空间秩序的目标不仅仅是排除外部大国的干涉这一消极防御功能，大空间体系的成功还必须建立在一种内部秩序的基础之上，每个大空间必须确保"用充分就业、稳定的货币和广泛的消费自由保障工业化地区普罗大众在生存上的合理安全"。"只有当新空间找到了契合任何需求的内在途径，新的大空间的彼此平衡才会起作用。"[2] 在某种意义上，战后施米特的空间理论聚焦于大空间"在自身内部和彼此之间都能保持理性平衡"这一问题，虽然他点出了衡量

---

[1] Carl Schmitt, *The Nomos of the Earth in the International Law of Jus Publicum Europaeum*, translated and annotated by G. L. Ulmen, New York: Telos Press Publishing, 2006, p.355.

[2] 参见施米特，《第二次世界大战之后的世界秩序》，《国家、战争与现代秩序：卡尔·施米特专辑》，页70。

"理性平衡"的某些粗略标准，但如何制度化地达致这种平衡以及如何维持这种平衡，与"二战"时代一样，施米特仍旧未置一词。

小结

尽管施米特对国际政治秩序的论述主要体现在《大地的法》（1950）一书中，但他关于战争、敌人、国内政治与国际政治的关系等问题实际上早在《政治的概念》（1927）中就已经涉及了。在《政治的概念》中，施米特面对的是主权国家解体的问题，而在《大地的法》中，他意在解决的则是世界秩序的解体问题。在这种意义上，《大地的法》只是为他在《政治的概念》中所提出的论题提供了一种更详尽、更全面的历史性分析而已。"……今天国家所面临的问题，其程度之深是几个世纪以来所没有的"，这个见解是施米特《政治的概念》一书的起点。而在1939年之后的每一篇作品中，施米特要么认为国家已经死亡，要么试图证明它正在死去。之所以对国家问题投入巨大关注，是试图说明现在国家已经没有能力应对20世纪的新危机。他的目标，用他自己的话说，就是要"扬弃国家的神话"。[1]"秩序诞生于整合"（Ab integro nascitur ordo），[2]大空间应当取代国家，成为新的国际法的单位，成为新的"大地法"的标志。

---

〔1〕 莫尔顿，《施米特的大空间秩序概念》，《科耶夫的新拉丁帝国》，页325。
〔2〕 施米特，《国际法中的帝国概念》，《论断与概念》，页417。

施米特在《政治的概念》中已经提到现代科技的发展将迫使小国丧失对外战争法权，从世界政治舞台中退席，通过臣服于大国来寻求保护。在这种保护与臣服的关系中，大国与若干小国构成的正是所谓的"大空间"。但是这种"臣服"似乎只具有理论上的或然性，现实中是基于单纯武力的"威服"，还是基于双边或多边条约的主动加入，抑或得益于主导国"政治理念"的魅力而"德服"，施米特从未提及。

如果说施米特提出大空间构想之时，可以明确中欧与东欧的"秩序"只能通过征服产生出来，那么在"二战"之后，特别是身处两个普世主义帝国对峙的冷战时代，在本质上排斥普世主义的大空间秩序究竟应当如何形成？施米特仍旧言之不详。他一直强调秩序的要素，忽视自由的要素，但统治的问题乃是一个跟"秩序化的自由"有关的问题。毕竟"对于很多人来说，自由的好处，甚至是刚刚获得独立的那些落后小国所得到的很可怜的好处，以及其他非物质性利益，都要比福利国家、物质丰裕甚至还有很多国家在今天都认为是想当然的安全保护之类的东西，来得更加重要"。[1]施米特将政治事务中的道德要素排除，在使得他的大空间理论可以自圆其说之时，却不可避免地显得过于机械。大空间的形成机制问题，可谓他的大空间秩序理论最大的短板。

---

[1] 莫尔顿，《施米特的大空间秩序概念》，《科耶夫的新拉丁帝国》，页332。

二、田畑茂二郎的"大东亚国际法": 大空间理论的精致化

19世纪末20世纪初,在西方殖民势力冲击之下,中华帝国的朝贡体系开始分崩离析,东亚在列强标榜的普遍主义国际法的基础之上重建了新的秩序模式,也就是转为根据新的主权概念,由享有主权的国家之间相互订立条约而形成国际关系,但这并未水到渠成般地带来应有的秩序。伴随以德国为首的新兴国家的崛起,世界体制在19世纪后期经历了从"单一中心结构"向"多元中心结构"的结构性变迁。在这一变动过程中,不可避免地会出现列强之间的激烈竞争,从而加强对新近编入的周边国家的压迫。[1]日本充分利用这一时期不安定的国际秩序,在列强走向势力同盟的大趋势下,成功与英国结盟,并在阻止俄国南下的同时,上升为这一地域的"中心"。

在英美支持下,日本先后吞并中国台湾(1895)和朝鲜(1910),进而侵占中国东北,扶持傀儡的"满洲国"。伴随日本势力在中国的进一步扩张,日本与英美的矛盾不可避免地激化,"华盛顿体系"维持了近十年之久的远东和平开始

---

〔1〕 白永瑞,《思想东亚:朝鲜半岛视角的历史与实践》,北京:生活・读书・新知三联书店,2011,页9。

崩解。[1]就许多日本人看来，种族与文化才是最后的决定因素。在这种情势下，日本选择的道路是结束以"门户开放"为标志的"无中心的东亚"，[2]由"脱亚"（英美主导的全球主义）转向"兴亚"（日本主导的区域主义），而这种超国家主义的区域主义在现实中的最终表现便是代表"亚洲新秩序"的"大东亚共荣圈"。

与德、意两国为中心的"欧洲新秩序"一样，此等亚洲"新"秩序建立在摧毁两个现存的"业已丧失成长之能量"的"旧"秩序——以英美为代表的"国际资本主义"和以苏联为代表的"国际社会主义"——基础之上，[3]而意欲达致的终极目标便是所谓"八纮一宇"的建国理想。[4]

在太平洋战争如火如荼之际，1943年11月，在日本外相重光葵的主持下，大东亚"各国首脑"在东京召开了第一次大东亚会议，通过了一个标榜大东亚"各国""共存共荣"和

---

〔1〕 卡尔，《两次世界大战之间的国际关系：1919—1939》，徐蓝译，北京：商务印书馆，2010，页14—16。

〔2〕 马厄利尔·詹逊，《日本的世界观：两百年的变迁》，柳立言译，香港：商务印书馆，2016，页103。

〔3〕 高宗武，《高宗武回忆录》，陶恒生译，北京：中国大百科全书出版社，2009，页173。

〔4〕 "八纮一宇（'掩八纮而为宇'）这一'建国理想'并不是日本侵略亚洲的原因，而只不过是为了找到一个能够使侵略亚洲的帝国主义战争这一既成事实正当化的口实，是从日本建国神话中发现并加以夸张解释的一句话罢了。这句话并没有'天皇统治世界'这样明确的意思，正如外交文件中常见的译文'Universal Brotherhood'所表达的，它不过是'世界同胞主义'这样一般性的词句。"参见近代日本思想史研究会，《近代日本思想史》（第三卷），那庚辰译，北京：商务印书馆，1992，页111。

"尊重彼此自主独立地位"的《大东亚共同宣言》，并制定了一些相关的条约与文件。由此，大东亚共荣圈作为"二战"期间日本主导下的一种东亚秩序构想在历史上占据了一席之地。[1] 而本文后续所考察的"大东亚国际法"就是为这个大东亚共荣圈构想提供正当性支持的一整套国际法理论。德国在中东欧的崛起促发了"第三帝国国际法"研究的兴盛，[2] 同样，彼时日本诸多国际法学家也通过著书立说的方式纷纷"献计献策"介入"大东亚共荣圈"的理论构建。总体上，这些国际法学者试图为彼时的日本政府找到一种既能最大限度地获得国家利益，又能顾及现代社会文明规范的理论依据。

（一）大东亚国际法的理论背景

要深入理解大东亚国际法的理论源头，首先必须回顾一下"一战"后蓬勃兴起的国际法学批判思潮。这一思潮所针对的对象就是盛行于19世纪的原子论国际法秩序观。根据这一理论，每个主权国家的存在都具有至高无上的价值，国际法和宪法皆不能对其进行限制，这些价值体现为国家在任何情况下都不受侵犯的基本权利，国家为了维护这些基本权利可以自由地采取任何行动，包括动用武力甚至发动全面战

---

〔1〕 林庆元、杨齐福，《"大东亚共荣圈"源流》，北京：社会科学文献出版社，2006，页422—423。

〔2〕 Detlev F. Vagts, "International Law in The Third Reich", 84 *The American Journal of International Law* 1990, pp.678-681.

争。这无疑是一种无限膨胀了的绝对主权说。

坚持这一学说，必然引发一个尖锐的问题：如果在国家之上不存在任何超越性的规范性秩序和共通利益，国际法的最高且唯一的来源就是主权国家意志的话，那多个享有绝对自由的国家又如何能够组成一个有序的社会？"一战"的爆发从根本上动摇了这种国际秩序观的可信赖性，暴露了这套理论中存在的一些结构性问题，人们开始重新反省这种秩序观的妥当性和主权概念的应有边界。以凯尔森为代表的维也纳学派的批判方向实际上就是通过重构普遍主义来克服原子论秩序观的弊端和危害：主权是一种法律上承认的构成物，国内的法律体系不能免于国际法的制约。[1]

这种理论努力与创立国际联盟的实践结合在一起，让许多学者看到了国际社会迈向统合的希望。然而，在彼时的日本学者看来，原子论秩序观是欧美国家的主权观念走向极端后的产物，对这种秩序观的反省，是欧美碰壁之后的自我缓冲。[2]可是，这缓冲的对象——绝对主权论——对于日本来说并不存在，因为刚刚加入国际社会的日本还不具备生长这套理论的土壤。

更重要的是，立基于巴黎和会的条约体系，在彰显由英美主导的普遍主义世界秩序确立之同时，却深深刺痛了第一

---

〔1〕 篠田英朗，《重新审视主权：从古典理论到全球时代》，戚渊译，北京：商务印书馆，2004，页95—97。

〔2〕 一叶，《"大东亚国际法"的光和影》，高全喜主编，《大观》（第4卷），北京：法律出版社，2010，页67。

次世界大战的失败者与失意者，埋下了复仇与修约的种子。从20世纪30年代开始，日本向中国北方的武力扩张，墨索里尼在北非和地中海意图恢复罗马帝国的旧日荣光，与希特勒在中东欧开辟"生存空间"的野心在战略导向上大体是一致的。1940年《德意日三国同盟条约》的签署，正式给世界其他列强发出了明确警告：世界上最坚定的修约主义国家已经团结起来，要把1919年在巴黎建立起来的病态的国际体系彻底摧毁。[1]此等国际政治风候的"公转"直接决定了日本学术导向的"自转"。

在当时的日本学者看来，近代国际秩序的内在矛盾是在标榜国际法和文明国际秩序的同时，由霸权国家主导这一秩序的方向；条约体系的最大缺陷在于对"现存事实的正当化"（Legitimierung des status quo），而未细究"现存事实的正当性"（Legitimitaetdes status quo）。鉴于此，为了打破这种由欧美主导的所谓的"普遍主义"国际法，需要提出一种非欧美式普遍主义的新的秩序原理。尽管从逻辑上说，对前者的批判可以导出多种新的国际秩序论，然而，揆诸彼时日本所处的特定国际格局，这些批判性思维大部分不得不被吸纳到多元主义地域秩序论（即广域秩序论）之中，并与"大东亚共荣圈"的政治实践不可分割地结合在了一起。

如果说"大东亚共荣圈"根植的思想基础，乃是日本

---

〔1〕 罗伯特·格瓦特，《战败者：两次世界大战间欧洲的革命与暴力，1917—1923》，朱任东译，南京：译林出版社，2017，页252。

在脱离中华秩序过程中形成的"亚细亚主义",那么旨在为"大东亚共荣圈"提供正当性的"大东亚国际法"理论则直接导源于施米特的"大空间秩序理论"（日译为"广域秩序论"）。或者如大沼保昭所言,"大东亚国际法"乃是"亚细亚主义"、施米特的"大空间理论"以及美国门罗主义的一种杂糅与混合。[1] 在建构"大东亚国际法"的过程中,以安井郁（东京大学教授）、松下正寿（立教大学教授）、田畑茂二郎（京都大学副教授）为代表的日本学者对美国的门罗主义和施米特的"大空间理论"进行了细致的考察。[2]

在此基础之上,在彼时的日本学者看来,依托门罗主义的初始设计,施米特对普遍主义国际法学的抽象性批判与地域主义的新秩序论的勾连,恰可为他们提供一套妥适的概念装置,以此作为支点可望打破静态的国际法学规范的束缚,从而实现改变国际社会现状的诉求。[3] 同时,施米特"大空

---

〔1〕 Onuma Yasuaki, "'Japanese International Law' in the Prewar Period: Perspective on the Teaching and Research of International Law in Prewar Japan," 29 *Japanese Annual of International Law* 1986, p.41.

〔2〕 针对大东亚国际法理论的具体研究成果,在1942至1943年间涌现。当时,曾有出版发行十二卷《大东亚国际法丛书》的计划,但最终可确认的实际发行数为四卷,其中的两卷分别是：松下正寿所著《米洲廣域國際法の基礎理念》（東京：有斐閣,1942）与安井郁所著《歐洲廣域國際法の基礎理念》（東京：有斐閣,1942）。参见明石欽司,《"大東亞國際法"理論：日本における近代國際法受容の歸結》,《法学研究》2009年第1号,页264—265。

〔3〕 田畑茂二郎,《ナチス国際法学の転回とその問題的意義》,《外交時報》1943年第107卷1号。

间理论"内部构成的模糊性，在为日本学者结合政治现实提供自主挥洒的创造空间之同时，也无形中造就了以松下正寿为代表的军国主义"大东亚国际法"与以田畑茂二郎为代表的"大东亚国际法"之间的微妙分野。

（二）大东亚国际法的理论构成

不可否认，当时大东亚国际法还并非实定法，更不存在一个统一的理论，但我们仍能从诸多学者的论述中看出，当时与大东亚国际法直接相关的研究具有"先破后立"两个侧面："批判在东亚适用的近代国际法规范"和"构建崭新的大东亚国际法理论"。[1]在田畑茂二郎看来：

> 今后规约东亚诸国关系的国际法，不会是根据东亚的特殊性，对既有国际法进行形态上改变的结果。不像特别国际法之于一般国际法，规约东亚诸国关系的法和既有的国际法，不是同一层面上的问题。必须认可其根本法理念已经转变、完全不同。[2]

换句话说，"近代国际法的根本法理念"缺陷如此之大，

---

〔1〕 参见安井郁，《欧洲広域国際法の基礎理念》，東京：有斐閣，1942，页2—3。

〔2〕 田畑茂二郎，《東亜共栄圏国際法への道》，《外交評論》1943年第23卷12号。

单纯的变通适用已难以济事，构筑大东亚国际法理论，就必须釜底抽薪，确立将其取而代之的崭新的"大东亚国际法的根本法理念"。故此，他主张：

> 要在东亚倡导新国际法，就必须充分探讨从前规制国际关系的近代国际法诸原则崩坏之原因，明确提出新秩序的理由。[1]

如欲奠定地域主义国际法的基础，首先就必须否定以维也纳学派为代表的国际法秩序统一构成说。在1942年《国际法秩序的多元构成》这篇论文中，田畑指出，国际的国际法主体性不是由普遍适用于所有国家的一般国际法来赋予的，而是由国家相互间的原初合意和基本契约来赋予。在这个意义上，国际法秩序与国内法秩序存在本质差别，后者是通过一般性法律来规定其成员资格从而排除他者的封闭体系，而前者的成员资格并非如此，所有国家只要具备国家的成立条件便可自由地形成国际关系。这是一个自由敞开的秩序，没有固定的界限。[2]

在1943年发表的《纳粹国际法学的转变及其问题的意义》一文中，借鉴德国学界所主张的"国际法的民族性理

---

〔1〕 田畑茂二郎，《東亜共栄圏國際法への道》，《外交評論》1943年第23卷12号。

〔2〕 田畑茂二郎，《國際法秩序于の多元の構成（二）》，《法学論叢》1942年第48卷2号，页35—49。

论",田畑深化了对国际法秩序统一构成说的批驳。当时许多德国国际法学者指出,形形色色的法的价值判断,都基于特定民族的法感觉与法意识存在,并受到民族的约束,都是具体·个别民族独有的,不可能是抽象的·普遍的东西。故而,只要国际法规范以法的价值为内容,根据各民族法观念的不同,国际法观念也会当然不同。由此,田畑指出:

> 不能依据普遍原理赋予国家间的国际法关系价值,不能认为国家间国际法关系只可基于普遍原理存在。各国间的国际法关系,以各国固有的结合为前提,具有用"相对于一般存在的特殊存在"这个原则无法充分解释的独特价值。[1]

这就是说,所谓的国际法秩序并非一个统一的、普遍的规范性秩序,而是多个规范性秩序、多元性理念的集合。

国际法人种·民族的制约论,否定了刻板的普遍主义,展现了对国际法秩序构造的全新认识,但其致命缺陷却在于未能充分说明将诸民族真正结合在一起的客观要因。在田畑看来,只要人种·民族的同类性还只是单纯的自然条件,就仍不足以导出诸民族规范意识的真正一致。要把那种自然的类似性提高到规范性意识的一致,客观契机的介入最为必

---

[1] 田畑茂二郎,《ナチス國際法学の転回とその問題の意義》,《外交時報》1943年第107卷1号。

要。而广域国际法中的广域，正是客观契机的呈现。

> 广域秩序超越了（人种、民族的同一性这种）简单
> 而自然的前提，是一个更加具体的、历史的、政治的意
> 义统一体，并在这种意义统一体的规定之下思考各个民
> 族的结合。[1]

在同年底发表的《迈向东亚共荣圈国际法的道路》一文
中，他首次明确以"广域秩序论"来证明"大东亚共荣圈"
的合理性（后者是前者在实践中的对应物）。他认为，东亚
地区有自己固有的国际法，这种认识在理论上与近代国际法
的国家合意说并不矛盾。但东亚国际法与近代国际法是两种
不同类型的法律秩序，不像特殊国际法和一般国际法那样处
于同一层面。在实践中，"大东亚共荣圈"构成了一种特殊
的法律秩序，一个广域秩序，"共荣圈"内所适用的"东亚
国际法"根据域内各国的实际特点对近代国际法的形态进行
了修正，并且带来了法律理念的根本转换。[2]

"法律理念的根本转换"集中体现在对近代国际法之基
石——"国家绝对平等原则"——之修正上，对此原则的批
判构成了地域主义国际法理论家视线共同聚焦之核心。只要

---

〔1〕 田畑茂二郎，《ナチス國際法学の転回とその問題的意義》，《外交時報》
　　 1943年第107卷1号，页15。
〔2〕 田畑茂二郎，《東亜共栄圏國際法への道》，《外交評論》1943年第23卷
　　 12号，页14。

国家"意思一致"，国际法关系便当然成立。这是近代国际法独特的法理念。也就是说，不论什么样的法原则被一般化，只要当事国之间达成合意，国家就能自由建立单独的法关系。在田畑看来，这种没有任何客观价值基准的只因是国家故而平等的原则，最终只会助长事实上的不平等。条约不管在怎样不同的国家间都被缔结了，且不管在怎样不同的国家间都可能被缔结。

可是，只看到国际法关系被条约化的一面，只看到国家"意思一致"这个共同点，就认为国际法关系都具有相同本质，这和在理解各国国内法时，仅因为制定形式相同所以认为各国国内法相同如出一辙。即使条约的成立形式相同，根据各国之间结合关系的不同，条约和条约之间也会有质的区别：伴随目的消失而当然丧失存在意义的《苏德互不侵犯条约》与作为对国家结合的自觉确认的《日满议定书》形式相同而本质迥异，便是例证。[1]

鉴于此，"近代国际法的根本法理念不适用于'东亚共荣圈'诸国，今后也不应遵循这样的理念去理解、构建'共荣圈'诸国之间的法关系。'共荣圈'诸国的法关系，已经超出近代国际法预设的范畴。其形成不单纯仰赖于和客观价值无关的、当事国之自由意思的一致。'共荣圈'诸国的法关系，应基于诸国对自身命运休戚与共的充分认知，

---

〔1〕 田畑茂二郎，《ナチス國際法学の転回とその問題の意義》，《外交時報》1943年第107卷1号，页12。

基于共通的道义意识，即实现大东亚共同宣言开头所示的'万邦共荣'这一远大理想"。[1]

不难看出，在田畑看来，这种"法律理念的根本转换"是指，以国家平等原则作为前提、以抽象的国家合意作为国际法效力渊源的秩序思想，转变成了依据域内各国的实际情况、以形式不平等但实质平等的有机结合关系作为本质的秩序思想。[2]新的秩序思想既是对19世纪原子论秩序观的批判，也是对普遍主义秩序观的挑战。这种"东亚国际法"的法律构成对近代国际法的基本原则——国家平等——提出了疑问。在近代国际法中，主权国家作为法律主体处于平等地位之中，可以自由地订立协议，由此才能推导出主权国家的原子式并立秩序。而"东亚国际法"的首要目标就是要克服并超越这种原子式的分散构成，使"共荣圈"成为一种具有"共通的道义意识"的有机的共同体。在其中，被视为近代国际法之消极属性的机械的、形式主义的平等观以及原子式的自由都遭到否定。"共荣圈"的本质体现为一种"各得其所"的有机的结合关系。"共荣圈"内各个国家间的关系不再建立在同盟、联盟等对等性关系的基础之上，而是受到具有有机一体性的"东亚国际法"的拘束。[3]这是因为，同盟

---

〔1〕 田畑茂二郎，《東亜共栄圏国際法への道》，《外交評論》1943年第23卷12号，页14。

〔2〕 一叶，《"大东亚国际法"的光和影》，《大观》（第4卷），页72。

〔3〕 田畑茂二郎，《東亜共栄圏国際法への道》，《外交評論》1943年第23卷12号，页22—23。

和联盟是国家依照自由意志基于条约结合的团体，具有因情势变化而消亡的性质，而"'共荣圈'与之相反，是超越自由意志的命运的结合"，"作为'共荣圈'一分子的诸国不可能任意脱离'共荣圈'"。[1]

（三）两种"大东亚国际法"的微妙分野

田畑和松下正寿、安井郁等一样，都对近代国际法秩序的伪善性有一种明确的自觉，认为所谓的普遍主义国际秩序不过是欧美强国的支配性秩序，主权国家的原子论秩序观是对国家行为的自由放任，在实践中会带来大国、强国与小国、弱国之间的不对等关系。因此，他们把"大东亚国际法"视为反对欧美支配的一种对抗性秩序。

在这里，对近代国际法的普遍性、抽象性批判是与反抗欧美帝国主义的现实要求结合在一起的。立基于门罗主义和施米特的大空间秩序理论，当时日本国际法学者普遍认为，大东亚共荣圈的成立前提是广域秩序原理，这一原理由广域、主导国和圈外诸国的不干涉这三个要素构成。其中最核心的是主导国概念，也就是广域秩序的中心国家。在施米特的理论建构中，重点凸显的就是主导国的地位问题，而未深入触及大空间内部的关系问题。然而，恰恰在广域秩序内部要素具体关系的建构

---

[1] 松下正壽，《大東亞國際法の諸問題》，日本法理研究會，1942，页25—26。

上，田畑的"大东亚国际法"与军国主义的"大东亚国际法"之间产生了细微但可能潜在意义巨大的差别。

关于三者的关系，松下正寿写道：

> "共荣圈"的内部构成原则并非是以往国际法中平等国家的形式集合，而是不平等国家的有机结合，因此，法律上应当有各个不同的阶层。其中位于最上层、担负维持"共荣圈"一切责任的国家，就是指导国。所以，我将指导国定义为：不仅要完全自主行使国际法上的权利、履行义务，同时当"共荣圈"内的国家无法完全行使国际法上的权利、履行义务时，要替其做出法律行为。[1]

也就是说，大东亚共荣圈内部各国家之间的关系不是平等的契约性关系。尽管共荣圈受到具有有机一体性的"大东亚国际法"约束，然而担保这种一体性的是主导国。

> "共荣圈"以指导国为中心来构建，没有指导国的"共荣圈"是无法想象的。指导国在"共荣圈"中的地位非常明显，不仅要作为"共荣圈"的一部分内存于"共荣圈"，而且还要超越"共荣圈"，即指导国与"共荣圈"的关系必须是内存与超越的关系。[2]

---

〔1〕 松下正壽，《大東亞國際法の諸問題》，日本法理研究會，1942，页44。
〔2〕 同上，页35。

主导国一方面排除来自广域圈外部的干涉，另一方面保障圈内实质的、内在的平等。在这个非对等的地域秩序之中，主导国的存在高于一切。

他们构想的新方案是，建立一种既有水平关系又有垂直关系的"立体的"国际结构。一方面，在世界范围内打破国际法秩序的统一性，形成多个广域圈水平并立的结构。不像欧美的"普遍主义"那样企图覆盖全球，"大东亚共荣圈"明确地意识到，自己与欧洲的广域秩序、美洲的门罗秩序共存，同时要反对苏维埃联邦的社会主义秩序。总体上看——

> 广域圈秩序的目的不是要破坏以往将国家作为构成单位的国际法秩序，然后在此基础上建设数个孤立的法秩序，而是由于很难在抽象的、机械的、平面的国际秩序上维持国家的生存，因此要建立一个保障生存权的、具体的、有机的、立体的秩序。[1]

另一方面，在广域圈内部建立起垂直控制结构，也就是在"大东亚共荣圈"内，主导国日本与圈内各国之间的关系既不是旧的殖民支配关系，也非完全独立平等的关系，而是一种以日本为轴心的"共存共荣"关系。[2] 如此一来，国际法作为以往适用于国际社会的统一法规范，就分裂为圈内法

---

〔1〕 松下正壽，《大東亞國際法の諸問題》，日本法理研究會，1942，页49。
〔2〕 一叶，《"大东亚国际法"的光和影》，《大观》(第4卷)，页74。

（规范"大东亚共荣圈"内各国关系的法规）与圈际法（规范圈内各国与圈外各国关系的法规）两个法规范。

> 圈内法与圈际法各自的适用范围不同，绝不是因为两者是不同的法规范，而是因为这样才是保障国家生存权最为有效的制度。[1]

圈内法与圈际法的分离意味着国际法秩序发展为较之原先更为高级且更能适应国际现实的秩序。

这其实彰显了日本学者意图超越近代国际法话语霸权的一种尝试。在既定的历史构造中，当一方援引一种实定国际法，另一方援引与之理论相融的"国家生存权"进行反驳。但当反论力度不够时，便尝试援引更加根本的·原理性的"道义意识"概念予以进一步反驳。[2]他们采用的策略通常是，首先把外部赋予的普遍还原或下降为特殊，然后建构一个有边界的秩序来对抗其他僭称"普遍"的秩序。

在这个意义上，"大东亚共荣圈"构想首先意味着建构一个不从属于欧美"普遍"秩序的特殊秩序，以此来打破欧美普遍性话语的垄断。然而，以松下正寿、安井郁为代表的一些学者在这一理论的核心点上却有意无意地走向了

---

〔1〕 松下正壽，《大東亜國際法の諸問題》，日本法理研究會，1942，页50。
〔2〕 明石欽司，《"大東亜國際法"理論：日本における近代國際法受容の帰結》，《法学研究》2009年第1号，页282。

为军国主义张目的道路：他们并未把对外部支配的批判同样用于"大东亚共荣圈"内部，在内部关系上，广域圈内部的垂直控制结构（对国家平等原则的绝对否定，由主导国来支配圈内诸国的命运）正是潜在地模仿了欧美对非欧美国家的殖民压迫格局。在这里，对外部的抵抗同时也是对外部的模仿，反抗霸权和建构霸权成了没有实质界限的同一硬币的正反两面。[1]

日本法西斯同样秉持他们的"国际正义"，但此种"正义"归根结底是指分配结果的正义，即日本要通过与亚洲的不平等交往来平衡其与西方列强争霸时分配上的不公。在这种理论的历史构造下，无怪乎安井郁为"大东亚国际法"之理论建构做出了如此的定调："大东亚国际法应该受身为共荣圈指导国、保障国的我国之固有理念所支配。"[2]言下之意，广域概念从属于主导国概念。[3]

针对这种看法，田畑茂二郎认为："正是广域，才是使广域得以成立的最基本要素。"主导国的指导并不是无前提的，它必须"以广域内各民族的结合为前提，真正自觉地体现其结合的理念"。反对圈外各国干涉的行为也是因为这种"广域内的特殊结合"才被赋予正当性。[4]较之同时代的同

---

〔1〕 一叶，《"大东亚国际法"的光和影》，《大观》（第4卷），页75。

〔2〕 安井郁，《歐洲廣域國際法の基礎理念》，東京：有斐閣，1942，页3。

〔3〕 同上，页77。

〔4〕 田畑茂二郎，《ナチス國際法学の転回とその問題的意義》，《外交時報》1943年第107卷1号，页16。

人们要么纯粹附和军国主义的宣传口径，要么对这一问题有意闭口不谈，田畑对这一核心立场的论述虽仍谈不上明确，但已经相当难能可贵。

在评述这段历史时，当代政治学家酒井哲哉将田畑的"广域"和"主导国"的关系描述为："广域作为克服各种自然前提的意义统一体奠定了一种使得各民族间规范意识发生契合之客观价值的基础，主导国自身也要受到此等客观价值的束缚"，并进而认为在田畑的理论构成中，日本的"主导国"地位并不是先验的，也不会被无条件地承认。[1]换句话说，主导国概念不是不受限制的，它和圈内诸国一样要受到广域理念的束缚；圈内诸国并非完全附属于主导国，它们依然享有一定的平等地位。

这就意味着，与军国主义国际法学者的立场不同，在田畑那里，对外部支配的批判反过来也同样适用于"大东亚共荣圈"内部。由于广域理念结晶为现实中的"大东亚共同宣言"，宣言中明确规定了应当尊重圈内诸国的独立和平等互惠，如果说广域概念高于主导国概念，主导国也必须服从以广域理念为基础的宣言宗旨的话，那么，主导国的行动会在一定程度上受到制约。[2]尽管在当时的政治背景下，田畑很难从正面提出这一观念，但透过其缜密的分析和曲折的表

---

〔1〕 酒井哲哉，《戦後外交論の形成》，载北冈伸一・御厨貴编，《戦争・復興・発展——昭和政治史における権力と構想》，東京：東京大学出版會会，2000，页133。

〔2〕 一叶，《"大东亚国际法"的光和影》，《大观》（第4卷），页80。

达，可以隐隐窥见他对于作为大国支配装置的地域主义所持的批判性态度。他对于国家平等原则的重新评价虽然产生于"共荣圈"的内部，却蕴含着使"共荣圈"发生"变质或使其解体的契机"。[1]

"田畑国际法"与"军国主义国际法"的差别，乃20世纪三四十年代存在于日本的两种"东亚新秩序"论之对立的直接投射：一个是体现军部与右翼法西斯思想取向的"日本至上主义"新秩序论，另一个则是对前者抱有知识分子反感的"日本领导权主义"新秩序论（即"东亚协同体论"）。前者鼓吹"支那希望按其历史必然之命运'被征服'，而日本则于意识历史必然之使命下意欲'征服'支那。此即所谓'东亚协同体'原始的、历史的自然所赋予之形态"。[2]

很明显，这种将"世界皇化"的法西斯军事行动御用理论，在国内还可勉强行得通，但在国外宣传上则根本拿不出手。而后者则是作为前一个极端超国家主义的稀释剂而出现的。与其说是出自对"协同体"的热情，它更多的是企图通过强调"协同"去消极地抑制军部赤裸裸的"侵略"与"独裁"意图。[3]

　　日本也要参加到日本领导下的东亚协同体之中，因

[1] 酒井哲哉，《戦後外交論の形成》，《戦争・復興・発展——昭和政治史における権力と構想》，页131。
[2] 近代日本思想史研究会，《近代日本思想史》（第三卷），页124—125。
[3] 王屏，《近代日本的亚细亚主义》，北京：商务印书馆，2004，页279。

此也必须服从协同体的原则，在这个意义上，当然必须承认日本的民族主义也是有限制的。[1]

这种立场与田畑所持的主导国一样要受到广域理念束缚之主张异曲同工。虽然"大东亚国际法"最终无法逃脱与近代国际法一样沦为为大国支配进行辩护的意识形态工具之命运，虽然"田畑国际法"与"军国主义国际法"皆是立基自身主体性、赞同日本帝国的对外扩张而彼此间或许只存在话语修辞上的差别，但不可否认的是，在日本近代国际法发展的历史过程中，构建大东亚国际法理论，是日本的国际法研究者在充分理解近代国际法（学）的基础之上，对架构一种独特国际法治理论的难得尝试，我们不应单纯将这种理论视为正当化日本扩张政策的理论，将其视为国际法学史上的异常现象并无视之。

三、两种大空间理论的现实启示

比较施米特的"大空间秩序"理论与田畑的"大东亚国际法"，两者的前后借鉴与模仿关系相当明显：前者为后者提供了理论框架，而后者则是前者的更新与精致版。"大东亚国际法"秩序思想首先对19世纪原子论秩序观与普遍主义秩序观进行了双重批判，在此基础上抛出所谓的国际秩序多

---

[1] 近代日本思想史研究会，《近代日本思想史》（第三卷），页127。

元构成论，这与施米特将大空间界定为一个介于主权国家与世界政府之间的国际法单位，新的世界秩序将通过大空间来确立，而大空间应分别在与主导国和对抗普世主义的关联中被思考，在逻辑上是一脉相通的。两者之间和而不同之处在于如何处理大空间内主导国与其他国家和民族的关系问题。

针对这个问题，虽然施米特认为彼此之间需要有一种"另类的国际法"予以调整，虽然在"二战"后他提到空间之内与空间之间需要维持一种"理性平衡"，但此等"国际法"的内容究竟为何，这种"理性平衡"又如何得以维持，他却始终没有对此深入阐释。这是因为"大空间理论"所依托的"敌人"概念虽然有助于揭示国际层面的国家生存处境、揭露普世主义的虚伪与残酷，但可能因过于理论化与精致化，以至于不足以提供世俗化之后建构国际秩序所需的原理与原则。

日本学者只是择选这一理论具有战略意义的基本框架而予以形式化的借鉴便是例证。在这个意义上，田畑的"大东亚国际法"乃是对施米特大空间理论予以"简化"之后的"精致化"成果。他对施米特的超越在于不仅将支撑大空间秩序的政治理念具体化为"大东亚国际法"，而且还明确在大空间之中主导国概念不是不受限制的，它和圈内诸国一样要受到体现为"大东亚国际法"的政治理念之约束，而非相反。这种巧妙的理论建构，是通过吸纳普世主义国际法制度化的优点来解决主导国可能滥用主导权的问题。在很大程度上，这个短板是大空间秩序之于和平时代最难以自圆其说的地方，而解决了这个短板问题，便可为未来解决施米特理论中一直未曾解决的大空间秩序的生成机制问题提供诸多新的可能。

相对于施米特以"政治敌对性"为目标而划分的区域共同体构想，法国哲学家亚历山大·科耶夫设想的欧洲共同体的建立和发展更多依赖于区域内经济和法律关系的转型和内生演化。随着欧洲一体化程度的加深，科耶夫原本为法国利益所设计的"新拉丁帝国"角色逐渐发展为后来的欧盟——这一由平等主权国家组成的欧洲区域共同体组织。"二战"后，这一国际秩序构造的重大变化，催生了以哈斯（Ernst Haas）为代表的所谓"国际统合理论"（theories of international integration）。所谓统合，即"各国之政治行为者被说服将其忠诚心、期待以及政治活动，移转至另一个崭新的中枢，该新的中枢具有优于其本国管辖权的政治共同体（political community）"。[1]

在哈斯看来，统合是为创设政治共同体经历的过程，其过程的最终目的是政治共同体，而政治共同体创设过程具有三个特点：其一，"外溢"（spill-over）过程，即在一个领域进行的统合，功能性地影响到其他的领域。其二，政治化过程，即与统合相关的行为主体，一开始从技术性或是较不具有争议性的方面开始合作，接着朝政治性方面着手，日后他们发现为了达到彼此共通的利益，唯有将较多的权威委托给

---

〔1〕 Ernst Haas, *The Uniting of Europe: Political, Social, and Economic Forces, 1950-1957*, San Francisco: Stanford University Press 1958, p.16.

政治共同体。第三，解决纠纷过程，即视统合为一种发展性的过程，统合将具有包含政府、民间的层次，能消除各种利害关系及对立的特性。[1]

总体上，国际统合理论意在追求借助于经济统合、进而达到政治统合，并最终走向消弭民族国家主权的统一政治共同体之目的。在统合理论学家所提出的方法论中，实现政治统合过程之重点就在于如何运用和平的手段，以达到各国之间形成共同体的方法，亦即不行使武力，以和平的方式抑制国与国之间彼此的对立，以便达成及维持超国家共同体（supranational community）的过程。

换言之，国际统合理论一开始便排除了以军事力之强制性或以军事力为中心之威胁体系这一手段，而主要是假设以和平的、"非强制性"（non-coerciveness）之渐进方式进行国家间的统合。[2] 无论是施米特的大空间秩序，还是田畑茂二郎的大东亚国际法，在战争年代，他们理论各自立基的区域性政治空间，可仰赖军事入侵与扩张而得以形成。然在和平年代，类似大空间的建立与生成，便必须依托经由和平的经济整合进而迈向政治统合。这是在新的历史构造下，从国际战略角度重新思考大空间秩序及其现实可能之启示不可忽视

---

〔1〕 Ernst Haas and Phillipe C. Schmitter, "Economics and Differential Patterns of Political Integration: Projection and Unity in Latin America", *International Organization*, Autumn 1964, pp.707-709.

〔2〕 鸭武彦，《国际统合理论研究》，粘信士译，台北：文史哲出版社，1996，导论页5。

的一个基本前提。

针对哈斯的统合理论，同时代的霍夫曼（Stanley Hoffmann）认为，在统合的过程中，其结局将受到各国政治决策之影响，因此统合并非如外溢过程般井然有序、自我形成。[1]在他看来，外溢理论可以说是模糊不清且含混的理论，仅止于国家主义无法顾及的经济、福利的层面，亦即"低次元政治"（low politics）之层次，而与国家利益相冲突，无法到达"高次元政治"（high politics）的层面。故而此等"功能性的外溢自动性"假设并不适用于政治统合，而只适用于经济统合。[2]从20世纪70年代欧洲共同体整合陷入僵局，直到当下英国脱欧致使欧盟未来之发展前途未卜，欧盟（欧洲共同体）四十多年的坎坷历程，似乎验证了霍夫曼的这一结论。

但如果我们换个角度考量，或许可以得出截然相反的评价。一者是国际统合理论最终旨在消除民族国家主权，成就统一的政治共同体，假如抛却这一过高之预设而进行重新评判，那么欧盟演进到今天，政治整合之程度仍旧可圈可点；二者在和平年代，经济统合是迈向国际统合的必经之途，但其节奏快慢却大体取决于国际格局的变迁与演进，而这需要一个过程，甚至漫长的过程。鉴于此，评价国际统合理论之

---

[1] Stanley Hoffmann, "Discord in Community: The North Atlantic Area as a Partial International System", *International Organization*, Summer 1963, p.529.

[2] Stanley Hoffmann, "Obstinate of Obsolete? The Fate of the Nation-State and the Case of Western Europe", *Daedalus*, Summer 1966, p.882.

成败，不可囿于短期的得失考量，而应做更为长期的客观预估。

冷战结束之后，持续发展的经济繁荣、民族主义的日益加剧、愈来愈膨胀的期望值，还有相互交叉的权力欲望，在这种动荡不安的背景下，东亚的地缘政治环境将出现真正的结构性变化，并取代欧美成为新的世界经济中心，而中国，不论其具体前景如何，都是一个日益崛起的潜在的主导性大国。现在普遍的估计，中国将在今后二三十年中成为一个地区性主导国家和全球性大国。换言之，中国的地区性势力范围正在形成之中。与排他性的地区政治主宰（如苏联在东欧实施的那样）截然不同的是，从社会经济意义上说，这种势力范围更具渗透力，而从政治上说则较少垄断性。势力范围涵盖一个地理空间，在这个空间里，各个国家在制定自己的政策时，要特别尊重地区性主导国家的利益、看法及其可能的反应。

简言之，中国的势力范围——也许更为准确的说法是受敬服的范围——可以界定为：在这个范围内各国首都在处理任何特定的问题时首先要问的问题是："北京对此持何种看法？"[1]这种建立在由主导国构建的非对称依赖基础之上的经济统合，可以但并不必然以区域性国际组织的形式存在，但必须尊重成员国的国家主权，内部践行的政治理念必须约

---

〔1〕 布热津斯基，《大棋局：美国的首要地位及其地缘战略》，中国国际问题研究所译，上海：上海人民出版社，2007，页136。

束主导国，甚至主导国自身也要以身作则。

施米特笔下的"大空间秩序"是一个在具有承载性超级大国的政治理念辐射和军事保护下，排除外部势力干涉的区域概念。其中主导国作为"大空间秩序"的核心，是区域内国际法的主体。[1]然而从国际战略的意义上进行解读，所谓大空间理论，本质就是基于某种特定的连接，使国家主权可以拓展到自己疆域之外，直至该种特定连接的终点。在门罗主义时代的美洲，这种特定的连接是地缘的临近和美国经济能量对美洲各国的吸附。在美国的国家实力仅能及于美洲之时，它便主张区域主义，以排斥欧洲列强的干涉，待"一战"前后其国家实力充分成熟之时，它便转而鼓吹普世主义，而排斥德、日的区域主义。

在这一意义上可以说，以区域主义面目出现的大空间秩序，乃是一种"韬光养晦"的战略，而所谓普世主义，其实就是在韬光养晦足够充分之后让那股使自己得以强大的力量机制变为世界秩序的逻辑。揆诸当下渐增的国际实力、内敛型的历史传统以及反普世主义扩张的潜在政治定位，未来的中国无疑具备成为东亚地区性势力范围之担当者的资格，但为了真正达致"和平崛起"，达到实质意义的"韬光养晦"，借助经济整合而形成的区域范围内践行的政治理念，仍应是以"互不干涉内政"为核心的和平共处五项基本原则。

---

〔1〕 高程，《区域合作模式形成的历史根源和政治逻辑：以欧洲和美洲为分析样本》，《世界经济与政治》2010年第10期。

当然，这个大空间是依托以儒家文明所凝聚起来的东亚区域，[1]还是脱胎于以共同的战略导向而组合起来的上海合作组织，[2]不仅取决于国际格局在未来二三十年的演进，更取决于中国最高决策者的战略谋划与中国学人们立基于东西方地缘政治思想遗产之上的建构与突破。

---

[1] 董静姝，《论施米特大空间理论及其对中国政治法律的启示》，《甘肃政法学院学报》2017年第2期。

[2] Michael Salter and Yinan Yin, "Analysing Regionalism within International Law and Relations: The Shanghai Cooperation Organisation as a Grossraum?", 13 *Chinese Journal of International Law* 2014,pp.819-877.

"欧洲公法"时代的祭品

波兰问题对施米特欧洲国际秩序论述的挑战

孙璐璐　章永乐 *

　　1898年8月，康有为向光绪皇帝进呈《波兰分灭记》，其在序言中指出，当年瓜分波兰的主力沙皇俄国，已经在中国东北取得了铁路特权与旅顺、大连两港，中国若受制于贵族大臣，无法及时推行变法，或将重蹈波兰被列强瓜分的覆辙。[1]康对波兰的认识，最早或许来自其学生梁启超所主持的《时务报》在1896—1897年推动的对波兰的介绍。[2]波兰案例是如此令人震撼，到了20世纪初，波兰灭国的悲惨形象，甚至已经越出了士大夫的圈子，出现在民间通俗文化作品之中。1904年日俄战争在中国的土地上进行之时，上海

---

　　* 作者分别为北京大学国际关系学院博士后、北京大学法学院副教授。

[1]　康有为，《波兰分灭记》，姜义华、张华荣编，《康有为全集》（第四集），北京：中国人民大学出版社，2007，页397。

[2]　梁启超，《波兰灭亡记》，《时务报》1896年第3期；《东文报译：过波兰记》，古城贞吉译，《时务报》1896年第15期。1897年《时务报》又发表了一篇与波兰有关的译文，《英文报译：波兰向俄》，孙超、王史同译，《时务报》1897年第44期。

梨园已经在上演新派京剧《瓜种兰因》——一出关于波兰的失败与分裂的剧目。[1]

而在一百多年之后，再次比较波兰与中国的近代境遇，我们或许可以看到这样一个相似的现象：当欧洲列强加强相互之间的协调时，无论是波兰还是中国，都陷入了悲惨的境地；"一战"之中"大国协调"（concert of powers）的破裂，反而给波兰与中国带来一线生机——波兰在"一战"之后复国，而中国也在"一战"之后走上了动员基层民众的反帝革命道路，扭转了自身不断下坠的命运。然而，在1950年初版的 *Der Nomos der Erde*[2]中，德国公法学家卡尔·施米特

---

[1] 卡尔·瑞贝卡，《世界大舞台》，高瑾等译，北京：生活·读书·新知三联书店，2008，页35—36。

[2] *Der Nomos der Erde*，目前的刘毅、张陈果中译本将其翻译为"大地的法"。刘禾主张翻译成"全球规治"，她认为 die Erde 所指的是"地球"，而并非与"海洋"相对的"陆地"或"大地"，因为施米特在书中也花费大量篇幅探讨了对于海洋空间的争夺；施米特同时强调希腊语中的名词 νόμος(nomos)源于动词 νέμειν (nemein)，后者兼有"划分"和"放牧"的意思，基于这一词源，nomos 既是人们依某种秩序用来划分和安置土地的丈量手段，也是由此而确立的政治秩序、社会秩序和宗教秩序的形式，刘禾主张以"规治"而非"法"来翻译 nomos，以凸显施米特希望强调的丈量和统治之间的内在联系。刘禾编，《世界秩序与文明等级》，北京：生活·读书·新知三联书店，2016，页53—55。刘小枫认为，施米特在该书前言中引用了歌德的诗句"所有无关紧要的事物终将消散，只有海洋（Meer）和大地（Erde）巍然不动"，并认为 Erde 不应翻译成"地球"，主张 Erde 一词甚至不妨译作"天下"。刘小枫，《欧洲文明的"自由空间"与现代中国》，张广生主编，《中国政治学》，北京：中国社会科学出版社，2018。两种译法各有自身的弱点。施米特在其著作标题中使用 νόμος (nomos) 这一词语，在很大程度上利用了其多义性，"规治"恰当地强调了 nomos 与其动词形态 nemein 的关联，但这一译名放在施（转下页）

（Carl Schmitt）对于一个半世纪国际秩序演变的观察，却具有相反的色调。在施米特看来，从1814—1815年的维也纳会议到第一次世界大战，欧洲曾经拥有有效的国际秩序，以"不歧视敌人"和"限制战争"为特征的欧洲近代国际公法，在此期间达到了高峰；但在"一战"结束之后，欧洲未能重建行之有效的国际秩序，"欧洲公法"的时代也已一去不复返。施米特怀念"欧洲公法"的黄金时代，并以这一黄金时代作为参照，来展开对于"一战"之后的国际秩序的批判。

然而"欧洲公法"的黄金时代究竟有多美好呢？要理解施米特笔下的"欧洲公法"，我们有必要从施米特 *Der Nomos der Erde* 中的这段论述入手：

> ……新国际法的出现要归功于一个新的具体空间秩序的形成，欧洲大陆的区域国家与不列颠海洋帝国达成了合作与均衡，据此形成了一个宏大的自由空间。欧洲大陆上出现了越来越多的封闭的领土型国家（Flächenstaaten），它们拥有单一的中央政府和管理结构，以及固定的领土边界，与之相适应，诞生了新的万民法（jus genti-

---

（接上页）米特批判实证主义的情境之中，对 nomos 作为"高级法"的强调稍弱。另一方面，该书确实不仅仅涉及陆地空间的划分，同时也花费大量篇幅讨论了对海洋空间的争夺，而施米特的《陆地与海洋》是以 Land 而非 Erde 一词作为 Meer（海洋）的对立面。鉴于译名存在争议，本文正文在提到施米特此书时将直接用德语标题，但引文仍指向既有的刘毅、张陈果译本《大地的法》。

um）。根据领土型国家的空间秩序，欧洲土地具有了一种特别的国际法地位，这不仅限于欧洲大陆内部，而且针对自由海洋空间，以及所有的非欧洲土地。（页117）

从16世纪到19世纪末的"欧洲公法"脱胎于中世纪的封建秩序，终结于20世纪上半叶欧洲空间秩序的崩溃。不同于中世纪"万民法"，近代"欧洲公法"既不是封建法，也不是天主教会的法，而是以国家（state, Staat）作为基本单位的法。不同于"一战"之后出现的新国际法，经典的"欧洲公法"并不将战争中的敌人视为道德低下的罪犯，也不将侵略罪行化，而是在欧洲内部致力于限制战争，而非消灭战争。在施米特看来，欧洲内部主权国家之间的战争，是文明内部的有限战争，不是毁灭性战争；但在海洋上划分的"友好界线"（Freundschaftslinien）之外，欧洲列强有可能进行更为激烈的战争——这种"友好界线"因而区分出了内与外，文明世界与非文明世界。

尽管施米特并未明言，其"文野之辨"却有着如下的意涵：欧洲内部的有限战争与在殖民地之外的超限战争是一个硬币的两个方面。欧洲列强将巨大的能量投入对海外殖民地的占取中，这使得它们有可能在欧洲内部维系一种相对较为和平的秩序。对于欧洲列强而言，将内部冲突保持在低烈度状态的关键就在于，它们需要对这种空间上的"文野之辨"保持最基本的共识，从而将极端的暴力释放到外部，而非欧洲内部。

然而，施米特笔下这个"欧洲/海外"的二元结构，或许只是对于历史发展结果的高度简化。一旦引入时间的因素，探讨这种二元结构究竟经历了一个什么样的历史过程才得以完成的，我们将能看到更多的历史复杂性。如施米特所说，"欧洲公法"的基本单位是近代的领土型国家（Flächen-staaten），但欧洲各个政治单位成为领土型国家的时间先后不一。如果说西欧国家是在建构海外殖民帝国的过程当中推进本土的领土型国家建设的——君主通过在海外汲取资源，拉大其与本国贵族的实力差距，从而将后者纳入绝对主义国家机器——远在欧洲中东部的列强在最初的两个世纪没有转向海洋的物质条件，其君主在推进领土型国家建设的过程之中，依靠的是从欧洲内部汲取资源。某些实力较弱的政治单位，在此过程中就成为另外一些欧洲政治单位的牺牲品。而波兰，就是这些内部牺牲品中最为突出的一个。1772年、1793年与1795年，波兰三度被欧洲列强瓜分；在1815年，拿破仑在波兰建立的华沙公国再一次被欧洲列强瓜分，在其基础上产生了一个俄国沙皇控制之下的会议波兰王国（Con-gress Kingdom of Poland）。

Der Nomos der Erde 并未将波兰灭国视为一个悲剧，而是将其作为"有限战争"时代的一个寻常的事件来加以叙述。不仅如此，从 *Der Nomos der Erde* 对于波兰的唯一一段直接论述中，我们还可以看到更为黑暗的笔调：

　　……欧洲的国家体系，即欧洲土地上的领土权力空间秩序，因此而建立起确定化的结构。这并非是主权者之间出于自愿的不稳定的联合，而是一种普遍性的空间均衡体系，由此才能建立起欧洲战争约束机制，并成为国际法秩序的根本支撑。这套体系的基础在于具有特定国家秩序的封闭领土。波兰王国没有超越封建阶段，尚未建成现代欧洲国家的组织结构。波兰不是国家，而且直到18世纪的最后三十多年，仍然被几个国家分割占领。它没有力量发动自卫式的国家战争反抗来自邻国（1772，1793，1795）的分割和占领（Landnehmen）。但是纵观整个19世纪，波兰问题对欧洲国际法的国家间空间秩序形成了持续性的挑战，也使得民族（Volk/Nation）与国家（Staat）的区分问题成为国际法上历久常新的问题。（页144）

在施米特看来，波兰不是一个国家，因此俄、普、奥三强对波兰的瓜分，也说不上是对一个国家的瓜分。如此，所谓"波兰问题"，似乎就在概念上被消解于无形。但施米特又说："……纵观整个19世纪，波兰问题对欧洲国际法的国家间空间秩序形成了持续性的挑战。"这里的上下文并没有顺畅的连接，会让许多读者产生一种跳跃感。同时，关心波兰命运的读者也会好奇，在施米特的思想框架中，20世纪的波兰又会占据一个什么样的位置？

本文试图用波兰历史经验与施米特的论述对勘，来准确定位波兰在施米特的国际体系/国际法理论中的位置。但这一定位的努力，并不仅仅是一个欧洲史的演练。鉴于在波兰与中国之间的比较在20世纪初是如此深入人心，在波兰历史经验与施米特论述之间的对勘，最终有助于我们从中国经验出发，反思性地阅读施米特，揭示其思想的穿透力和局限性。

一、同质的欧洲，异质的波兰?

在施米特的国际公法与宪法思想之中，同质性（Homogenität）是一个重要的关键词。在作于1936年的《国际联盟的第七次变化》中，施米特曾经批判国际联盟吸收成员的资格参差不齐，缺乏同质性，因而无法真正维系国际秩序。[1] 在1950年初版的 *Der Nomos der Erde*《大地的法》一书中，他更是批判19世纪末的国际法学家丢掉了传统秩序中的空间结构观念，贸然将全球50多个政治单位承认为"国家"（Staat），然而"在这种无结构的乱局中，共同的战争框架无法建立，'文明'的概念最终亦无法再充当同质性（Homogenität）的实质内容"（页214—215）。值得一提的是，Homogenität也是施米特在《宪法学说》中解释民主制原则与卢梭的人民主权论时所用的关键词 —— 在施米特看来，民

---

〔1〕 施米特，《国际联盟的第七次变化》，《论断与概念》，朱雁冰译，上海：上海人民出版社，2006，页214。

主制原则的关键，就是人民（Volk）的"同质性"。[1] 因而，无论是国内的民主宪法秩序，还是国际公法秩序，都需要厘清基本构成单位之间的"同质性"。

近代"欧洲公法"的基础正是欧洲的国家体系，而近代欧洲国家体系所基于的"同质性"又是什么呢？施米特在其论述波兰的引文中明确指出："欧洲的国家体系……的基础在于具有特定国家秩序的封闭领土。"（页144）欧洲公法主体俱乐部的"同质性"体现在，它要求它的构成成员应该是具有确定领土边界的国家（Staat）。而波兰何以被瓜分？根本原因在于，"波兰不是国家"，因此在欧洲日趋同质的国家体系之中成为一个异质的存在，只有排除这种异质性，经典的"欧洲公法"才能在欧洲列强之中得到全面的推行。

然而波兰究竟是一个多么异质的存在呢？要理解和评判施米特的这一论断，我们需要从中世纪开始回顾波兰的历史。波兰在10世纪建立王国并接受基督教，国王依靠教士、贵族与市民三个阶层进行统治，其中贵族力量最为强大。1370年彼雅斯特（Piastowie）王朝绝嗣之后，贵族们逐渐确立了选举国王的惯例，并且长期倾向于选举外国人为国王。到15世纪末，波兰形成两院制议会，贵族在其中占据

---

[1] "就其政治存在的整体和一切细节来看，民主制预设了拥有政治存在意志的同类的人民。在此一先决条件下，卢梭完全有理由说，人民所意欲的事情总是善的。这个说法的正确性并非缘于某个规范，而是缘于人民的同质性存在。"施米特，《宪法学说》，刘锋译，上海：上海人民出版社，2005，页252。

主导地位。在欧洲大部分政治单位仍然是封建领地的时代，波兰并不是一个异质性的存在，甚至是相当有影响力的区域强权，曾经在西部压制条顿骑士团和德意志贵族，在东南部与奥斯曼土耳其短兵相接，在基督教世界享有相当可观的威望。

但从15世纪中期开始，在西欧各国货币地租不断发展，农民人身自由不断扩大，君主纷纷加强中央集权的背景之下，波兰却逆势而行。波兰贵族不断扩大自己的庄园以满足西欧各国对粮食进口的需求，将农奴更牢固地束缚在土地上。大贵族的庄园与海外联系紧密，但相互之间却缺乏横向的经济联系，波兰在经济上缺乏全国性的经济利益纽带，这就带来政治整合力的极端缺乏。在政治上，波兰的1505年宪法将等级君主制进一步发展为贵族民主制。大贵族掌控的参议院与中等贵族掌控的众议院共同压制着君权的发展。1569年，波兰与立陶宛正式合并成立拥有共同议会的共主联邦。波兰-立陶宛联邦有三项制度严重制约了君权的集中化。第一项是自由选王制，第二项是自由否决权，第三项是联盟制度。1573年，贵族们通过"亨利王约"确立了允许各国君主竞选波兰国王的制度，从1573年到1795年，波兰贵族共选出11名国王，其中有7名是外国人，这就是所谓的"自由选王制"的运作结果。1652年确立的"自由否决权"（libe-rum veto）允许波兰议会议员对议会法案进行"一票否决"，导致从1652年到1764年的一百多年的71次议会中断了42

次，占比约为60%。[1]随着全国议会运作经常趋于瘫痪，大贵族们控制的地方议会（省议会和县议会）的决策权进一步增长，但其结果是政治统一性进一步被削弱。1573年的"亨利王约"还确认了一项叫作联盟（konfederacja，confederatio）的古老制度——当贵族认为君主侵犯了他们的权利和特权的时候，就可以组织临时联盟，发布声明宣布不再效忠君主。而这项制度是君主即位之时宣誓承认的。在历史上，贵族频繁组织联盟反对君主，而君主也可能组织相反的贵族联盟来保护自己。[2]

在这三项制度之下，大贵族之间党争频繁，纷纷引入外力作为自己的后盾。而随着周边普鲁士、奥地利与沙皇俄国实力的持续上升，波兰的国际地位不断下降。1717年以降，波兰的实际地位已经沦为俄国的保护国。由于波兰的传统制度有利于周边列强控制波兰内政，列强对于波兰的任何具有中央集权倾向的改革，都保持着高度的警惕。事实上，恰恰是18世纪波兰自我改革的努力，加速了其被瓜分的进程。

1764年，俄国女皇叶卡捷琳娜二世（Ekaterina Ⅱ）支持其情夫斯坦尼斯瓦夫·波尼亚托夫斯基（Stanisław August Poniatowski）当选波兰国王。如果国王满足于做俄国傀儡，波兰也许可以保持原有的虚弱的和平状态。但波尼亚托夫斯

---

〔1〕 刘祖熙，《波兰通史》，北京：商务印书馆，2006，页130。

〔2〕 Norman Davies, *God's Playground: A History of Poland,* Vol.1, New York: Columbia University Press, 2005, pp.259-260.

基国王并不满足于此,他谋求限制议会中的自由表决权,实行多数表决通过的规则。而一些贵族也运用他们享有的古老的联盟(confederatio)权利,组建了巴尔联盟(Konfederacja barska),既反对俄国侵略,也抵制国王的改革。[1]波兰国王与贵族的行为引起了叶卡捷琳娜二世的警觉。1768年波兰贵族在俄军的呼应之下,通过议会否决了国王的改革,重新确认了自由否决权和自由选王制。叶卡捷琳娜二世决定削弱波兰,并给予普鲁士和奥地利一些好处,换取它们对现状的承认。1772年8月5日,普、奥、俄三国签订条约,第一次瓜分波兰。

第一次瓜分之后,波兰政治精英展开反思,内部出现革新运动。1780年议会上,前首相扎莫伊斯基(Andrzej Zamoyski)提出了提升市民和农民地位的法案,但遭到贵族否决。1788—1792"四年议会"期间,改革派进一步推出新的改革措施,其高潮是在1791年5月3日通过了一部新的宪法,史称"五三宪法"。宪法受到法国大革命影响,规定民族的意志是国家权力的来源 —— 根据宪法第4条和第11条,这里的民族应当被理解为包括全体民众,而不仅仅是贵族。

---

[1] 巴尔联盟中的一位成员米哈尔·叶霍斯基(Michał Wielhorski)委托卢梭为波兰宪法改革提意见,于是卢梭起草了其著名的《波兰政府论》,主张波兰应与奥斯曼土耳其结盟,由后者牵制俄国,波兰趁机加快推进改革,取消贵族的自由否决权,将原有的自由选王制改为以抽签的方式从高级贵族中产生3名候选人,再通过票选产生国王。卢梭,《波兰政府论》,田飞龙主编,《卢梭立宪学文选》,北京:中国政法大学出版社,2013,页139、177—186、188。

宪法废除自由否决权，实行多数表决制；废除自由选王制，实行王位世袭制，并且提高了市民的地位，为其参政议政打开了通道。[1]

改革进一步引起了沙俄的警惕。1792年，沙俄在波兰叛乱贵族的内应之下，发动军事干涉，迅速占领波兰，废除"五三宪法"，恢复原有的"基本法"。为进一步削弱波兰，1793年1月23日，沙俄与普鲁士两国签订条约，第二次瓜分波兰。至此，三分之二的波兰国土被列强吞并。沙皇发布法令，废除了波兰的两个构成单位之一 —— 立陶宛大公国。1794年，塔德乌什·科希秋什科（Tadeusz Kościuszko）领导起义并成功占领华沙。但起义引发的是更强烈的压迫 —— 1795年1月3日，沙俄与奥地利签订第三次瓜分波兰协议，普鲁士于10月24日加入协议。至此，波兰全部国土被瓜分完毕。[2]

波兰的悲剧在于，当它安于做一个虚弱的保护国的时候，它能够保持形式上的独立；但当它想学习周边强国进行国家建设的时候，列强反而警觉起来，不许波兰走它们走过的道路，将波兰的改革视为法国大革命的延伸，最后干脆从地图上抹去了波兰。而西欧列强目睹波兰的三次被瓜分，却没有采取军事行动来阻止，以至于英国政治家埃德蒙·伯克

---

〔1〕 Piotr S. Wandycz, *The Lands of Partitioned Poland, 1795–1918*, Washington: University of Washington Press, 1975, p.8.

〔2〕 普鲁士在三次瓜分中共计获得波兰20%的领土和23%的人口，奥地利获得了18%的领土和32%的人口，俄国获得了62%的领土和45%的人口。Ibid.,p.11.

（Edmund Burke）以怜悯的语调评论道："波兰必须被认定为一个坐落在月亮上的国家。"[1]

　　拿破仑的崛起为波兰的命运带来某种转机。1807年，拿破仑与沙皇亚历山大达成协议，建立"华沙公国"。许多波兰精英将华沙公国视为波兰复国的重要机会，将拿破仑视为可以依靠的力量。1812年，拿破仑携波兰军队入侵俄国，遭遇惨败。1814年，华沙公国被沙俄军队占领。1814—1815年，打败拿破仑的王朝国家联合召开维也纳会议，安排后拿破仑时代的欧洲秩序，波兰问题是争议的核心问题之一。经过列强之间的激烈争论，1815年2月11日，各方终于达成协议，华沙公国的大部分组成波兰王国，由沙皇担任国王，亚历山大一世答应赐给王国一部宪法，并允诺使立陶宛、白俄罗斯、乌克兰与波兰王国合并。5月3日，俄、普、奥三国瓜分华沙公国。

　　从1772年到1815年，波兰实际上经历了四次瓜分。而在施米特看来，这种瓜分是欧洲国家形成封闭的陆上疆界，从而全面推行"欧洲公法"的先决条件。而波兰成为瓜分对象，原因恰在于它的政治形态使得周边若干国家都无法完成陆上疆界的闭合："……波兰王国没有超越封建阶段，尚未建成现代欧洲国家的组织结构。波兰不是国家……"（页

---

〔1〕　Edmund Burke, "Letter to A. H. von Borcke, 17 January 1774", The *Correspondence of Edmund Burke*, Vol.II, Chicago: University of Chicago Press, p.514.

144）在波兰延续的是一套中世纪色彩浓厚的秩序，然而与这套秩序相配套的、以天主教为顶点的欧洲万民法秩序已经消亡，而欧洲要全面采取新的经典国际公法，波兰就会成为一个冲击正在出现的"同质性"（Homogenität）的例外空间。

施米特认为波兰不构成国家，这倒不是其专门针对波兰而发。在这一问题上，他拥有一个比较统一的认定标准：国家（Staat），必须首先是一个有确定领土边界的政治统一体。而中世纪的等级制国家缺乏强有力的中央政府，只是不同领地的拼盘，并不是真正意义上的国家。在其《宪法学说》中，施米特在论及13—16世纪的等级制国家（Ständestaat）时评论，在等级制国家里，"无论从实际情况看，还是从思想意识看，政治统一体本身都变得很成问题了"。在这一阶段，封臣获得了广泛的独立性，不同等级之间建立联合体，相互签订协议，与自己的君主订立协议，与外国君主订立协议，等等。这些协议往往有宪法之名，然而"我们不能将数不胜数的类似协议称为国家宪法，正如将近代国家法概念套用到中世纪的情况会引起误解一样。近代宪法的真正主题 —— 即政治统一体的存在类型和存在形式 —— 并不是这类协议的主题"。而等级制国家，既不是一元制国家，也不是二元制或多元制国家，"顶多只谈得上既定权利和特权的大杂烩"。从这一观念出发，他认为更早时候的英国《大宪章》（Magna Carta）也不是什么国家宪法，而只是封臣与君主之间的一项协议，它被视为国家宪法性文件是一种追溯的结果。[1]

几百年来，欧洲自身经历了一个"文明的进程"[2]，一系列君主国从封建形态演化至近代领土型国家，而国际秩序的规则也随之演变，以至于到了18世纪，从列强的眼光来看，波兰已经不像一个国家。它的中央政府过于孱弱，由于"自由选王制"的存在，周边其他国家的王侯贵族纷纷竞争波兰国王的位置，贵族控制的议会没有行动能力，地方贵族与外国经济联系紧密，与它们自己同胞贵族的联系反而松散。与18世纪波兰比较相似的，是同样实行选举君主制的神圣罗马帝国，它在法律上已经很难被称为一个国家（Staat），因为在《威斯特伐利亚和约》之后，帝国的一系列王侯都获得了独立宣战和缔约的主权性权力，帝国已经变成一个松散的联盟。只不过在神圣罗马帝国出现的是诸侯在各自领地里进行的国家建设，其效果是自下而上地拆解帝国——如帝国的勃兰登堡选帝侯兼任普鲁士国王，不断扩大自己的领地。而波兰的贵族中并没有出现这样强有力的地方单位，而是被外力吸纳，整体秩序处于不断瓦解之中。

在写于1936年的《国际联盟的第七次变化》一文中，施米特评论了意大利对埃塞俄比亚（时称阿比西尼亚）的吞并。意大利吞并埃塞俄比亚的借口之一，是埃塞俄比亚并不

---

〔1〕 施米特，《宪法学说》，页51—54。

〔2〕 参诺贝托·埃利亚斯，《文明的进程》，王佩莉等译，上海：上海译文出版社，2018。

构成一个国家，而是诸多部落的聚合，而国际联盟当初吸纳埃塞俄比亚作为一个成员国，本身就是一个错误。[1] 施米特以此来说明，国际联盟从一开始就没有设立明确的成员标准，导致其缺乏同质性，在意大利提出"埃塞俄比亚非国家说"之时，无法做出有意义的回应。而我们可以发现，他讨论埃塞俄比亚问题和波兰问题的眼光是相似的，只不过一个是在海外，一个是在欧洲本土。欧洲公法秩序的同质性的确立，有赖于清除那些不同质的因素。因此，不仅是那些原住民的部落国家需要被排除在文明等级之外，欧洲内部"国家性"不足的共同体，同样需要被排除。

但波兰为何难以证明自己的"国家性"？在施米特"欧洲公法"的视野里，证明自己属于够格的国家（Staat），最关键的因素不是宗教传统和民族血统，而是赢得"保家卫国"战争的能力。"欧洲公法"基于某种"文野之分"，但这里的"文"并不是中国儒家所讲的强调德性与文教的"文"，它真正的核心要素，仍然是面临战争的时候，组织力量捍卫自身的能力，列强会从这种战争能力反推一个政治共同体是否有足够的治理能力构成一个真正的国家。用1939年施米特在《国际法中的帝国概念》一文中的说法："并非所有的民族都能够经受住创建完美的现代国家机器的能力检验，只有少数几个民族能够靠自己组织的、工业的和技术的能力打

---

〔1〕 施米特，《国际联盟的第七次变化》，《论断与概念》，页214。

一场现代的物质性战争。"[1]但波兰"没有力量发动自卫式的国家战争反抗来自邻国（1772，1793，1795）的分割和占领"（页144），这反过来说明波兰"没有能力构成国家"，"根本不可能称为国际法主体"。[2]

欧洲列强发明了非常复杂的"文明"话语来给不同政治共同体划分等级，但在现实之中，战争或许是最为简单粗暴但也最有效的测试方式。在欧洲之外，美洲殖民地曾遭遇欧洲本土长期歧视，但在赢得18—19世纪的独立战争之后，一系列前殖民地国家被欧洲列强承认为独立的主权国家。日本在19世纪原本被视为"半文明国家"，处于列强的领事裁判权之下。但经过1894—1895年中日甲午战争、1900年八国联军侵华与1904—1905年日俄战争，日本证明了自己的战争能力，因此也就被接纳成为"民族大家庭"（the family of nations）的一员，被视为"文明国家"。而中国在晚清屡战屡败，因此也就始终保持在所谓"半文明国家"的等级上，无法摆脱列强的不平等条约和领事裁判权。波兰的状况或许更为严重。尽管波兰多数人的信仰（基督教）以及波兰贵族一度拥有的非常活跃的公民文化（civic culture），可以说是公认的19世纪欧洲文明的重要要素，但波兰人在欧洲内部仍然遭受了极其严重的歧视。一个重要的例子就是西方文明的总结者马克斯·韦伯对波兰的态度。在其《民族国

---

[1] 施米特，《国际法中的帝国概念》，《论断与概念》，页321。
[2] 同上。

家与经济政策》演讲中，韦伯赤裸裸地将波兰视为"劣等民族"，认为波兰小农能够在易北河以东立足并不断挤出德意志小农，靠的不是经济手段优秀或资本雄厚，而纯粹是因为其对精神生活与物质生活要求很低，几乎是"吃草为生"！这正是文明程度低下的象征。[1]

　　毋庸讳言，欧洲也有一些国家本身缺乏战争能力，只是由于有利的地缘政治格局，由于列强之间的均势和协调而得以延续，比如卢森堡大公国就是这样的国家。1815年维也纳会议决定卢森堡为大公国，荷兰国王兼任卢森堡大公，同时卢森堡加入德意志邦联。1839年列强的伦敦会议认可了卢森堡的完全独立，但卢森堡直到1890年才摆脱荷兰国王的统治。卢森堡不是靠自己的力量打出来的国际法主体，但既然能在均势下幸存，这一结果就使得其免于上述反推测试。而波兰遭遇到的是最为不幸的地缘政治格局，其自我防御失败的结果，就给了列强某种口实，来反推其不符合近代国家的标准。这本身说明，"欧洲公法"的成员资格认定，本身是结果导向的、非常冷酷的。所谓"国际法主体"，往往需要通过战争的检验才能获得承认。而施米特所赞许的近代欧洲的"有限战争"，并不排除灭国行为。

――――――――――

〔1〕 韦伯，《民族国家与经济政策》，甘阳等译，北京：生活·读书·新知三联书店，1997，页84—86。

二、波兰问题的挑战

现在我们需要解释的是施米特在 *Der Nomos der Erde* 中对波兰问题的下一句评论：

> 但是纵观整个19世纪，波兰问题对欧洲国际法的国家间空间秩序形成了持续性的挑战，也使得民族（Volk/Nation）与国家（Staat）的区分问题成为国际法上历久常新的问题。（页144）

波兰灭国，"波兰问题"却因此诞生。波兰贵族中的许多人怀念那个曾经由他们领导国家的黄金时代，这就带来了一个"波兰究竟有无资格复国"的问题。但波兰复国不可避免地对欧洲的国家间秩序产生重大冲击，因为对波兰的四次瓜分，其本质都是欧洲列强对欧洲政治空间的划分，列强必将捍卫它们的既得利益。支持波兰复国，意味着战争而非和平。

那么，论证波兰复国的正当性，究竟有何种话语资源的支持？自从灭国以来，波兰精英一直不断诉诸"民族"（波兰语：Naród）的话语。在此问题上，我们或许不应采取一种本质主义的视角，认为波兰人"自古以来"就是一个民族，在被征服之后渴望恢复自己的国家。18世纪的波兰-立陶宛联邦是一个多民族的政治体，贵族与非贵族的身份区分，远比族群的区分来得更加重要，波兰贵族甚至习惯于选举外国人当自己的国王，这说明民族主义式的文化边界与政治边界统一的原则对波兰来说仍然非常陌生。事实上，波兰精英恰恰是在失去自己的国家之后，才不断加强"波兰民族"的认同。

在18世纪灭国之前，波兰占人口8%—10%的贵族有参政议政权，这比19世纪英国议会改革前有选举权的人口比例（3%）要高得多。尽管贵族们当时钩心斗角，缺乏统一的国家利益观念，但当波兰的"贵族共和"政体毁灭之后，在普、奥、俄三国，波兰贵族地位都在不同程度上下降，对以往政治地位的怀念，就可以形成一种重新叙述历史的动力。但更重要的是波兰被瓜分之时的时代背景对波兰精英的刺激——彼时，法国大革命正处于高潮时分，"民族"的政治原则正在剧烈冲击王朝的政治原则，拿破仑的崛起，更是从地缘政治上对中欧与东欧形成冲击，俄、普、奥三强面对拿破仑，政治上出现裂隙，而这就给波兰人带来了与法国结盟复国的希望。拿破仑建立的华沙王国，虽然是法国的附庸，但被许多波兰人认为是迈向独立建国的第一步，大量波兰民族主义者聚集到拿破仑麾下。

尽管拿破仑帝国被列强联手扼杀，但法国大革命所展现的民族原则的力量，仍然让列强心有余悸。1815年维也纳会议签订的《议定书》中以一种比较隐含的方式，承认了波兰人作为一个民族的身份。《议定书》第一条规定，俄国、奥地利和普鲁士应当给它们的波兰臣民以一定的政治代表权。第十四条规定保证古代波兰范围内的河流与运河的自由通航权利，以及工农业产品的流通及旅行的权利。尽管沙皇亚历山大一世将华沙公国的大部分以"波兰王国"的名义纳入俄国统治，但其名义上毕竟叫作"波兰王国"，拥有一部钦赐的具有自由主义色彩的宪法，波兰文化的发展与传统也有一定的空间。因此，波兰民族主义话语仍然在不断发展。

波兰民族认同的塑造，有若干关键的锚点：（1）三次瓜分之前的波兰-立陶宛共和国的疆界，是认同附着的空间秩序；（2）波兰与立陶宛贵族中通行的波兰语；（3）天主教——由于天主教有助于凸显与主要信奉东正教的俄国以及主要信奉新教的普鲁士的区别，它也就顺理成章地成为波兰认同塑造的重要要素；（4）波兰贵族：波兰民族主义者中的保守派将波兰贵族视为波兰民族的代表，并将波兰贵族掌权的过去，视为波兰民族的黄金时代。与此相关的是波兰-立陶宛联邦式的政体，一些保守派将其与俄国的高度中央集权的政体相对比。而波兰民族主义者中的民主派不认同波兰贵族以及与之相联系的联邦制原则，更推崇法国大革命中的民主原则和单一制原则，对天主教的态度，也与保守派有较大的分歧，而这就使得波兰语的政治整合作用进一步凸显。[1]

随着波兰民族主义的发酵，19世纪波兰爆发了一系列起

---

〔1〕 Serhiy Bilenky, *Romantic Nationalism in Eastern Europe*, Stanford: Stanford University Press, 2012, pp. 103-181.

义。1830年，波兰爆发"十一月起义"，次年1月波兰议会宣布罢黜尼古拉一世，波兰独立。但革命随即被镇压。不过这次起义使得法国的七月革命以及比利时革命幸免于沙皇俄国的干涉。起义失败之后，沙皇尼古拉一世取消了波兰王国的自治，波兰军队被编入俄国军队。1832年，尼古拉一世废除了波兰王国宪法，颁布了一部新的政府组织法，进而直接在波兰推行俄罗斯化政策。

1846年，克拉科夫自由市爆发反奥地利起义，随即被俄国与奥地利镇压，克拉科夫及其邻近地区被奥地利吞并，但这场革命产生了重大影响，成为1848年欧洲革命的序幕。1848年，普属波兹南爆发波兰人起义，革命还蔓延到普占区的西里西亚、波莫瑞、瓦尔米亚和马祖里，以及奥占区的加利西亚。诸多波兰人参加了欧洲各地的革命。1848年革命以俄国镇压匈牙利革命而告终。而1853年开始的克里米亚战争一度让某些波兰人燃起了借助英法势力复国的希望，然而英法需要争取普鲁士和奥地利的中立，放弃了打波兰牌。

1863年，波兰爆发反对沙皇统治的"一月起义"，起义甚至蔓延到立陶宛和白俄罗斯，均遭到俄军镇压。1864年3月2日，沙皇政府颁布在波兰王国解放农奴的敕令。沙皇政府试图通过农奴制改革，将波兰农奴争取到俄国一边。波兰议会王国的痕迹被进一步清除，沙皇推行了更为严厉的俄化政策。如同18世纪那样，波兰人在19世纪的挣扎，获得的结果是更为严厉的压制。

那么，怎么理解施米特所说的波兰问题指向的民族与国家之间的张力给国际法带来的冲击呢？1815年维也纳会议确定的国际体系首先是一个王朝国家主导的国际体系，列强重设国际规则，其直接目的就是要加强王朝与贵族力量的国际协调，防止挑战王朝正统的新革命的爆发。当然，在见识了法国大革命的民族主权/人民主权原则释放出来的力量之后，列强也需要怀柔的一手。于是，维也纳会议的《议定书》中包含了对于俄、普、奥三国臣民政治代表权利的关注，但其目的是要更好地将这些臣民整合到三个国家之中。

然而，在英、俄、法、普、奥"五强共治"（Pentarchy）格局奠定之后，民族主义在欧洲及其海外殖民地影响力不断上升。19世纪20年代，一系列拉美国家独立建国；1830年比利时独立；1848年全欧洲更是爆发一系列民族主义革命；在东南欧，列强支持希腊等国从奥斯曼土耳其的统治下独立出来。到了19世纪下半叶，民族主义的影响力更加显著。1861年意大利王国建立并随后完成统一；1871年普鲁士完成德国统一。通过民族的原则来改变政治地图，已经成为屡见不鲜的现象。然而这很难确立为一般规则。政治地图的改变，最终依赖于列强的承认，维也纳体系下大国之间定期和不定期的会晤，为探讨这些问题提供了平台。而在这个君主制占据主流地位的国际体系中，列强通常试图将王朝的原则与民主的原则结合起来。19世纪比利时、罗马尼亚、保加利亚、塞尔维亚、希腊、挪威独立之后，都是从外国迎立君主。比如德意志的萨克森-科堡亲王利奥波德先是拒绝了希腊发出的担任其国王的邀请，后来出任比利时国王，称利奥波德一世；而希腊则从德意志的巴伐利亚迎立了自己的首任国王。

然而，不管"五强共治"体系在具体问题的解决上表现出了多么大的灵活性，仍然绝对无法容忍波兰人对于"大国协调"权力结构本身的挑战。而波兰的民族独立运动最容易对这个权力结构产生直接的冲击。法国大革命爆发以来，波兰一直存在着这样的民主派人士，他们服膺于法国大革命的民族主权/人民主权原则，试图依靠中下层民众，建立一个超越贵族共和的波兰共和国。他们试图与法国及其盟国结盟，壮大自身的力量，并为此参与欧洲各地的民族民主革命。正在欧洲兴起的共产主义运动，也吸纳了不少来自波兰的革命者。作为欧洲共产主义运动的理论领袖，马克思与恩格斯将沙俄视为欧洲的反动堡垒，充分肯定波兰的民族解放运动对于沙俄反动势力的牵制作用，并认为当从俄国内部发动革命暂时不具备条件时，波兰的民族解放和国家独立就具有同时冲击俄国、普鲁士和奥地利的作用。通过学习和总结四次波兰民族起义的教训，马克思与恩格斯指出，波兰起义的成功需要有两个条件：首先，民族起义要发展成为土地革命，通过发动群众——农民——进行人民战争；其次，波兰的独立与俄国的革命互为条件。[1] 这些认识为许多波兰革命

---

〔1〕 刘祖熙，《马克思恩格斯和波兰民族解放运动》，《北京大学学报》（哲学社会科学版）1983年第1期。

者所共享。但无疑，这样的方案意味着对欧洲既有政治空间的全面重新安排。对于普（德）、奥、俄三国而言，这样的思想如同洪水猛兽，当然是"大国协调"的镇压对象。

波兰民族主义者中的保守派则试图通过不挑战欧洲总体国际秩序的方式来实现波兰复国。鉴于五强中的三强在维持瓜分现状上有共同利益，波兰只能诉诸英国与法国，尤其是英国。一个典型的例子就是波兰的瓦勒里安·克拉辛斯基（Valerian Krasiński，1795—1855）伯爵。1830年波兰十一月起义后，克拉辛斯基伯爵开始流亡生涯。1855年其遗作《波兰问题与泛斯拉夫主义》出版，向英国人完整全面地介绍波兰问题的来龙去脉。当时克里米亚战争正在进行之中，克拉辛斯基认为，眼下波兰问题的解决，以及波兰的未来，都取决于克里米亚战争的结果，俄国的权力在这场战争中的消长，是西欧的政治家们无法回避的问题。[1]

克拉辛斯基在这篇作品中指出，俄、普、奥三强瓜分波兰是不义之举，然而其他欧洲列强没有采取任何行动纠正这一结果。他断言对外扩张已经成为俄国的本能[2]，目前俄国的强权已经威胁到了欧洲的安全，而重建波兰是阻止俄国扩张的有效手段。他重点回答的问题是：波兰是否具有以完全符合欧洲利益的方式进行政治重建所需的道德和物质要

---

[1] Count Valerian Krasiński, *The Polish Question and Panslavism*, London: Chapman and Hall, 1855, pp. 4-6.

[2] Ibid., p.132.

素？[1]这位波兰贵族的回答充满悲情。他指出，波兰人抗击外来侵略数个世纪，只是由于邻国的背信弃义才被瓜分。尽管波兰的政治制度不无瑕疵，但这不是剥夺这个民族生存的理由。波兰人的祖辈曾犯过错误，但是哪个民族能保证它们从不会犯错呢？接着，他总结之前所叙述的波兰历史，指出波兰的扩张不是征服的结果，而是基于波兰和立陶宛自愿的联盟，波兰之前也进行了政治改革[2]，但是却被俄国和普鲁士的粗暴干涉所打断。但俄国及其盟国对波兰进行的瓜分，只是"毁灭了我们国家的政治存在，但是从未减弱我们民族的情感和抱负"。[3]

克拉辛斯基更是努力和民主派拉开距离，论证波兰复国不会冲击欧洲王朝国家的根本利益，以打消欧洲统治者们对波兰问题革命性的疑虑。在克里米亚战争的尾声，克拉辛斯基试图说服英国人，应当允许波兰人参与克里米亚战争。波兰军队在与俄国军队战斗的过程中，会发展成为一支正规军，而正规军"将按照所有文明国家所采取的原则进行作战，并防止在类似情况下可避免的所有过激行动发生"。[4]

那么，作为19世纪"离岸平衡手"的英国，又是怎么

---

[1] Count Valerian Krasiński, *The Polish Question and Panslavism*, London: Chapman and Hall, 1855, p.130.

[2] 此指以1791年宪法为成果的政治改革，该宪法废除贵族的自由否决权；将波兰的自由选王制改为君主世袭制。

[3] Count Valerian Krasiński, *The Polish Question and Panslavism*, London: Chapman and Hall, 1855, pp. 146-147.

[4] Ibid., p. 154.

看待波兰问题的呢？在维也纳会议上，英国代表卡斯尔雷子爵（Viscount Castlereagh，姓名为Robert Stewart）提出希望波兰自己建立王国，与欧洲三个帝国保持一定程度的独立性。俄国明确反对。奥地利则表示支持。法国代表塔列朗（Charles Maurice de Talleyrand-Périgord）表示，考虑到波兰曾为欧洲做出的巨大贡献和牺牲，如果有可能，法国当然希望波兰能够重获独立。[1]各方最后通过谈判和妥协，形成了维也纳会议的《议定书》的第一条——规定在华沙公国的基础上建立拥有自身行政机构的波兰王国，其宪法规定波兰与俄国联合，沙皇以波兰国王的名义持有波兰王国。英国人坚持认为，即便如此，波兰人仍然是波兰人，因为他们无法想象，好战的俄皇彻底吞并波兰的话，对欧洲的自由将是多么大的威胁。所以，英国代表指出，应当尊重波兰民族的习俗和习惯，任何阻扰的行为都可能激起波兰人的历史记忆，导致叛乱，从而不利于欧洲的和平。这个关于波兰问题的表态得到了包括俄国在内的所有与会国家的同意。

沙皇镇压了1830年波兰十一月起义后，于1832年宣布波兰王国是俄罗斯帝国不可分离的一部分，对其实行军事占领，委任总督管理，并推行俄化政策。在此形势下，英国政治家罗伯特·弗格森（Robert Cutlar Fergusson）[2]于1832年

---

〔1〕 在此指波兰人曾挡住了奥斯曼土耳其进攻的脚步。

〔2〕 罗伯特·弗格森是来自苏格兰杜弗里斯郡弗格森家族的第十七代领主，律师和政客，1826年成为国会议员，1834年被任命为枢密院议员，1835—1838年出任军事法庭总长（Judge Advocate General）。

4月18日在英国国会下议院发表演讲，提议英国与法国联合干涉沙皇最近对于波兰的处置。演讲一开始，弗格森就提出他对于波兰现状感到焦虑的原因，指出沙皇近期（1832年2月26日以来）的声明和随之出台的法规将终结波兰的政治存在，但是这两份文件却只字不提《维也纳条约》，那么"这位君主统治波兰的权利就建立在征服的基础上，而不是条约的基础上了吗？"[1]

弗格森提请下议院向全欧洲声明："俄皇持有波兰的主权是根据他从维也纳会议上获得的条款和条件，而不是根据任何其他头衔或任何其他权利。"[2]弗格森的论证逻辑是这样的。首先，波兰宪法固然由沙皇（也作为波兰国王）为波兰人民制定，这是波兰人权利的来源。但是作为立法者的俄皇，不能单方面破坏和修改波兰宪法，因为整个关于波兰问题的安排基于维也纳会议与会各方的同意。弗格森援引了维也纳会议的《议定书》第一条来支持他的论点。因此事情的性质是这样的：沙皇给了波兰一部宪法，但是一旦颁布，沙皇不能随意收回或合法地摧毁它；波兰人同时对沙皇和宪法效忠，而非仅仅对沙皇效忠。宪法保障了波兰人的自由权利。现在沙皇违反维也纳会议最终《议定书》，单方面修改和破坏了波兰王国的宪法，这就不仅仅是一个俄国问题或波兰问题，而是一个欧洲问题，是直接涉及各大国（尤其是大

---

〔1〕 Robert Cutlar Fergusson, *Speech on the State of Poland*, London, 1832, p. 6.
〔2〕 Ibid., p. 3.

不列颠）的荣誉和诚意的问题。

时任英国外交大臣帕麦斯顿勋爵（Lord Palmerston）具有"波兰人侠肝义胆的保护人"（the chivalrous protector of the Poles）的声誉，他接见了波兰起义者的代表，但并不愿意出兵帮助波兰人。他对批评者的回应是："现存条约赋予我们的一切义务，政府永远不会忽略。"并认为俄国对波兰的领土主张是基于1815年维也纳会议的《议定书》。[1] 英国政府的反应是可以预料的。波兰问题牵扯到了"五强共治"（Pentarchy）局面的基本结构，改变波兰的现状，首先就会引起五强中的俄、普、奥三强的忧虑，五强之间的平衡也可能会因此而打破。支持波兰人的民族独立诉求，意味着重画欧洲地图，但这也意味着战争而非和平。因此，不管波兰人是如何渴望民族独立，也不管波兰人的斗争在欧洲其他民族中获得了多大的同情，维也纳体系下大国权力均衡的原则本身，就排除了波兰获得自主的可能性。埃德蒙·伯克在18世纪把波兰称为一个月亮上的国家，这一说法在19世纪也非常适用。

三、后"欧洲公法"时代的波兰：复国与再度亡国

只要世界历史还是开放的和运动的，没有停滞、僵

---

〔1〕 马克思，《帕麦斯顿勋爵》，《马克思恩格斯全集》第9卷，北京：人民出版社，1961，页358—359。

化（终结），或者说，只要全人类和各民族不仅有过去，有未来，新的Nomos[1]就会出现，作为新的世界历史事件的宣示书。因此，对我们来说，Nomos是关于空间分配的基本进程，在每一个历史时期都非常重要，对于共同生活在这个也已被现代科学测量过的地球上的人民来说，它意味着实现了秩序与场域的结构导向性结合。（页46）

1914年，第一次世界大战爆发。这是一次彻底打破"欧洲公法"之中的"文野之分"的战争。欧洲列强带着海外殖民地原住民组成的军队，在欧洲的土地上大打出手，这既违反了欧洲本土与殖民地的空间划分，更突破了19世纪战争法中的诸多保证"有限战争"的规定。这在施米特看来，是欧洲公法秩序的堕落。"一战"终结了欧洲作为世界中心的地位，国际公法也不再是欧洲"文明国家"身份的标志。但是，波兰复国的希望，却由此而重燃。

在东线，俄国与德、奥分属协约国与同盟国，为了争取波兰人的支持，三国都提出了让波兰人民享有自由和独立的口号。1914年8月上旬，德国与奥匈帝国军方分别发表宣言，号召波兰人民起来推翻俄国统治。8月14日，俄军总司令尼

---

[1] 施米特在 *Der Nomos der Erde* 中强调希腊语中的名词νόμος (nomos) 源于动词νέμειν (nemein)，后者兼有"划分"和"放牧"的意思。《大地的法》，页37。基于此，这里的Nomos应当被理解为基于对全球政治空间的测量和划分而形成的政治秩序。

古拉•尼古拉耶维奇（Nicholas Nikolaevich）大公发表宣言，号召波兰人民在沙皇领导之下，与俄国结成紧密同盟。而俄国的协约国盟友英国与法国则将波兰问题视为俄国内政，不加干涉。到1916年，德奥两国在东线作战失利，需要波兰人补充兵员，于是两国在11月上旬分别以各自君主的名义发表宣言，宣布"建立有世袭君主制和立宪制度的独立的波兰国家"。而在德奥的压力之下，俄国也做出回应，同年12月25日，沙皇尼古拉二世向军队发布指令："从现在分裂的三个地区建立自由的波兰。"其协约国盟友英国与法国支持俄国这一政策。[1]

欧洲列强"大国协调"在"一战"之中的破裂，为波兰的复国带来了曙光。到了1917年，事态的发展进一步加速。1月22日，美国总统威尔逊在给参议院的咨文中提出"应当建立统一、独立和自主的波兰"的主张。当年3月12日，俄国爆发二月革命，俄国临时政府在3月30日发布文告，允许成立独立的波兰国家，条件是要与俄国结成军事同盟。而在德奥占领区，德奥两国统治者也对波兰人做出让步，建立了"波兰王国摄政委员会和政府"。11月，俄国爆发十月革命，11月16日，苏维埃政府公布《俄国各族人民权利宣言》，承认俄国各族人民的民族自决权。1918年8月29日，苏维埃政府废除了前沙皇俄国与德国、奥匈帝国签订的瓜分波兰的一切条约和文件。

---

〔1〕刘祖熙，《波兰通史》，页348。

布尔什维克承认波兰人从俄国独立建国的权利，这对于协约国和美国也产生了非常直接的影响。英国首相劳合·乔治在1918年1月5日宣称："一个由纯血统的波兰人组成的独立的波兰，对于东欧的稳定是迫切需要的。"1月8日，美国总统威尔逊发表了十四点和平纲领，其第十三点称："应该建立独立的波兰。它应该包括无可争议地是由波兰人居住的地区和自由而安全的出海口。它的政治和经济独立以及领土完整应由国际条约来保证。"6月3日，英法意三国总理在凡尔赛开会形成关于波兰问题的决议，称："建立拥有自由出海口的统一和独立的波兰是持久和正义的和平和欧洲法律程序的一个条件。"[1]

随着德国与奥匈帝国败局已定，波兰的民族主义运动也风起云涌。1918年11月18日，波兰形成以毕苏茨基（Józef Klemens Piłsudski）为领导人的联合政府。一百多年来，波兰民族主义者一直试图恢复1772年第一次被瓜分之前的疆界。毕苏茨基的判断是，西部边界的确定取决于列强的态度，但东部边界，则可以趁着俄国苏维埃政权立足未稳，依靠波兰自己的力量加以重新划定，于是出兵立陶宛、白俄罗斯和乌克兰，与苏俄红军形成对峙。1919年12月8日，协约国最高委员会建议以民族原则划定乌克兰东部边界，这条线在1920年后被称为"寇松线"。毕苏茨基自恃波兰武装强大，拒绝了"寇松线"，于1920年4月25日发动了波苏战

---

[1] 刘祖熙，《波兰通史》，页349。

争，不过遭遇失利。但苏俄领导人也误判形势，认为可以乘胜追击，推动"世界革命"，不料红军在华沙遭遇失利。1921年3月18日，两国签订《里加和约》（波兰语：Traktat Ryski），西白俄罗斯与西乌克兰并入波兰，这一边界保持到1939年9月17日。

协约国与美国在波兰西部边界的划定上发挥了主要作用，但波兰军民自己的努力也不无意义。首先是波兹南的波兰军民发动反德起义，1919年的《凡尔赛和约》承认波兹南省为波兰所有。协约国最高委员会成立了由法国代表康邦为首的委员会，以进一步解决波兰的西部边界问题。法国希望加强波兰力量，从而削弱德国。但英国不愿意过度削弱德国，也不希望作为法国盟国的波兰扩大领土，而美国的立场与英国接近。根据《凡尔赛和约》，上西里西亚、瓦尔米亚和马祖尔将由公民投票来解决，东波莫瑞归波兰，格但斯克（但泽）成为自由市，由国际联盟监督管理。1921年10月，刚成立不久的国际联盟行政院对上西里西亚的边界问题做出裁决。协约国在波兰与捷克斯洛伐克的边界划分事务中介入也颇深，将居民大多是波兰人的切欣地区西部划给捷克斯洛伐克，引发了波兰的不满。

波兰的复国是以削弱德国与俄国为基础的。随着德国与苏联力量的逐步上升，波兰的地缘政治困境很快浮出水面。德国执政精英对波兰具有强烈的复仇主义情绪，而波苏关系也长期处于紧张状态，苏共将波兰视为西方国家进攻苏联社会主义政权的跳板。由于波兰执着于恢复其历史疆界，与捷克斯洛伐克、立陶宛等国关系也比较紧张。波兰内部也存在着可以被相邻大国利用的民族整合问题。波兰自身实力不足，只能寄希望于英国与法国的支持。然而，这两个国际联盟的常任理事国，在对波政策上思路非常不统一。法国致力于削弱德国，并将加强波兰作为手段，在各种场合支持波兰的诉求。但英国却将法国视为安全威胁，利用德国来平衡法国，而波兰作为法国的盟国，就变成以德制法策略的障碍。在1925年的洛迦诺会议（Locarno Conference）上，德国获准加入国联，而法国外长白里安（Aristide Briand）希望列强共同保证波兰与捷克斯洛伐克边界的主张，却未被列强接受。德国政治地位上升之后，对波兰发动了"关税战"，并在波兰德意志侨民中传播复仇主义的情绪。在德国的压力下，波兰与苏联改善关系，于1932年签订了《波苏互不侵犯条约》。

1933年希特勒上台之后，对波兰采取了两手策略，1934年与波兰签订了互不侵犯条约，以腾出手来吞并奥地利和捷克斯洛伐克。尽管波兰执政精英对于德国与苏联都持有不信任的态度，但在当时对苏联更加提防。面对正在中欧扩张的德国，波兰执政精英倾向于相信，因为希特勒是奥地利人，没有普鲁士军国主义者对于波兰的刻骨仇恨，德国对波政策有可能趋于缓和。[1]波兰军队总司令爱德华·雷兹-希米格维（Edward Rydz-Śmigły）当时说的一句话也许能够集

---

[1] 刘祖熙，《波兰通史》，页415。

中体现当时波兰执政精英的心态："Avec les Allemands, nous risquons de perdre notre liberté. Avec les Russes nous perdons notre âme（德国人可能会让我们失去自由，但俄国人会让我们失去灵魂）。"[1]出于这样一种误判，波兰反对苏联提出的建立东欧集体安全体系以防御德国入侵的建议，甚至在希特勒吞并捷克斯洛伐克的时候，趁火打劫，占领其主张的切欣地区西部，同时也借机在立陶宛扩张。[2]但在完成中欧扩张之后，希特勒却背着波兰，与苏联签订了互不侵犯条约，并附有瓜分波兰的密约，波兰陷入了孤立无援的境地。1939年9月，希特勒出兵波兰，英法没有给波兰任何实质的军事援助。而苏联也趁机出兵波兰，占领西乌克兰和西白俄罗斯。波兰军民抗击36天，最终无法避免灭国的命运。

波兰在1939年的再次亡国与18世纪的三次瓜分相比，是否属于同一性质的事件呢？施米特在 Der Nomos der Erde 中对此并无进一步的分析。但他对于"一战"后国际秩序的猛烈批判，也许隐含了对波兰命运的看法。在施米特看来，两次大战之间的国际体系，相比于在"一战"中终结的那个体系，更缺乏规则与秩序。在巴黎和会上，美国与日本这样的非欧洲国家在政治空间的划分上起到了重要作用，因而，

---

〔1〕 R.F.Leslie edi., *The History of Poland since 1863*, Cambridge & New York: Cambridge University Press, 1980, p.204.

〔2〕 当然，也有辩护认为波兰对德国一直是警惕的，其趁火打劫之举，是为了打破德国在南北两翼的包围。Norman Davies, *God's Playground: A History of Poland*, Vol.2, New York: Columbia University Press, 2005, p.319。

不是"欧洲决定世界的秩序",而是"世界决定欧洲的秩序"（页222）。但巴黎和会决议建立的国联体系，从根本上缺乏内在的同质性。国联的倡导国美国没有加入国联，却能够遥控一系列美洲成员国来影响国联内部事务[1]；英国与法国对于欧洲秩序的安排具有非常不同的思路，法国努力削弱德国，而英国却利用德国来牵制法国。（页226—227）在施米特眼里，发生布尔什维克革命之后的俄国已经自外于欧洲。苏俄一开始被国联排斥在外，但不久之后，苏联却加入了国联，甚至成为国联的常任理事国，这更令人疑惑，国联的同质性究竟体现在什么地方？[2]

大国之间对于政治空间划分缺乏政治共识，其结果就是秩序的极端紊乱。但欧洲国际秩序的紊乱对波兰的影响，却不可一概而论，有时候是机会，有时候却是灾难。从施米特的眼光来看，19世纪的维也纳体系中，俄国与普（德）、奥、英、法同属于一个具有一定同质性的欧洲秩序，相互之间存在着最低限度的协调，而这种同质性的达成，恰是以牺牲具有一定异质性的波兰作为前提的。只要维也纳体系的结构保持稳定，波兰绝无翻身的机会。而随着原有的以王朝贵族为基础的"欧洲协调"衰落，民族主义影响力不断上升，在东欧，列强之间的矛盾不断加深，俄国与德国、奥匈帝国最终决裂，进而在第一次世界大战中相互削弱。"一战"尽管以

---

〔1〕 施米特，《国际联盟与欧洲》，《论断与概念》，页88。
〔2〕 施米特，《国际联盟的第七次变化》，《论断与概念》，页214。

协约国的取胜而告终，但作为协约国成员的俄国却爆发了革命，布尔什维克支持波兰独立，英、法、美作为战胜国，更需要削弱德、奥。因而，波兰的复国，依赖于旧国际体系的崩溃和新国际体系的形成。

"一战"之后，列强未能重建维也纳体系下的"欧洲协调"，曾经压制波兰的奥匈帝国也已经四分五裂。但此时的波兰并不因为列强的大国协调破裂而变得更为安全，事实上，它处于一个更为危险的秩序的断裂带上。它的东边是实行社会主义制度、受到西方列强围困的苏俄/苏联，相对于苏联，波兰是异质的，是资本主义对苏围困与干涉的桥头堡。然而苏联以西的"资本主义世界"并未因为类似的社会制度而形成一个统一的阵营。波兰的西边是在巴黎和会上受到屈辱、充满复仇主义情绪的德国，波兰与其在社会制度上当然更为接近，然而在民族情绪上高度对立，波兰第二共和国的西部边界，对于德国政治精英来说，本身就是其遭受到的屈辱的一部分。"一战"后，列强在重新安排国际秩序时同意波兰复国，但并没有对波兰的安全给以特殊的承诺。

在20世纪30年代，英法对德采取绥靖政策，试图"祸水东引"，促成苏德相斗，英法坐收渔翁之利。这样的绥靖政策，本身就暗含了将波兰作为苏德战场的可能性。1932年，波兰与苏联已经签订了互不侵犯条约。然而，19世纪灭国期间不断发酵的波兰民族主义话语对于1772年第一次瓜分之前的疆域的迷恋，极大地影响了波兰执政精英的执政思路，波兰不是继续改善对苏关系，牵制德国，而是趁着德国对外扩张之际，借机恢复其历史疆域。当苏德两国签订互不侵犯条约并达成瓜分波兰的秘密协定之后，后者的灭亡就不可避免了。

但在德国吞并波兰的进程中，施米特并不是旁观者。值得一提的是，1939年5月，德国吞并捷克斯洛伐克之后，施米特在《德国法学研究院院刊》上发表《以大空间对抗普世主义》一文，批判美国背离了其19世纪的门罗主义，转向普世帝国主义。在施米特看来，真正意义上的门罗主义和美国当下的实践之间的对立，是"一种明确的、建立在外空间国家不干涉原则之上的空间秩序和一种将整个地球变成进行干涉的战场、阻碍有活力的民族每一种自然增长的普世主义意识形态的对立"。[1]

在差不多同一时期发表的《国际法中的帝国概念》一文中，施米特进一步将德国式的"门罗主义"与其"大空间"（Großraum）理论关联起来。此文标题中的"帝国"，对应的是"Reich"概念，但中译本将其翻译成"帝国"，很容易同施米特自己想要努力与其拉开距离的普世的Imperium概念相混淆，在施米特看来，英美现在就是这种普世的、无空间的支配方式的代表。如果要强调Reich与Imperium的区别，我们也许可以考虑将"Reich"汉译为"政域"。

在这篇论文中，施米特指出，Reich是"领导性的和承载性的大国，它的政治理念辐射着一个确定的大空间，并为

---

[1] 施米特，《以大空间对抗普世主义》，《论断与概念》，页313。

了此一大空间而从根本上排除空间外大国的干涉"。[1]"大空间"内可能存在另外一些民族和国家，它们并不是Reich的一部分，正如美国并没有宣布阿根廷或巴西是自己的一部分。Reich也不仅仅是一个面积更大的威斯特伐利亚会议以来的领土性国家，不是一架建立于特定地域之上的机械的统治机器，而是"本质上有民族的规定性"[2]，具有有机体的特征。在1939年的语境中，施米特所说的Reich当然指向一个比当时的德国更大的"大德意志"。至于这个Reich在其主导的"大空间"中应当主张何种具体的政治理念，施米特语焉不详。但他明确强调的是，Reich将按照门罗主义的先例，排除域外势力的干预，从而保证"大空间"在全球秩序中的独立性。

如果说近代经典的国际法以国家为基本空间单位，施米特展望的新国际法，则是以"大空间"作为更重要的空间单位。空间单位的扩大跟技术的发展密切相关，飞机、无线电等技术的发展，使得国家的空间界定方法已经跟不上时代，需要更大的空间单位，才能够发展有意义的合作。以"大空间"为支点的国际法越出了经典的以国家为基本单位的国际法，但也拒绝了超国家的普世主义的国际法——后者在施米特看来从本质上是帝国主义。以Reich为支点的国际法使得民族有机体能够真正地以自己的理念和原则掌握国家机

---

[1] 卡尔·施米特，《国际法中的帝国概念》，《论断与概念》，页314。
[2] 同上，页315。

器。地球是如此之大，存在诸多有活力的民族，在施米特的视野中，一个理想的地球秩序，应该划分为若干不同的"大空间"，每个"大空间"里都有一个由主导性民族创建的Re-ich，并奉行该主导性民族的世界观理念和原则。

施米特在这两篇论文中都没有直接谈论波兰。但是，他的态度应该隐含在其中了——拥有上百万德意志人口的波兰，其领土，或部分领土，完全可以成为德意志"大空间"的一部分。当然，被纳入德意志"大空间"，不等于波兰必然会灭国。施米特将美国的门罗主义视为美国的"大空间"实践，而众所周知的是，美国从形式上并没有吞并其他美洲共和国。由此可以推断的是，他设想的德意志主导的"大空间"的实现，未必要采取希特勒式的灭国方式，从逻辑上说，完全可以采取某种联盟式结构，波兰在形式上保留国家，但其主权要受到"大空间"秩序的限制。今天德国在包括波兰在内的欧洲联盟中发挥着核心领导作用，批评者甚至将欧盟称为"德意志第四帝国"[1]，施米特未必会反对这种组织形式，尽管他很可能会对德国对于自身民族理念的淡化感到痛心疾首。

不过，这只是逻辑上的可能性。形势的进展令人应接不暇。1939年5月，希特勒已然吞下捷克斯洛伐克，到了9月，

---

[1] "Germany outraged by Italian newspaper's 'Fourth Reich' headline", *The Guardian*, https://www.theguardian.com/media/greenslade/2012/aug/07/angela-merkel-silvio-berlusconi, 2019年3月28日最后访问。

就直接出兵，迅速灭亡波兰。而随着希特勒继续进军苏联，他的实践已经越出了德意志"大空间"最大的容许范围。用施米特的眼光来看，或许德军已经进入了俄罗斯人的"大空间"范围了。但不管如何，在希特勒觊觎波兰的时候，施米特并不是一个旁观者或反对者。他反对普世帝国主义，但他所提出的替代方案，实际上是一种区域霸权理论，在这一理论之中，仍然没有波兰保持独立自主的可能性。

四、余 论

当施米特 1950 年出版 *Der Nomos der Erde* 的时候，波兰已经再度复国，其西部边界向西移动，将 1939 年之前原属于德国的部分领土纳入，而东部许多领土已经归属苏联。德国已经分裂为两个国家，东德被纳入苏联主导的社会主义阵营，西德则处于以美国为首的西方列强的控制之下。一个称霸地球的欧洲早已一去不复返，甚至连一个自主的欧洲都已经不可得。从德国的历史经验出发，我们就很容易理解施米特对于 19 世纪"欧洲公法"的黄金时代的怀念。在那个时代，德国在统一不久后即成为欧洲大陆最强的工业国家，对英国的霸权形成了强有力的冲击。而 19 世纪的战争法不从道德上歧视"敌人"，并有一系列规则限制战争的规模，这对于德国来说也是有利的 —— 即便冲击欧洲霸权失败，在那样的战争法下，德国或许仍然可以期待像维也纳会议列强对法国的温和处置方案那样受到处置，此后仍然不失为欧洲顶级列强。

施米特对于19世纪"欧洲公法"的黄金时代的怀念，暗含着以德国的经验为欧洲的普遍经验的立场。不过一旦引入波兰的历史经验作为参照，德国经验的普遍性就大打折扣了。在施米特怀念的时代，他所赞许的"有限战争"并不排除对一个国家的瓜分和毁灭。在18世纪，当波兰努力克服自己的中世纪特征，推进国家建设的时候，它被周边三大列强瓜分，沦为埃德蒙·伯克笔下的那个"月亮上的国家"。在施米特笔下，那个被瓜分的波兰还不足以构成国家，它的等级制王国特征，使得它在领土型国家的包围之中，形同一片开放的空地。要确立政治空间的同质性，就需要驯化波兰这样的异质成分。我们可以看到的是，也许波兰确实属于欧洲的上一个时代，但它毕竟是努力地向列强的制度靠拢，但越靠拢，列强的反弹就越激烈——很显然，列强不允许波兰通过学习它们走过的道路，成为新的列强。"欧洲公法"的基础是欧洲顶级列强之间的政治空间划分，而这些列强将自己当下的器物、制度与文化成就普遍化，界定为"文明"的标准，而那些达不到这些标准的族群就成为歧视乃至征服的对象，甚至歧视和征服都被包装为文明的"教化"，不仅在海外殖民地如此，在欧洲内部也会如此。

瓜分波兰的三国在1814—1815年的维也纳会议上成为"五强共治"（Pentarchy）结构中的三强，这又进一步固化了对波兰的瓜分格局。当沙俄因波兰人的反抗而取消附庸国"波兰王国"的自治的时候，英国的外交大臣可以对波兰人表示同情，却不愿意采取任何实质行动。因为现行欧洲国际秩序，正是以对波兰的瓜分为基础的，支持波兰人的民族解放运动，就意味着挑战既有的国际秩序。于是，波兰的解放，最终离不开"大国协调"结构的崩溃。马克思与恩格斯看到了这一点，因此主张波兰革命与欧洲革命之间的相互支持。而"大国协调"结构也并非无懈可击，随着民族原则逐渐盖过王朝政治的原则，列强之间的争斗逐渐演变为帝国主义战争。瓜分波兰的三国在"一战"中同时被削弱，当战胜国重新安排战后秩序时，波兰获得了复国的机会。然而，"欧洲公法"的黄金时代也终结了。因为现在不是"欧洲决定世界的秩序"，而是"世界决定欧洲的秩序"。（页222）

Der Nomos der Erde 中讨论"一战"之后的部分对波兰完全没有论述。施米特关注的焦点是美国与其他欧洲列强如何修改了国际法规则，从而使德国承受了屈辱。波兰从复国到再次亡国的复杂命运完全不是他的关注点。但在他1939年着重阐发的以"大空间"为基础的新国际法理念中，并没有波兰独立自主的可能性，在希特勒对波兰的侵略行动中，施米特既不是旁观者，也不是反对者。不过，他对国际联盟的分析或许可以在一定程度上解释为何波兰的好运未能持续很久——与维也纳体系"五强共治"的结构不同，国联并没有建立一个具有基本"同质性"的秩序，列强根本没有就彼此的政治边界形成稳定的共识；"一战"后的国际体系支持了波兰复国，但并没有一个保护它的顶层架构。波兰处于一个非常危险的国际秩序的断裂带上，而波兰政府出于民族主

义情绪的种种盲动，使波兰在国际秩序重新大变动的时候，加速走向了灭国的命运。波兰，既是"欧洲公法"祭坛上的牺牲品，也是国际失序时代的被碾压者。

由此，我们不妨将波兰与中国的历史经验做一定的对比。中国晚清士大夫对于波兰的关注，源于甲午战争之后对于中国被列强"瓜分"的担忧。1897年德国占领胶澳之后的连锁反应，进一步增大了朝野对于中国被"瓜分"的恐惧，进而促使光绪皇帝启动戊戌变法。而1900年八国联军入京，更使得"瓜分"看起来迫在眉睫。然而列强之间相互牵制，同时担忧直接统治中国的成本，"瓜分"并没有发生，列强最后索取了高额赔款，并彻底将中国变成半殖民地。在20世纪初，对"瓜分"的恐惧还贯穿在革命派与立宪派的争论之中。然而1911年辛亥革命中，革命也没有如立宪派预测的那样招致"瓜分"，英、美、德、法、日、俄六强相互牵制，最后选定袁世凯作为列强利益的代理人，出任民国领导人。[1] 这些现象背后的结构性因素是，中国所处的地缘政治环境从总体上要优于波兰。中国远离欧洲与美国，也没有全球霸权的兵家必争之地，对于西方列强而言，从中国攫取更多利益，可以锦上添花，但中国并不是哪个帝国的生命线，需要以全力来争夺，当欧洲形势吃紧的时候，欧洲列强就会减少在中国的资源投入。也许中国对于日本更具战略意义，

---

〔1〕 参见章永乐，《"大国协调"与"大妥协"：条约网络、银行团与辛亥革命的路径》，《学术月刊》2018年第10期。

但其时日本尚未消化朝鲜半岛，虽已在中国东北确立势力范围，尚谈不上对中国展开大规模侵略。

因此，中国的地缘政治环境，从总体上优于波兰。然而施米特所赞美的建立在瓜分波兰基础上的"欧洲公法"的黄金时代，对于中国而言，同样意味着深重的压迫。近代欧洲国际法是等级性的，它可以完整地适用于欧洲"文明国家"之间的关系中，但碰到中国这样的列强眼中的"半文明国家"，就要大打折扣。清朝的总理各国事务衙门曾经试图推行"以夷制夷"的方针，然而欧洲列强之间的政策协调，远超清廷官员的想象。比如说，英俄两国在中亚展开百年"大博弈"，但仍然能够背着清廷，私分中国的帕米尔。如果列强在对华政策上保持协调，中国就会面临一道铜墙铁壁。同时，19世纪欧洲的"文明等级论"也在中国产生了深刻影响，许多士大夫对号入座，将中国视为"半文明国家"，需要模仿列强进行自我改革，以求跻身"文明国家"，而日本被视为一个成功的榜样。[1] 不过一旦日本跻身列强，也就成了铜

[1] 康有为在《上清帝第五书》中即痛陈，中国在国际体系中原本被列强视为"半化之国"的地位，现在有坠落到"非洲黑奴"地位的危险。康有为，《上清帝第五书》，《康有为全集》（第四集），页2。1899年梁启超在《文野三界之别》一文中谈道："泰西学者，分世界人类为三级：一曰蛮野之人，二曰半开之人，三曰文明之人。其在《春秋》之义，则谓之据乱世、升平世，太平世。皆有阶级，顺序而升，此进化之公理，而世界人民所公认也。"梁启超，《文野三界之别》，《饮冰室合集》（专集之二），北京：中华书局，1989，页8—9。

墙铁壁的一部分，并阻止中国通过自我改革上升为列强。[1]

"一战"终结了欧洲国家之间的协调体系，也终结了"欧洲公法"的黄金时代。欧洲列强的厮杀令国人目瞪口呆，"文明等级论"的说服力一落千丈，而处于战争中的欧洲列强希望得到中国的帮助，也使中国的政治精英意识到了中国上升的可能性。当然，"大国协调"的破裂带来的一个消极后果是，列强对日本的原有制约弱化了，日本在中国获得了更大的影响力。"一战"之后国际秩序的体系性紊乱，也给了日本进一步侵华的机会。而且，日本也从美国的门罗主义获得启发，其侵华的理论，从20世纪初的"亚洲门罗主义"，进一步过渡到"大东亚共荣圈"的理论，这同样是一个区域霸权理论，而非普世霸权理论。[2]

同样是本区域霸权力量的受害者，中国与波兰的命运差别在于：第一，中国有着巨大的内陆战略纵深，当日军占领中国东部后，兵力分散，后勤吃紧，就很难再持续原有的攻势。第二，中国也拥有比波兰更为强大的本土抵抗力量，尤其是具有惊人耐力的敌后游击队，扎根于土地与民众，切割日占区并围困日军据点，最终迎来国际战局的根本性转

---

[1] 比如说，欧洲战争的胶着状态加强了日本在东亚的国际地位，日本不允许中国通过参与"一战"获得与日本平起平坐的地位，强烈反对中国参战。到了1917年，日本通过"西原借款"，确保段祺瑞政府不会减损自己的在华利益后，中国才得以对德、奥两国宣战。参见唐启华，《洪宪帝制外交》，北京：社会科学文献出版社，2017。

[2] 参见章永乐，《威尔逊主义的退潮与门罗主义的再解释——区域霸权与全球霸权的空间观念之争》，《探索与争鸣》2019年第3期。

变，自主解放大部分国土。中国的抗日战争不是施米特在 *Der Nomos der Erde* 所怀念的"欧洲公法"时代正规军之间的"有限战争"，而是包括了游击战的"全面战争"。一直到20世纪60年代施米特写作《游击队理论》的时候，他才反思自己在 *Der Nomos der Erde* 中的战争法论述，认识到中国的游击队理论与实践对于一个弱势国家反抗外敌入侵、保家卫国的意义。[1] 此时的德国不仅分裂，而且东西两部分都在政治上缺乏自主性。若没有这种弱势体验，施米特或许并不会如此集中地将目光投向中国。

综上所述，波兰是施米特所怀念的"欧洲公法"时代的祭品。在施米特篇幅极短的波兰论述中，波兰是一个不规则和异质的存在，它在欧洲国家建设领土型国家时被牺牲，从而为"欧洲公法"在欧洲内部的全覆盖准备了条件。施米特的论述忽略了波兰18世纪的国家建设努力，但洞见了从18世纪末期到"一战"的欧洲国际体系与波兰的民族独立之间紧张乃至对立的关系——波兰的民族独立运动必然会同时冲击领导欧洲国际秩序的三大强国，进而动摇整个欧洲国际体系，因而基于列强均势与协调的欧洲和平，也必然以压迫波兰民族为代价。在19世纪末，当梁启超、康有为凭借敏锐

---

[1] 施米特，《游击队理论》，《施米特文集》第一卷，上海：上海人民出版社，2004，页267—332。当然，施米特只是放宽了他赞同的"有限战争"的尺度，但并没有放弃对"有限战争"的执着，他将中国保家卫国的游击战视为一种具有内在限制的战争，而将列宁-格瓦拉的全球游击战视为中国实践的反面。

的政治嗅觉，将欧洲之外的中国与欧洲之内的波兰相类比时，他们正确地看到了双方在19世纪国际秩序之下的某种连带关系，只是他们高估了"欧洲公法"秩序的开放性，仍期待中国能在不改变国际体系结构的前提下，通过成功的内政改革跻身列强之列。而真实的历史进程是，无论是波兰还是中国的民族解放，都得益于"欧洲协调"体系的终结与欧洲列强在世界大战中的相互削弱，施米特的论述有助于我们借助波兰的境遇，准确把握中国在近代国际体系中的弱势位置。

最后，我们还可以看到，作为波兰邻国德国的理论家，施米特从"欧洲公法"到"大空间理论"的论述中，均缺乏波兰的自主位置，这一事实更可以从反面帮助今人理解现代波兰何以屡屡倒向本区域之外的大国，从而站到形形色色的欧洲式门罗主义的反面。今日的波兰仍然处于德俄之间的国际秩序断裂带上，欧洲的区域秩序仍在持续的演变之中。在欧洲与中国不断走近的今天，理解过去的区域秩序演变历史，有助于我们更冷静地思考中国与欧洲共同的未来。

武装商船与潜水艇

论《大地的法》中的海洋自由与正义战争

傅 正[*]

异乡的过客啊，请带话给斯巴达人：

我们忠实地履行了诺言，长眠在这里。

——温泉关铭文

我爱亲人和祖国，更爱我的荣誉。

我是一名光荣的志愿军战士。

冰雪啊！我决不屈服于你！

哪怕是冻死，我也要高傲地耸立在我的阵地上！

——宋阿毛，死鹰岭高地，1950年

一、无主物还是共有物？

1713年4月，西班牙王位继承战争尘埃落定。英、法两

---

* 作者为清华大学人文与社会科学高等研究所博士后。

个当事国在荷兰的乌得勒支签订了和约。一方面，法国不仅失去了它在欧洲大陆的军事霸权地位，还丢掉了纽芬兰、阿卡迪亚、哈德逊湾等北美殖民地，海上势力大大削弱；另一方面，英国则取得了对直布罗陀的控制权，并扩张了它在北美的势力范围。这份和约促成了欧洲大陆和大西洋战略格局的双重变化：大陆上逐渐呈现各国均势的状态，而海洋则渐渐沦为英国的天下。施米特（Carl Schmitt）后来在《大地的法》中曾这样评价《乌得勒支和约》：

> 随着1713年《乌得勒支和约》的签订，欧洲公法开启了新的时代：开始意识到或主动意识到正在出现的陆地与海洋的全球性均衡。（页160）

不错，把"势力均衡"写进条约，正是《乌得勒支和约》的重要特点。只不过条约文本所载的"势力均衡"特指欧洲国家间的势力均衡，而未来的历史走向却呈现出了大陆与海洋两种法权之间的"势力均衡"。

施米特接着指出，以该和约为分水岭，"可以划分为两个阶段，正好对应于两种不同的自由"。在前一个阶段，"海洋是人类法律与人类秩序无法进入的地方，是一个力量角逐的自由空间"，换句话说，大洋深处是"一个为争夺强者之权利而专门划定的斗争领域"。到了后一个阶段，各个欧洲主权国家开始约束海盗行为，把原本属于欧洲大陆的主权权力投射到了海洋之上。"不过，公海区域对于陆地国的国家

空间秩序仍是开放的。"（页161）

我们也可以说，在《乌得勒支和约》之前，海洋是一片不受任何法律约束的真空地带，海洋自由是"非法的自由"；而在这之后，王权开始介入海洋，海洋自由变成了法律赋予的自由。自此，海洋不再是无秩序的法外之地，海洋权力与陆地权力逐渐分野。

然而，每个国家都有义务约束本国所属的船只，使其遵守秩序。这仍然是一个空洞的说法。施米特看到，有一个疑问始终贯穿于人类世界对于"海洋自由"的理解：自由的海洋到底是无主物还是共有物？

> 16、17世纪的海盗们信奉的原则是，海洋由所有人共享，并切断了其与道德和法律的联系。（页154）

尽管英国在后来名义上禁止了一切海盗行为，但海洋是人类共有物的观念却传承了下来，成了英美海权国家信奉的基本原则。

相比之下，法国人则更愿意把海洋视为无主物。至少与施米特同时代的法国学者吉德尔（Gilbert Gidel）仍持有这样的观点：

> 吉德尔反对将海洋视为共有物，反对建立一个由所有国家参与的"国际共管"机构来管理海洋区域，因为，事实上不存在这样一个国家共同体式的机构来进行

国际共管。我认为他的观点是正确的。吉德尔不认为每一个有船只悬挂国旗航行在公海上的国家，都必须与其他所有国家联合起来，或者是在身份上归属于这些国家的联盟。（页155）

单看这段文字，意思尚且比较清楚，然而联系到施米特接下来对"海洋是共有物"的表述，就不免令人感到费解了。他说道：

那种主张将海洋当作开放给所有国家的公共道路，即把海洋视为"共有物"的观点，其目的是主张每个国家都有权在这个公共街道上使用所有现代武器进行战争、布雷，甚至掠夺第三方，但是人们很难想象这些行为会发生在陆地的公共道路上。霍布斯曾经对这种真实的现象做过很好的解释，他说这就是自然状态的表现，每一件东西都属于每一个人，但是严格说来，ac si nullum omnino jus existent［法律其实已经荡然无存了］(《论公民》，第一章，第十一节），或者是最强的人以法律的名义为所欲为，一如自然状态下的自由。和平时期的人们可以忘记这些。但是在战争中，海洋自由意味着世界海域上的所有领域对所有的交战国都是战场，可以自由而公开地进行战争，掠夺战利品。（页155—156）

按照一般理解，所谓"共有物"或"公共财产"意味着每个普通公民都有权利加以使用，都有义务加以维护。"海洋是共有物"应该指，国际社会大家庭的每个成员国都有义务维护海洋秩序才对，怎么会呈现出霍布斯（Thomas Hobbes）的自然状态：每个国家都有权在这个公共街道上使用所有现代武器进行战争、布雷，甚至掠夺第三方？若是，则"共有物"与"无主物"又有什么区别呢？可惜施米特并没有给出进一步解释。

二、围绕《伦敦宣言》的法理论争

有学者把施米特与斯宾格勒（Oswald Spengler）、范登布鲁克（Moeller van den Bruck）和埃德加·容（Edgar Julius Jung）并列为"一战"以后"德国青年保守派"的代表人物。他们跟荣格尔（Ernst Jünger）为代表的"德意志民族革命派"联结成了魏玛时期"德国青年保守主义革命"的阵营。如其所言：

> 为了建立起可持续发展的政治结构和社会制度，把德国从魏玛共和国的危机当中解脱出来，保守主义革命基本上都主张：从根本上否定魏玛共和国的政治制度和价值观念，建立起奠定在民族共同体–意识形态基础上的权威国家。与传统的保守主义观念不同，他们反对压制大众，反对冷漠大众，主张把大众动员起来，从而建

立起恺撒式的政治统治。[1]

魏玛德国的政治派系及其主张，已经超出了本文的能力范围。但无论上述概括是否完全准确，毫无疑问，"一战"失败的屈辱与新生共和国的软弱无力，都成了一代德国知识分子心中挥之不去的烙印。这样的社会状况与新生的中华民国十分类似，虽然程度尚不及之。作为德国首屈一指的公法学家，施米特不可能不去讨论之于"一战"具有转折意义的"无限制潜艇战"。

例如在1937年的短文《海盗行为的概念》中，施米特就专门讨论了潜艇战的国际战争法地位。在1922年2月6日，华盛顿会议表决了战争法协议。该协议第1条、第3条指出，潜水艇在捕获交战国或与交战国有关的商船时，必须事先警告和救护船员乘客，并保护船舶文件，"任何触犯这些规定、服务于某一政权的人"，都将"被视为一种海盗行为"。在第4条中，战争法协议更明确列举了德国在1917年无限制潜艇战的行为。[2] 显然，英美主导的华盛顿会议，意在把德国人的潜艇战定义为海盗行为。

施米特敏锐地察觉到，这是一些自相矛盾的规定。他说道：

---

[1] 曹卫东、匡宇，《德国保守主义革命》，收于曹卫东主编，《危机时刻：德国保守主义革命》，上海：上海人民出版社，2014，页9—10。

[2] 施米特，《海盗行为的概念》，《论断与概念》，朱雁冰译，上海：上海人民出版社，2006，页248。

因为在大多数情况下，海盗被剥夺了国际法主体的地位。他的行为并非国际法上的犯罪，因为只有作为国际法主体的国家才有可能犯下这类"国际法罪行"，而海盗恰恰处于全然的非国家状态，他只是陷入属于一个国家的国际法上扩大了的权力领域。所以，他本身并非真正的国际法问题。可在另一方面，本来混乱无序的人类却突然组成一个统一阵线反对这个作为"人类公敌"的海盗，这尤其令人感到奇怪。既然这个人类公敌只是一个非政治性的值，既然人们在某些方面是通过人们承认为敌人的人来分类的，所以，除了这个非政治性的outlaw〔歹徒〕以外别无其他敌人的人类自己，恰恰也只是一个非政治的值。[1]

最起码海盗是不属于任何国家的私人武装集团，而潜艇战却是国家行为，怎么能是海盗行为呢？把"服务于某一政权的人"称为海盗，不就是概念含混、自相矛盾吗？更重要的是，战争是国家之间的行为，而惩治海盗则是国内法的行为。以国内法的原则定义国际法行为，天下宁有是理乎？

事实上，正是这种含糊其词的表述，不知不觉地偷换了国际法的基本原则。按照欧洲公法的传统，国际法协调的是平等主体之间的权利义务关系，这与民法有类似的法理原

---

〔1〕 施米特，《海盗行为的概念》，《论断与概念》，页248。

则。惩治海盗则属于刑法的范畴，其前提是法律关系双方处于不平等的地位，一方代表普遍意志，一方为其中的个别部分。把战败国德国的潜艇战视作海盗行为，意味着战胜国代表人类普遍意志，刑事审判个别国家。不错，据1918年短暂地享受战胜喜悦的中国人说，第一次世界大战的伟大历史意义就在于"人类公理战胜了强权国家"。

回顾上一节的问题"海洋是无主物还是共有物"，不难发现，两者的分别在于截然不同的国际法原则。海洋是无主物，暗示每一个主权国家都能自由平等地在海上贸易、交战；海洋是共有物，则意味着海洋上存在着普遍的人类权利，某一个国家胆敢侵犯这种普遍权利，就是"人类公敌"。前者是协调各个平等主体的国际法，后者其实是打着"国际法"旗号的国内法。

然而，仅止于此仍不足以充分解答我们的困惑：既然"海洋是共有物"，怎么同时会是个自然状态？《乌得勒支和约》签订以后，这条英美原则又有了哪些新的内容？

让我们回顾一下"无限制潜艇战"的由来。1908年12月4日，西方列强在英国伦敦召开了国际海军会议。它们在吵吵嚷嚷近三个月后，次年2月26日，终于签署了《伦敦海战法规宣言》（简称《伦敦宣言》）。这是一份类似于"战时海上中立法"的文件。

按照《伦敦宣言》的规定，战时贸易品可分为绝对违禁品、有条件违禁品和自由品三种。但凡绝对违禁品，如各种武器、弹药、军用货车、军舰等军事物资，只要运往敌方领土或者敌方所占领土，不管它是通过直接运输还是间接转运，交战国都有权加以捕获。至于有条件违禁品，如粮食、钱币、煤炭、石油等，只要不在运输中立港卸货转运，交战国即有权捕获。而原棉、羊毛、丝、亚麻、纱线、橡胶、松脂、硝酸盐则为任何交战国都无权捕获的自由品。

这份宣言书无疑充分体现了海洋国家美国的门户开放原则。有趣的是，它并没有遭到陆上强国德国的反对，却深受海洋国家英国的抵制。英国议会始终拒绝批准《伦敦宣言》，并在1914年8月20日，以议会命令的形式修改了宣言文本。修正案第3条明确规定，交战国有权自己认定有条件违禁品是否运往敌国或敌国代理人，而不必依据宣言文本所载的判断标准；第5条补充道，只要认定有条件违禁品与敌对国家有关，不管它是否在中立港卸货，交战国都有权捕获。[1]说得直白一些，海上霸权国家英国有权任意捕获一切通往中欧海域的战略物资。

英国人的态度当然遭到了美国的强烈反对，然而现实利益和众所周知的文化亲缘关系，却使得美国人逐渐选择了妥协。[2]英国皇家海军可以在不受外部干扰的情况下，任意封

---

〔1〕　"The Ambassador in the Great Britain (Page) to the Secretary of State, August 26, 1914", *FRUS, 1914, Supplement,* Washington, D. C.: United States Government Printing Office, 1928, pp. 218-220. 转引自李文雯，《美国海洋航行自由原则的演变及其对美国海军力量发展的影响（美国建国—第二次世界大战结束）》，北京：外交学院博士论文，2014，页88。

〔2〕　参见郑雪飞，《第一次世界大战初期的美英伦敦宣言之争》，《史学月刊》2001年第4期。

锁德国的对外运输线。德国的海外物资供应因此日益紧张，潜艇战几乎成了它反制英国的唯一手段。施米特说，"潜水艇在'一战'（1914）的头几个月刚刚投入使用，就显示出其在改变空间方面的影响力"（页298）。从此以后，海洋自由就不再是海面上的事情了。

然而，当时的潜水艇艇壳轻薄，对海面船只的侦测手段单一。如果德国潜水艇严格遵守《伦敦宣言》，对往来船只进行战时临检，就需要浮出水面。这是潜水艇最脆弱的时刻。另一方面，英国人却有对商船进行武装的一贯传统。浮出水面的德国潜水艇在全副武装的英国商船面前，几无还手之力。事实上，英国国内就一再鼓励英国武装商船攻击德国潜水艇。[1] 所谓"事先警告"的条文就是一个空头规定。

对此，英、德两国对于如何界定武装商船的性质，发生了激烈的分歧。德国人认定，武装商船不是一般贸易船只，而是敌方交战船只，德国潜水艇不享有战时临检义务。而英国人始终认为，武装商船不是国家行为，每个自然人都具有普遍自卫权。吊诡的现象出现了，1922年华盛顿会议断定，德国潜艇战是海盗行为，但根据对海盗的一般认识，恰恰是武装商船而不是潜水艇更像是海盗。

不要忘记，英国人在20世纪初利用政治地位模糊的武装商船跟德国人打仗，与他们在16世纪利用政治地位同样

[1] 郑雪飞，《战时中立国海上贸易权利之争的历史考察》，南京：南京大学博士论文，2002，页57。

模糊的海盗跟西班牙人打仗如出一辙。更不要忘记，鸦片战争前夕，英国武装商船就曾向清政府的水师开过炮。

如果说《乌得勒支和约》之前的海洋体现为霍布斯笔下的自然状态，那么：

> 洛克的著作乃是和《奈梅亨条约》与《乌得勒支和约》（1713）的时代相连，也就是和海盗英雄时代（Heroenzeitalter）的末期相连。（页67）

与霍布斯的自然状态不同，在洛克（John Locke）的自然状态中，"人们受理性支配而生活在一起，不存在拥有对他们进行裁判的权力的人世间的共同尊长"[1]。这是因为：

> 为了约束所有的人不侵犯他人的权利、不互相伤害，使大家都遵守旨在维护和平和保卫全人类的自然法，自然法便在那种状态下交给每一个人去执行，使每个人都有权惩罚违反自然法的人，以制止违反自然法为度。自然法和世界上有关人类的一切其他法律一样，如果在自然状态中没有人拥有执行自然法的权力，以保护无辜和约束罪犯，那么自然法就毫无用处了。[2]

---

[1] 洛克，《政府论》下篇，叶启芳、瞿菊农译，北京：商务印书馆，1964，页14。

[2] 洛克，《政府论》下篇，页7。

对商船进行武装，其法理原则正是每个人都有权执行自然法，去保卫全人类的"海洋共有物"。倘说英国人此时仍然援引洛克的法学理论，仍然未曾设想国际社会存在统一的公共权力，那么随后加入海权势力的美国人，就更进一步了。

换句话说，美国人的普世主义冲动与德国人的政治地理信条，发生了更加尖锐的冲突。[1]

三、东西之间的门罗主义与门户开放

1941年7月28日，施米特发表了长文《禁止外国势力干涉的国际法大空间秩序》，这是他对1939年4月以来一系列思考的总结。《大地的法》中讨论的许多重要问题，在这篇论文中就已经得到了深入的思考。最关键的是，施米特在该文中清晰地定义了"大空间"的概念。

政治意义上的空间不同于物理学意义上的空间，所谓的"大空间"不是在计量上比"小空间"更大的空间。对此，施米特解释道：

> "大"在这里的含义不只是数量上的、数学-物理意义上的大。从一种语言学观点来说，"大"是总体上可

---

〔1〕 最新国内相关研究，可参见方旭，《以大空间秩序告别普世帝国》，《开放时代》2018年第4期。

能的、真正的共同实践。[1]

"政治地理学之父"拉采尔（Friedrich Ratzel）在1897年曾经有过一个权威的定义："国家是属于土地的有机体。"乍看上去，他好像是在说，政治地理学研究的是国家在特定地理空间内的活动。但必须明白，拉采尔所理解的国家具有生物有机体的特征，是需要生长和发育的。"当一个国家向别国侵占领土时，这就是它内部生长力的反映。强大的国家为了生存必须要有生长的空间。"[2]这就意味着，国家意志不可能不与自然地理疆界发生矛盾。

当黑海海峡这条自然分界线把奥斯曼帝国和基督教欧洲分隔开来时，不会出现地缘政治的问题。只有当土耳其军队越过海峡，进占君士坦丁堡以后，地缘政治问题才会产生。"政治地理学"或"地缘政治学"[3]从不研究局限于固定地理空间范围内的权力关系，它讨论的是权力关系对地理空间的投射，对地理空间的改变。由此看来，政治空间的概念具有现象学的意义。正如施米特所说：

---

[1] 施米特，《禁止外国势力干涉的国际法大空间秩序》，方旭译，林凡校，未刊，页35。感谢方旭兄提供此稿，它对笔者写作本文助益良多。

[2] 普雷斯顿·詹姆斯、杰弗雷·马丁，《地理学思想史》（增订本），李旭旦译，北京：商务印书馆，1989，页213。

[3] 按照赫特纳（Alfred Hettner）的定义，政治地理学和地缘政治学分属于地理学和国家学的范畴（参见氏著，《地理学——它的历史、性质和方法》，王兰生译，张翼翼校，北京：商务印书馆，2012，页187—188）。然而实际运用中，两者并没有明确的区分。

被理解为数学–自然科学和中立含义的空间概念，如今已被抛弃。取而代之的是一种面积长度或者深度的空间维度（empty dimension），这个空间里包含了物质客体的运动，由此而出现一种有关联的完成空间（achievement space），它属于一个历史意义上来说已经完成且可称之为帝国的东西，这个帝国拥有自身空间、幅员和边界。[1]

"大空间"之所以不同于民族国家的地理空间，并不只是因为它范围更大，更是因为它包含了一个不受外部干涉的政治势力范围。施米特把它跟"帝国"联系了起来，这里的"帝国"不单纯是罗马帝国、阿拉伯帝国等传统意义上的帝国形态，更毋宁是一个由某大国主导的区域性国家联盟。

引人注意的是，世界史上首次实践"大空间"的恰恰是美国人：

在国际法的当代历史中，1823年门罗理论第一次表达了"大空间"原则，建立了外部空间势力的不干涉政策原则，这个事实对我们来说具有决定性的意义。

施米特补充道：

---

[1] 施米特，《禁止外国势力干涉的国际法大空间秩序》，页36。

> 对于我们而言，并非门罗主义，而是它的核心，即国际法的"大空间"秩序概念，能够转换到其他空间、其他历史处境以及敌友阵营。[1]

"德意志民族的生存空间"本来就是一个极具门罗主义底色的口号。受到纳粹的玷污，这句话在"二战"以后成了政治错误，但它的内涵从来没有被抛弃过。

1945年，法国甫一解放，科耶夫（Alexandre Kojève）就给未来的法国领袖上呈了一份长长的"奏折"。他在这份"奏折"中，陈述了法国很可能扮演此前德国的角色，即遭到"苏联社会主义帝国"和"英美资本主义帝国"的两面夹击。处于夹缝之中的法兰西必须抛弃以往的狭隘民族主义立场，与西班牙、意大利结成一个新的"拉丁帝国"。

科耶夫在此特别指出，法兰西、西班牙和意大利都说罗曼语，都具有天主教的文化背景。它们的文明传统既不同于英美帝国的新教传统，又不同于苏俄斯拉夫帝国的东正教传统，此乃维系拉丁帝国的精神纽带。如他所说：

> 总体来说，民族性格上的差异并不能掩盖拉丁"精神"在根本上的统一，并且，这种精神更加能够让外来

---

[1] 以上两段引文，引自施米特，《禁止外国势力干涉的国际法大空间秩序》，页10、12。

者感到不可思议，因为拉丁民族自己通常是辨认不出来的。[1]

一贯以"普遍同质国家"示人的科耶夫却在他的"内学"中大谈"拉丁帝国"，很可能是得之于施米特的启发。[2]直到1967年，也就是科耶夫去世前一年，他从北京秘密访问归来，途经柏林，受邀给当地的激进学生组织演讲。在场的陶伯斯（Jacob Taubes）询问科耶夫接下来要去哪儿，科耶夫答道：去普勒滕贝格，"我们在德国能去哪儿呢？施米特是唯一一个值得与之谈话的人"。[3]

反讽的是，美国人在教会德国人、法国人，甚至日本人什么是门罗主义，什么是排他性的势力范围以后，自己却转向了普世主义。在这个过程中，"海权论之父"马汉（Alfred Mahan）可谓先驱。马汉曾激烈地批评当时的美国"没有充分地认识到海洋的商业价值"，更缺乏"海洋及其与海洋相关的职业部门"[4]。如他所论：

---

〔1〕 科耶夫，《法国国是纲要》，《科耶夫的新拉丁帝国》，邱立波编译，北京：华夏出版社，2008，页21。
〔2〕 相关讨论，可参见邱立波，《绝对精神的喜剧与自我意识的悲剧》，《科耶夫的新拉丁帝国》"编译者前言"，页8—17（前言页）。
〔3〕 陶伯斯，《陶伯斯谈施米特》，根特选编，《保罗政治神学》"附录一"，阿斯曼编，吴增定等译，上海：华东师范大学出版社，2016，页236。
〔4〕 李义虎，《地缘政治学：二分论及其超越——兼论地缘整合中的中国选择》，北京：北京大学出版社，2007，页55。

我们的国家受缚于、沉迷于我们自己的18世纪传统之中，为对于和平和富足——也就是要有充足的面包——的大量要求所包围，紧抱着孤立主义理想不放，拒绝承认整个欧洲文明世纪必须以一致的利益为基础来企盼、迎接未来。[1]

可见信奉门罗主义的美国十分不同于它的撒克逊表亲，它起初并不是海洋国家，而是彻头彻尾的大陆国家。幸而马汉没有等太久：

1898年的美西战争对其他国家来说是一个信号，显示美国的外交政策已经转向了一个开放的帝国主义时代。（页274）

1898年，美国从西班牙手里夺取了菲律宾。1899年国务卿海约翰（John Hay）就抛出了门户开放政策。施米特在长文《禁止外国势力干涉的国际法大空间秩序》中评论道：

在19、20世纪转折之期，罗斯福总统使用门罗主义论证资本帝国主义的正当性，这也成为门罗主义历史的一个特殊的阶段。就正义而言，其原则的变化成为一

[1] 马汉，《海权论》，萧伟中、梅然译，北京：中国言实出版社，1997，页418。

种自相矛盾最明显的例子：事实上，最早防御型空间概念目的在于抵御外部空间势力的干涉，如今变成"美元外交"的基石。在门罗主义所有的历史条约中，帝国主义–资本主义重新阐释门罗主义的原始意义，令门罗主义发生了深刻变化。[1]

转向海洋秩序的美国人，比之前的英国人走得更远。英国人的"海洋共有物"主张还是基于洛克的"自然法执行权"，威尔逊（Thomas Woodrow Wilson）的"十四点原则"则有了康德（Immanuel Kant）"永久和平论"的味道。英国人关注的是每一艘武装商船都有执行自然法的权利，美国人却想要在主权国家之上建立代表人类普遍意志的执行者。

值得一提的是，施米特敏锐地指出，美国人在占领菲律宾之后随即提出"门户开放"，"从全球地理的视角来看，这是一个从西方迈向东方的步骤"。（页274）那么先驱者马汉是怎么评价等待开放的亚洲的呢？他在1900年说道：

> 日本加入欧洲大家庭的行为充分显示了该国的优秀品质。……亚洲大陆的其他国家看到日本的变化后，也会寻求同样的革新力量使自己复兴。[2]

---

〔1〕 施米特，《禁止外国势力干涉的国际法大空间秩序》，页12。
〔2〕 马汉，《亚洲问题》，《海权对历史的影响（1660—1783年）》"附录"，李少彦等译，北京：海洋出版社，2013，页515。

还不到四年时间，日俄战争爆发，西奥多·罗斯福（Theo-dore Roosevelt）总统随即呼应了马汉的评价：

> 日本是"一个美好而文明的民族，它应该拥有与其他文明国家完全平等的地位"。[1]

不管这些评价美国人有没有当真，反正日本人当真了。

施米特也曾提及日本：

> 亚洲或者日本的门罗理论是所谓亚洲**门罗主义**（Asia Monroeshugi），正如美国和英国所担心，当日本入侵"满洲国"之后，日本的门罗主义引发了世界的不安。[2]

"世界的不安"专指英美等海洋文明国家的不安。不知道是顾及盟友国家的脸面，还是根本就没有在意日本人的精神品质，施米特没有指出，日本的门罗主义具有致命的内伤。说得确切一些："门罗主义的日本"与"拥抱文明的日本"是两个完全对立的概念。

如前所述，这对矛盾当然也出现在美国头上：

---

[1] 西姆斯，《欧洲：1453年以来的争霸之途》，孟维瞻译，北京：中信出版社，2015，页250—251。

[2] 施米特，《禁止外国势力干涉的国际法大空间秩序》，页13。引文中的加重为原文标记。

> 门罗主义是美国最为严厉的孤立和中立政策，它与全球干涉政策、世界大战政策相互衬托，可谓刚柔相济。[1]

如果说同时持有世界主义和门罗主义，使得美国人进可攻退可守，那么同时持有这两种相反原则的日本人，则进退失据了。

杰出的日本史学家内藤湖南曾十分担忧，英美的普世主义文明会败坏日本人的心性，并瓦解中日之间的亲缘关系。他一再提醒日本人，不要以为现在中国不如英美，就代表中国文化落后于英美。人类历史的运动本来就未必是后胜于昔、西胜于东的单线直进过程。在他看来，每一个文明都有它的幼年、壮年和中老年，既有健康的时候，也有生病的时候。中国文明偶尔患病之际，恰逢西方海洋文明达于壮年，才会显得不如西方。内藤湖南反问道：

> 以英国今日之富强，固然在欧洲无与伦比，然而倘若一旦灭亡，那么到头来英国给世界文化作出了些什么贡献？能够留下些什么东西？实在不能不令人抱有极大的疑问。况乎区区美国，更是不值一提了。

他接着谈到了中国：

---

[1] 施米特，《禁止外国势力干涉的国际法大空间秩序》，页10。

像中国人那样，即使个人的人品未见得可取，但在民族文化的层面上，中国却毕竟还是有超越其他国家之处。仅此也就已经可以明白，单单从国家文明设施之类的标准来评判民族文化是行不通的。

……今天的英国与中国，在外观上固然有着非常大的差距，然而将"近世文明"这一层外皮剥去之后，真正的文化上的差距又有多大呢？依然是一个不能不深入思考的问题。[1]

科耶夫在1945年的《法国国是纲要》中告诫法兰西民族既不要趋附于英美自由主义文化或苏俄国家主义文化，也不要死守本国的狭隘民族主义。事实上，类似的话内藤湖南早就告诫过日本人。例如他在1912年2月曾提醒日本人，不要受平田笃胤、本居宣长一类复古国学家的蛊惑，以为日本固有的神道教多么了不起。[2]日本人应该认清楚，自己就是中国人的学生。

举个极其简单的例子，日本古老文化的成果有和歌集《万叶集》，还有用古老的日本文字写成的《源氏物语》。阅读这些作品，与今天我们阅读用汉文写成的

---

〔1〕 以上两段引文，引自内藤湖南，《东洋文化史研究》，林晓光译，上海：复旦大学出版社，2016，页132、136。

〔2〕 参见内藤湖南，《日本远古时代的状态》，《日本历史与日本文化》，刘克申译，北京：商务印书馆，2012，页15—16。

《论语》等相比较，哪一个更容易理解呢？显而易见，仅此一点就可以使我们日本人认识到，与日本的固有文化相比，普遍存在于东亚的中国文化对于日本人来说更易于理解。[1]

中国文化是联结东亚帝国不可或缺的纽带，日本民族之能取得领导地位，恰恰在于它能光大中国文化，而不是它能凌驾教训中国。

可惜这样的洞见连他的学生都听不进去。例如宫崎市定甚至认为日本的本土传统比西方人更早懂得现代文明，武士浪人在明朝嘉靖年间西渡大海，就是为了教育中国人什么是自由平等。[2]日本战败以后，宫崎仍然顽固地认为，日本不是普遍人类历史的"起点站"，却是普遍人类历史的"终点站"和集大成者，举凡东西洋文明的精华都要汇集到日本，凝结成无比灿烂的日本文明。[3]

这种既东又西、忽东忽西的文明心态恰恰折射出近代日本外交的病灶：在西方人面前，他们是东方人；在东方人面前，他们又自居为西方。当满怀"脱亚入欧"憧憬的日本在20世纪20年代被美英等国逼得不得不转向"兴亚论"时，

---

〔1〕 内藤湖南，《何谓日本文化》（二），《日本历史与日本文化》，页9。

〔2〕 参见宫崎市定，《日出之国与日没之处》，《宫崎市定亚洲史论考》上卷，张学锋、马云超等译，上海：上海古籍出版社，2017，页445。

〔3〕 参见宫崎市定，《东洋史上的日本》，《宫崎市定亚洲史论考》下卷，页1334—1336。

仍然没有放弃对海洋文明深入骨髓的崇拜。它一方面在西方国家面前宣称东亚文明的一致性，另一方面却在东亚国家面前炫耀西方文明的优越感，最终结局不外乎遭到东西文明的两面夹击。

令人好奇，让日本人念兹在兹竟至于忘掉自己东亚人身份的西方普世主义海洋文明，究竟本质如何呢？

四、两种例外状态与古今政治哲学

1559年4月，英国、西班牙和法国签订了《卡托-康布雷齐和约》。从表面上看，这个条约的内容主要有两项：一是英国取得了对法国加莱地区的控制权，一是西班牙和法国重新划分了在意大利和地中海的势力范围。然而直到半个多世纪以后，宗教战争的爆发才使这个条约的世界史意义凸显了出来。如施米特所论："这一协定属于天主教和新教夺海势力之间宗教战争的年代。"（页62）

1634年7月1日，加入新教阵营的法国宣布，《卡托-康布雷齐和约》只适用于北回归线以内，法国军舰可以在北回归线以外任意截击通往西班牙、葡萄牙的船只。这就跟"一战"时期的德国潜水艇可以无差别地攻击通往协约国的船只差不了多少。此后英国政府也认定，任何英国人在北回归线以外都不受法律约束。如前所述，"一战"时期的武装商船政策与这条海盗法则具有相关性。一者是主权者的自由行动，一者是自然人的自由行动，英法两国的不同举动显示了

"海洋无主物"与"海洋共有物"的差别。

施米特感叹道,一条界线不仅分割出了法律地带与法外地带,更划分出了天主教的旧世界与新教的新世界:

> 以此线为界,欧洲结束,新世界开始。以此线为界,欧洲的法律,尤其是欧洲的公法,也失去了效力。因此,从这条线开始,迄今的欧洲国际法所推动的战争禁令也失效了,为占取而行的争战肆无忌惮。在这条线之外,一个"海外的"区域开始了,这里不存在战争的法律限制,所行的只有弱肉强食的丛林法则。(页63—64)

重要的是,这一内一外分别出现了两种截然不同的战争模式和例外状态。施米特接着说道:

> 英国法上"例外状态"(Ausnahmezustand)的概念,在所谓的战争法(Martial Law)上,明显是基于划出自由真空领域的设想。例外状态作为一种困守状态(Belagerungszustand),在19世纪的法国成了一种法律建制。(页69)

属于天主教世界的战争是主权国家之间的行为,以占领土地为目的;属于新教世界的战争表现为一切人反对一切人,以抢夺财产为目的。陆战和海战分别造就了两种截然不同的例外状态，前者的内容是决断敌我的主权者行动，后者的内容是普遍自卫的无政府状态。

关于前者的神学根基，施米特已经说得很清楚了。至于后者的神学根基，康托洛维茨（Ernst H. Kantorowicz）在谈到唯名论神学与英格兰王权的关联时，曾举过一个例子：

> 当奥卡姆的威廉否认教皇有权让渡教会（按：方济各修会）财产时，基本上是重复在他之前的法学家们所指出的理由。不过，他也有一点有趣的论辩。奥卡姆说，教皇不能让渡这类财产，因为它们并不属于他个人，而是属于"上帝和他的奥秘之体，即教会"（Dei et corporiseius mystici quod est ecclesia）。[1]

须知在今天看来，奥卡姆（Ockham,William of）的辩论是西方政治哲学史上的一次大事情。1321年，教皇约翰二十二世想要收缴方济各修会的财产使用权。奥卡姆当然站在他所属的方济各修会一边，驳斥教皇的无理要求。教产之争在中世纪本来不是什么新鲜事，新鲜的是，奥卡姆把财产权问题跟政治问题联系到了一起。他通过一大堆烦琐的神学论证指出，保护私人财产是人们设立政府的目

---

〔1〕 康托洛维茨，《国王的两个身体：中世纪政治神学研究》，徐震宇译，上海：华东师范大学出版社，2018，页318—319。

的，保障政治正义的前提就是保护每个人公平地占有他所应得的私人财产。用后来霍布斯引述英格兰经院哲学家的话说，"正义就是将每人自己所有的东西给予自己的恒定意志"。[1]

无论亚里士多德还是西塞罗都认为，人天生就是政治的动物，政治生活就是城邦公共生活，财产权是属于家政学的内容，而不是政治学的内容。然而奥卡姆却取消了家政学与政治学的界别，把私人财产权作为政治学的前提，这是一次政治思想史上的巨大颠倒。康氏补充道：

> 教会（按：方济各修会）是上帝，而非基督的奥秘之体，这个概念表明"奥秘之体"的观念已经迅速地从起初的圣礼领域，从祭坛和圣体转离，由此后来的一位法学家才能轻松地将教会定义为这样一个合众体/法人，它"代表了一个不能说曾经生存过的人，因为这个人既没有肉身，也不会死，因为它就是上帝"。奥卡姆诚然可以为自己的措辞辩护，因为在他那个时候，三位一体的第一和第二位格之间的区分已经不像中世纪早期那么清楚了。不过，"上帝的奥秘之体"有一种虚假的外表；这个表达所指向的，实际上是一种在许多方面与奥卡姆

---

[1] 霍布斯，《利维坦》，黎思复、黎廷弼译，北京：商务印书馆，1985，页109。

的威廉相对立的新方向。[1]

他所说的"与奥卡姆的威廉相对立的新方向",无疑是指神圣王权。但英格兰的王权只是在代表统一的集体意志吗?须知罗马教廷的正统教义严格区分了圣父和圣子,圣子耶稣既是神,又下降为人,教皇就是神义的"道成肉身",是人类世界与上帝天国的中介。

作为极端的唯名论者,奥卡姆不相信在个体之上还有什么实体。世界上的桌子各各不同,但它们都是桌子,乃是因为都分有了桌子的理念,具体的桌子是可以灭坏的,唯桌子的理念不坏。奥卡姆问道,上帝能不能灭坏理念或实体呢?如果可以,那么理念或实体就并不比现象世界更真实;如果不行,上帝的能力就是残缺不全的。奥卡姆取消了理念或实体的真实性,也就取消了神与人之间的中介。从当时的效果看,此举确实打击了罗马教廷的势力。但历史已经证明,受到质疑的不仅是教皇,更是国家主权者。英国的唯名论不会承认国家是个人之上的伦理实体。

此诚如陶伯斯所论:

> 自然神论的确在英国[指桑骂槐地]攻击《旧约》。这是一种潜在的炸药,它爆炸后,重新被英国国教吸收,再后来通过伏尔泰发挥影响。自然神论意味着用相

---

[1] 康托洛维茨,《国王的两个身体》,页319。

同的论证彻底地批判《旧约》。[1]

天主教的律法主义传统产生了可以决断敌我的主权者意志，而新教的自然神论传统产生了理性化社会、程序化社会。

古希腊哲人相信，政治既是统治技艺，也是自然目的，好的技艺必须要体现自然的目的。但近代的劳动占有权观念却告诉我们，劳动的意义在于赋予自然物人为的烙印，好的技艺非但不体现自然的目的，反而使对象超拔出自然。用洛克的话说：

> 他的身体所从事的劳动和他的双手所进行的工作，我们可以说，是正当地属于他的。所以只要他使任何东西脱离自然所提供的和那个东西所处的状态，他就已经掺进他的劳动，在这上面参加他自己所有的某些东西，因而使它成为他的财产。既然是由他来使这件东西脱离自然所安排给它的一般状态，那么在这上面就由他的劳动加上了一些东西，从而排斥了其他人的共同权利。[2]

到了康德那里，这种人对于自然质料的操作更进一步成了理性进步的历史过程：

---

[1] 陶伯斯，《保罗政治神学》，页101。
[2] 洛克，《政府论》下篇，页19。

理性使人类得以完全超出于动物社会的第四步和最后一步就是：他理解到（不管是多么模糊地）他才真正是大自然的目的，大地之上所生存着的没有任何一种东西在这方面可以和他相匹敌。当他第一次向羊说：你蒙的皮大自然把它赐给你，并不是为了你而是为了我，并且把它揭下来穿在自己的身上，这时候，他就具备了使他的本性可以超出于一切动物之上的一种特权，他不再把它们看作和自己同类的被创造物，而只把它们看作由他任意支配以达到自己所喜爱的目标的手段和工具。[1]

试问在进步的文明人面前，落后的野蛮人和羊又有什么区别呢？论者所言不差，"至于无主地的概念，其前提就是由于原住民是野蛮人，因此并不具备保有财产权的法律能力"。[2]近代日本人未必学到了西方人的宗教伦理，却把他们对待野蛮人的态度学了个像模像样。

　　进入20世纪，进步的文明人肯定不会再打着全人类的旗号，肆意屠戮落后的野蛮人了，但这一点都不代表文明人的战争哲学会变得温和起来。潜艇战标志着人类空间秩序再一次发生改变。施米特指出：

---

〔1〕 康德，《人类历史起源臆测（1785）》，《历史理性批判文集》，何兆武译，北京：商务印书馆，1990，页68。

〔2〕 金容九，《世界观冲突的国际政治学——东洋之礼与西洋公法》，权赫秀译，北京：中国社会科学出版社，2013，页23。

因为潜水艇是一种纯粹海洋性的战斗和交通工具，不再出现在公海的海面之上，而此前所谓海战舞台的概念主要指的是一个平面，即海洋的表面。当潜水艇作为海战和海上贸易的工具，在越来越广阔的范围内出现的时候，所有关于海战的概念都陷入了混乱局面。（页297）

无论是传统陆战还是近代海战，都局限于地表的平面。当战场延伸到水面下方，而呈现立体状态时，人类的法权秩序将会发生什么样的改变？

潜水艇既不能像陆军那样占领土地、控制人口，也不能像普通军舰那样封锁港口、捕获物资。"无限制潜艇战"就是无差别的破坏活动。这种海平面底下的战争好歹"还存有海洋的元素"，地表上方的空中战争，就是一个全新的领域了。"飞机不仅远离海面，甚至与海洋完全不相干了。"（页299）施米特评论道：

独立的空战打断了使用武力的国家与遭受武力之人民之间的关联，其程度远甚于海战中封锁。由于来自空中的轰炸，占领军与其占领的土地以及土地之上的敌国居民完全失去了联系；这根本谈不上是一种保护和服从的关系。……如同战争类型与战利品之间的关系一样，对保护与服从之关系的考察恰恰揭示出一种绝对的无方向性，以及由此导致的现代战争之纯粹的破坏性特征。
（页304）

这种仅仅以破坏为目的的方式，根本不能像陆军占领那样建立起新的保护（protection）与服从（obedience）关系，它纯粹是一种惩戒行为。

1999年，北约以"人道主义干涉"为名对南斯拉夫联盟发动了长达78天的狂轰滥炸。起初，轰炸的目标还局限于军事设施，南联盟的防空部队还能组织起有效的反击，战争还带有双方军事力量对抗的意味。随后，北约把目标扩大到医院、桥梁、广播电视台等民用设施，战争的性质才完全显露出来。

施米特说："今天的战争已经转变成为一种打击罪犯、侵扰者和害虫的治安行为。"（页305）那个时候空战力量仅靠地面雷达站和飞机通信设备串联起来，而到了科索沃战争时期，浮动在外太空的各种军用卫星已经把北约的空中打击力量编织成了一道紧密的天网。站在外太空俯看地球，这是上帝才有的视角。美国人作为上帝的选民，高举起警棍狠狠教训了不法分子。人类历史迎来了阿甘本（Giorgio Agamben）所说的"全球治安战"的时代。[1]

卢梭有言，在古典公民宗教时代：

---

[1] 阿甘本，《无目的的手段：政治学笔记》，赵文译，郑州：河南大学出版社，2015，页139—145。

政治的战争也就是神学的战争；每个神的领域可以说是都被民族的界限所固定了下来。一个民族的神对于其他的民族并没有任何权利。异教徒的神绝不是嫉妒的神，他们彼此间互相划分了整个世界；就连摩西以及希伯来人在谈到以色列的神的时候，有时也是采取这种观念的。[1]

所以异教时代"从来不曾有过宗教战争"。对比之下，近代"正义战争"以全人类的名义宣判对手为"非人"，究其实质是打着上帝的旗号拒斥其他所有的神，根本是种宗教战争。也许这么说更为恰当，正义战争的根本乃是取消神圣与世俗之间的鸿沟，即神圣的世俗化。

施米特对这种取消圣俗之别的"正义战争"深恶痛绝，纽伦堡审判的牢狱之灾使他更加认识到"正义战争"的不义性。[2]他的替代方案是欧洲公法原则下的"正当战争"，他宁愿选择欧洲公法原则下的"正当战争"。

"正当战争"的原型是18世纪的西班牙王位继承战争、德意志国事诏书战争和欧洲七年战争。这些战争不同于过去的宗教战争，战胜国不会逼迫战败国的人民改变信仰，又不同于19世纪的民族战争，不会把全体人民都动员进一场

---

[1] 卢梭，《社会契约论》，何兆武译，北京：商务印书馆，1980，页172。
[2] 参见施米特，《牢房的智慧》，《论断与概念》，页362—368。

血腥的厮杀中去。战争是对外交的补充，是实现外交目的的手段，它基于国家理由而不是宗教理由，其形式更像是政治家、军事家才智的比拼，而不是国家机器或动员能力的比拼。总之，当时欧洲战争的基底既不是宗教狂热，也不是高度理性化、程序化运作的国家机器。

施米特把它称为决斗：

> 因此，挑起一场决斗（défi），既不是侵略也不是犯罪，而是相当于宣战。任何一方都不能视另一方为侵略者。欧洲内部的国家间战争就是这种决斗的理想形式，其中中立国扮演的就是证人的角色。（页120）

决斗的前提是形式上的平等，没有人能凌驾于平等主体之上而宣布一方为罪犯。"战争罪"的前提是不平等，而不平等恰恰是毁灭和平的根源。平等产生均势，只有均势才能真正创造和平。

施米特的批判无疑是极富洞见的，然而我们却不免感到这段话有一种堂吉诃德式的没落骑士情调。面对咄咄逼人的现代理性国家，旧欧洲的公法原则还能守得住吗？还有适合自己生长的空间吗？我们都知道克劳塞维茨（Karl von Clausewitz）曾有名言，"战争是外交的延续"，却往往忽略了他还关注到启蒙主义和拿破仑战争带来了根本的军事变革。

> 　　法国大革命爆发时的状况就是如此。奥地利和普鲁士试图以我们叙述过的外交型战争去应对。它们很快就发觉其不足。……突然，战争再度成了人民的事业，而那是个为数三千万的人民，他们全都认为自己是公民。[1]

普鲁士、奥地利军官团的专业素质无论如何都不能贬低，但当他们面对具有高度政治觉悟的法国国民军时，结局如何？一败涂地！看来克制法律实证主义、法律程序主义的药方绝不能到前法律实证主义时代那里去找。

　　拿破仑开创了现代行政管理体制和现代军事动员体制，旧普鲁士和旧奥地利的职业军队根本不是它的对手。它的对手不在德意志，而在西班牙和俄国。曾经担任过拿破仑参谋长的瑞士籍军事学家若米尼（Antoine-Henri Jomini）就曾心有余悸地回忆道：

> 　　西班牙战争中，有两个例子相当可怕。内伊率领的部队在科罗尼亚接替苏尔特所率部队时，炮兵辎重连队部署在各旅的中央，在周围80千米处没有发现任何西班牙部队。一天夜里，这些辎重连队全部失踪了。后来得到消息，他们是被教士和僧侣带领的农民杀害了。

---

〔1〕 克劳塞维茨，《战争论》下册，时殷弘译，北京：商务印书馆，2016，页852。

……在西班牙战争中，上述情况不胜枚举。法国人
　无法获得情报，西班牙人甚至设下了陷阱，把他们引入
　自己设好的天罗地网中。[1]

作为历史当事人，若米尼一针见血地指出了法国正规军究竟
怕的是什么。拿破仑开创了民族战争的新形式，其前提就是
全体人民的战争动员，它的对手只能是另一种民族战争的形
式，另一种全体人民的战争动员。即如若米尼所说：

　　全民参加的或是大多数国民参加的为了捍卫自己独
　立的战争，才能称为人民战争。在人民战争中，每占
　领一寸土地，都要付出巨大的代价。侵入这个国家的军
　队，只能控制所驻据点，只能用武力获得补给，其交通
　线往往被威胁着。
　　全民自发参战的战争较为少见，如果真的出现了这
　样的战争，那么将面对十分可怕的结果，为了全体人类
　利益，最好还是不要出现的好。[2]

　　拿破仑对西班牙的军事行动与西班牙人民反抗拿破仑的
军事行动都是现代社会的产物。由此看来，没有经历过欧洲

---

〔1〕 若米尼，《战争艺术概论》，唐恭权译，武汉：华中科技大学出版社，
　2016，页18—19。
〔2〕 同上，页18—19。

理性国家观念洗礼的古代中国人就不会懂得什么是人民战争了。当真如此？未必！请看下面一段文字：

> 守城之道，盛力也。故曰客，治簿檄，三军之多，分以客之候车之数。三军：壮男为一军，壮女为一军，男女之老弱者为一军，此谓之三军也。壮男之军，使盛食厉兵，陈而待敌。壮女之军，使盛食负垒，陈而待令；客至而作土以为险阻及耕格阱；发梁撤屋，给从从之，不洽则燔之，使客无得以助攻备。老弱之军，使牧牛马羊彘，草木之可食者收而食之，以获其壮男女之食。而慎使三军无相过。壮男过壮女之军，则男贵女，而奸民有从谋而国亡；喜与，其恐有蚤闻，勇民不战。壮男壮女过老弱之军，则老使壮悲，弱使强怜，悲怜在心，则使勇民更虑，而怯民不战。故曰：慎使三军无相过，此盛力之道。（《商君书·兵守篇》）

其中，"客"意为敌人，"治簿檄"意为整理簿册，发布动员令。在敌军围城的时候，老弱妇孺都要编入军队走上战场，一切身份等级的差异统统都要取消，只剩下同一性的人民意志。[1]

"此盛力之道"，商鞅提醒我们，围城状态或者说例外状

---

[1] 这里的"人民意志"只是一种便于理解的表述，从思想史上看，意志学说当然是基督教文化的产物，而不能随便用于解释中国古典文献。

态就是全民动员的状态。中国历史上不仅存在例外状态，而且比欧洲人早了两千年！

五、"无限制潜艇战"在中国

"例外状态"不仅出现在战国时期，也出现在民国时期；"无限制潜艇战"不只关乎欧美列强，同样关乎中华民国。换句话说，"无限制潜艇战"给了近代中国人实践"例外状态"的一次机会。

1916年6月6日，大总统袁世凯在一片声讨中死去。按照袁世凯的政治遗嘱，黎元洪和段祺瑞分别接任了中华民国的大总统和国务总理。在当时的中国，发生了一场国本之争：应该延续1914年的"袁记约法"，还是恢复1912年的《临时约法》？反讽的是，当月中旬，进步党党魁梁启超和国民党要员唐绍仪这对政坛死敌，竟然在这时携起手来联署发布通电，"规劝"段祺瑞"为民着想"，抛弃"袁记约法"，恢复《临时约法》。这也不难理解，袁世凯在位时厉行集权，哪里容得各路政党任意造势？

电文中有一段话直击要害：

> 我公今所长之机关为国务院者，元年约法之机关，三年约法所未尝有也。三年约法若谓法，元年约法定非

法，公所长之院何由成立？[1]

读罢此话，不能不让人佩服彼辈政客之老辣。段祺瑞满心想继承袁氏遗产，集中权力于中央，然而梁启超等人却告诉他：按照"袁记约法"，国务院当为政事堂，国务总理当为国务卿，究其实质不过大总统的幕僚机关，倘不废此法，公将何去何从？

三言两语顷刻让段祺瑞改了主意，转而拥护民元约法，然而这部约法真有那么容易实施吗？马克思曾经这样嘲笑法兰西第二共和国的宪政体制：

> 用这么巧妙的方法弄成不可侵犯的这个宪法，如同阿基里斯一样，有一个致命的弱点，只是这个弱点不是在脚踵上，而是在头脑上，或者不如说，是在两个头脑（在这里宪法便消失了）上：一个是立法议会，另一个是总统。[2]

此话一语道出了三权分立制度的通病：所谓"司法权独立"其实为虚，究其实质，不过是总统、国会两头政治。在该体制下，总统和国会多数党分别经由两套不同的程序选举产

---

[1]《梁启超等驳斥段祺瑞主张民三约法不可废电》，《北洋军阀史料·黎元洪卷》第1卷，张黎辉等编，天津：天津古籍出版社，1996，页835。

[2] 马克思，《路易·波拿巴的雾月十八日》，《马克思恩格斯全集》第11卷，北京：人民出版社，1995，页145。

生，如果二者分属不同党派，情况将会如何？如果国会出于党派之见不断否决总统提案，政治机器岂不是要停止运转？

这种相互扯皮的局面无外乎三个结局：最好的情况当然是国会多数党以国家为重，选择跟总统妥协，如若不然，则任由政治机器停滞下去，期待下一次选举能解决问题。当然，也可能出现某个僭主利用军队和民众的不满情绪，发动兵变或民变，强行改变现行体制。路易·波拿巴（Louis Napoléon Bonaparte）的政变正是第三种情况的实例。

《中华民国临时约法》当然与美式三权分立有所不同，它可不是两头政治，而是三足鼎立。或者套用马克思的表述，全部建筑物的顶端有三个头脑：一个是国会，一个是总统府，还有一个是国务院。严复后来总结1917年张勋复辟的制度原因时，就一针见血地指出：

> 府、院、国会三方，各立于独，国会既不得以命令解散，而总理亦不宜以不信任解职，两相抵抗，此夏间政变之所由来也。[1]

当时人把《临时约法》体制称为"责任内阁制"，实在是一个绝大的误解。根据约法条文，大总统绝不是虚衔，他享有制定官制、罢免官员、提交议案等一系列实权。尤其值得

---

[1] 严复，《与熊纯如书之五十五》，《严复集》第3册，王栻编，北京：中华书局，1986，页672。

注意，第4章第36条明确规定："临时大总统得依法律宣告戒严。"

另一方面，按照一般定义，责任内阁制要求由国会多数党组织内阁，总理以及其他阁员之间负有连带责任。或者说，这是一个集体领导制。然而民国的"责任内阁制"却是一个首长负责制，阁员之间也不负有连带责任。更重要的是，作为一阁之长的国务总理不由国会推举，而是总统任命的。如果仅止于此，那么民元政体是一个典型的美式总统制。

然而当初南京临时参议院制定约法时，为了限制未来总统袁世凯的权力，特别规定大总统的任何提案都必须有国务总理"副署"，才能交付国会表决。此举不啻于在国会、总统之外，又增加了国务总理这个头脑。

于是我们看到，美国人尚且能指望总统与国会同属一个党派，由此产生一个"不戴王冠的君主"，而《临时约法》之下则无时无刻不扯皮，无时无刻不内斗。斗争形式无非三种：（一）大总统强势时，国务总理与国会联手对抗总统，如1912年唐绍仪联合国会对抗袁世凯；（二）国务总理强势时，大总统与国会联手对抗总理，如1917年府院之争；（三）国会强势时，大总统与国务总理联手对抗国会，如1919年总统徐世昌联合总理钱能训对抗安福国会。

梁启超不知道《临时约法》有这样致命的缺陷吗？从过去的一系列政论来看，他不仅知道，而且知道得十分清楚。只能说，党派的利益高过了国家的利益。

1917年2月1日，德国海军部宣布发动"无限制潜艇战"，3日，美国政府宣布断绝与德国的外交关系，参战只在须臾之间。在美国的策动下，9日傍晚，中国政府也照会德国驻华公使辛慈（Paul Von Hintze），抗议德国的潜水艇政策。3月14日，中德断交。按照这个逻辑下去，中国接下来就应顺理成章地加入协约国战团了。然而风云突变，当初竭力怂恿中国对德、奥宣战的美国政府，看到日本转而支持中国参战后，就迅速改变主意，转向反对中国参战。

美国的外交风向一转，作为国会多数党的国民党就心有灵犀迅速跟进。时任外交总长伍廷芳、海军总长程璧光都是国民党员，他们一方面与国会中的本党力量互为奥援，另一方面又联合大总统黎元洪，结成了势力强大的"反战组织"。总统府、国会联合针对国务院的格局正式形成。许多国民党议员都曾直言不讳地告诉法国记者：

> 吾党对于加入问题，已决意赞同，但吾人不赞同现内阁耳。段内阁辞职，则吾人决意一致赞同，惟欲段内阁非速去不可。盖为国内和平起见，则此乃最为紧要者也。[1]

这样的态度就连西方记者也不能容忍，明白指出："窃以最

---

〔1〕《论中国之现状》（译自五月十二日法文《北京政闻报》），《北洋军阀史料·黎元洪卷》第13卷，页874。

足损议员名誉者，莫过于是。有识诸人群咎彼辈先党派问题，而后国家利益也。"[1]在中国参战的问题上，可说外有美日斗法，内有府、会联手倒阁，一副山雨欲来风满楼的景象。

5月10日，对国会中的国民党势力早已忍无可忍的段派督军傅良佐等人，效法起当年袁世凯的手段，组织"公民团请愿"逼迫国会妥协。然而段祺瑞终究不是袁世凯，国会中的国民党也非当年可比，其非但未曾就范，反而通过了"应先改组内阁，再议对德宣战"的决议。[2]国务总理段祺瑞的政治声望一下子跌到了谷底。内阁之中，海军总长程璧光、农商总长谷钟秀、司法总长张耀曾等多数阁员随即挂冠而去，只留下一句话："阁员没有了，看段如何做光杆总理？"[3]

心领神会的大总统黎元洪很快下令罢免国务总理段祺瑞。一个至为吊诡的现象出现了，按照《临时约法》，总统的罢免令必须经由总理的副署才能生效。让段祺瑞副署罢免自己的命令，这不是笑话吗？

当时的外文报刊已经直言不讳地指出，中国"实际上已无政府"[4]。宪政危机愈演愈烈，是时候轮到主权者决断例外

---

〔1〕《论宣战问题》(译自五月六日法文《北京政闻报》)，《北洋军阀史料·黎元洪卷》第13卷，页901。

〔2〕汪建刚，《国会生活的片断回忆》，《文史资料选辑》第82辑，北京：文史资料出版社，1982，页186。

〔3〕张国淦，《中华民国内阁篇》，《北洋军阀史料选辑》上册，杜春和等编，北京：中国社会科学出版社，1981，页209—210。

〔4〕《论中国之政局——实际上已无政府》(节译五月十四日英文（转下页）

状态了。谁来代表人民意志出面决断？《临时约法》明文规定，大总统有权宣布进入紧急状态，然而黎元洪没有兵权。掌握兵权的国务总理段祺瑞却没有宣布紧急状态的资格。

该如何化解这场政治危机？投靠段派的进步党人想到了军人干政。5月19日，吉林督军孟恩远突然联合各省督军共21人发布通电，斥责"国会专制"，要求大总统黎元洪即刻下令解散国会。这篇电文辞采飞扬，有理有据，其中说道：

> 夫议员议事之权，本法律所赋予，果令议决之案与法律有同等效力，则议员之于法律，无不可起灭自由，与朕开口即为法律之口吻，更何以异？国家所有行政司法之权，将同归消灭，而一切官吏之去留，又不容不仰议员之鼻息。如此而欲求国家治理，能乎不能？……此等宪法破坏责任内阁精神，扫地无余，势非举内外行政司法各官吏，尽数变为议员仆隶，事事听彼操纵，以畅遂其暴民专制之私欲不止。……欲作未雨之绸缪，应权利害之轻重，以当事与国会较，固国会重；以国会与国家较，则国家重。今日之国会，既不为国家计，是已自绝于人民代表资格，当然不能存在。[1]

（接上页）《京津时报》），《北洋军阀史料·黎元洪卷》第13卷，页903。

[1]《北方各省督军呈请黎元洪解散国会文》，《东方杂志》第14卷第7号，页110。

引文相当于指出，国会已经背离了国家主权人民意志，完全可以凭借人民的名义宣布国会非法。这位领衔的孟恩远将军是天津一家大型妓院的老板，人送外号"孟大茶壶"，他哪里有能力写出这样的电文。此文一出，"世人谓孟茶壶倏变成法律家"。[1]究其实质，系出于进步党人林长民之手。

被逼无奈的大总统黎元洪不得不听从军方的建议：解散国会，宣布国家进入紧急状态。进步党的胃口还不止这些，不出梁启超、汤化龙等人所料：负责调停的长江巡阅使张勋一到北京便打出龙旗，复辟清室。一个"再造共和"的天赐良机落到了段祺瑞头上。7月，在进步党人鞍前马后的辅佐之下，段氏"马厂誓师"，讨伐逆贼。经过这一系列闹剧，国务总理在不亲自出面的情况下，既解散了国会，又驱逐了总统，国家正式进入了对德、奥等同盟国的战争状态。

可以说，1917年的中国已经实践过一次"主权者决断例外状态"。但结局如何呢？众所周知，国家非但没有因此而统一，反而进一步走向分裂，不仅南北国会分裂，北洋系内部直系、皖系也很快分道扬镳。设置"例外状态"的目的是实现统一的主权者意志，解决政治危机，为什么民国版的"例外状态"非但没能解决政治危机，反而制造了新的危机呢？

这段活生生的历史提醒我们，宪法条文所载的"紧急状态"只是些抽象空洞的字句，它的成功实施至少有赖于两个条件：（一）执政者有能力在尽可能短的时间内解决问题，

---

〔1〕 吴虹，《北洋派之起源及其崩溃》，北京：中华书局，2007，页18。

一旦迁延日久则很容易引发内战；（二）该行动事后必须得到广泛的承认。这就需要执政者具有非凡的政治品质和高效的组织力量，民国那些政客武人无论如何都不具备这样的资质。更重要的是，执政者必须扎根于人民，充分地代表人民，否则"决断例外状态"就不再是主权者的意志，而沦为僭越者的阴谋。

回顾1932年底的魏玛德国，即便兴登堡（Paul von Hindenburg）等人听从了施米特的建议，依据宪法第48条宣布国家进入紧急状态，结局又能如何呢？他们具备这样的政治禀赋吗？有胆量在纳粹面前宣称自己更能代表人民的意志吗？非不为也，是不能也。

施米特不知道这段中国历史，所以当时还没有专门讨论什么样的人才有资格代表主权者决断敌我。公允地说，我们实在不能要求施米特去关注一个对于世界文明进程尚且无足轻重的国家。不过中国人的声音终会传来：1950年夏，值施米特结集出版《大地的法》之际，朝鲜战争爆发！

六、余论：游击队员的正义战争

1963年，施米特再版了《政治的概念》，并补入了"附识：游击队理论"。他后来承认：

> 游击队问题会不断发展，在《政治的概念》出版的时候就在不断发展。1927年，那时还没有人会料想到

游击队问题。[1]

这篇"附识"与《大地的法》的不同是显而易见的。如前所述，《大地的法》认为，由潜水艇开辟的海洋水下空间与由飞机开辟的空中空间没有本质不同。德国人的"无限制潜艇战"与美国人的"无差别轰炸"只是程度不同而已，究其实质，两者都是纯粹的破坏，而不能像陆军那样建立起保护与服从关系。但我们不禁疑惑，"无差别轰炸"是强者欺凌弱者的大棒，而"无限制潜艇战"则是弱者反制强者的手段，怎么能没有本质区别呢？

在《游击队理论》中，施米特看到了二者确乎不同：

> 海洋大国（英国）在对大陆国家（法国）的战争中，利用了依托土地、通过非正规空间改变陆地战场的西班牙游击队，在第一次世界大战期间，陆地大国德国也以类似方式对付海洋大国英国，以潜艇为武器，从而给以前的海上作战空间带来另一出人意料的空间。[2]

这明确指出，"无限制潜艇战"具有一种游击战争的品质。什么是"无限制"？它与美国海空军的"无差别"有什么不

---

[1] 什克尔，《与施米特谈游击队理论》，卢白羽译，收于施米特，《政治的概念》，刘小枫编，刘宗坤等译，上海：上海人民出版社，2015，页231—232。

[2] 施米特，《游击队理论》，《政治的概念》，页207。

同？所谓"无差别"当然指不区分军事目标和民用目标，一并摧毁，以彻底瓦解对方的抵抗意志；而"无限制"则指潜水艇可以借助波涛巨浪的掩护，在任何时候、任何地方给予敌人突然一击。一者是铺天盖地，一者是四处游动，这是两种截然不同的空间体验。施米特坦承，自己能够发现这点，得之于朝鲜战争的启发：

> 1949年人们都以为，现在世界和平终于降临了，仅仅一年以后朝鲜战争就爆发了。那时人们才注意到，游击队问题不仅具有国际性，而且具有全球性。[1]

直到《大地的法》，中国在施米特的著作中还是无足轻重的角色。然而至少从《游击队理论》开始，中国成了施米特思考的中心内容。中国人民志愿军把原本"不入流"的游击战正式写进了世界文明史。毛泽东告诉施米特，他在《大地的法》中完全忽略了陆地深处还有一片广袤的空间存在。

对朝鲜战争稍有常识的人都会知道，后勤对于志愿军和联合国军而言完全是两个概念。在武装到牙齿的美国军队看来，志愿军几乎没有现代意义上的后勤，他们无论如何都不能理解，一支军队怎么能够在无后方的条件下作战呢？但这恰恰是志愿军的日常生存处境，只要有人民群众的地方，就是后方。

---

[1] 什克尔，《与施米特谈游击队理论》，《政治的概念》，页235。

面对美国海空军力量的狂轰滥炸，志愿军选择了夜幕，选择了丛林和山路，选择了融入群众，一言以蔽之，选择了大地深处。这是对抗海权力量的天然空间。对施米特更有启发意义的是：英国人通过海洋优势绞死了处于陆地的拿破仑帝国和德意志第二帝国，这足以证明海洋比陆地更广阔，也更有延展性；然而《论持久战》恰恰颠倒了这种关系，是处于陆地的中国拖死了海洋国家日本，陆地空间同样具有丰富的延展性。[1]往大了讲，游击队员正是海洋殖民主义的天然对手。施米特说道：

> 在抵抗德国的第二次世界大战中，斯大林捡起了这种植根于本土的民族游击战神话，使之具体服务于其共产主义世界政治。这意味着游击队员品质（Partisanentum）的一个本质上崭新的阶段，站在其起点上的是毛泽东这个名字。[2]

从越南到古巴，从东南亚到北非，在毛泽东式游击战争的打击下，原本看似坚不可摧的资本主义海洋殖民体系居然解体了。形势发展之快，竟让施米特在短短七年之后就感到，连《游击队理论》都落伍了："当时我还无法料到，在这一关联中，毛泽东在理论上和实践上会对整个世界——所谓全

---

[1] 什克尔，《与施米特谈游击队理论》，《政治的概念》，页251—252。
[2] 施米特，《游击队理论》，《政治的概念》，页151。

球——具有如此意义。"[1]

空间秩序的变革必然带来法权秩序的变革，必然造就政治伦理的变革。同样具有天主教背景的法国左翼思想家阿尔都塞（Louis Pierre Althusser）曾指出，共产主义绝不是什么人类普遍历史的终点，它倒不如说自始至终都处于资本主义商品关系的"空隙"之中，人类历史不是共产主义终将代替资本主义，而是共产主义始终与资本主义对抗。[2]我们完全可以依据他的意思说，游击队就是资本主义空隙中的共产主义实践，空隙就是列宁所说的"薄弱环节"。阿尔都塞对共产主义的新解释确实得益于列宁，而施米特的专政理论同样得益于列宁。后者指出：

> 列宁胜过其他所有社会主义者和马克思主义者的地方，正在于他认真对待敌对关系。列宁的具体的绝对敌人是阶级敌人——资产者，即西方资本家以及由他们实行统治的每个国家的社会制度。[3]

然而素有"右翼列宁"之称的施米特此时却发现，毛泽东比列宁更重要：

---

[1] 什克尔，《与施米特谈游击队理论》，《政治的概念》，页234。

[2] 阿尔都塞，《来日方长：阿尔都塞自传》，蔡鸿滨译，陈越校，上海：上海人民出版社，2013，页240—241。

[3] 施米特，《游击队理论》，《政治的概念》，页188。

一言以蔽之，毛泽东的革命比列宁的革命更植根于本土。

　　…………

　　问题只在于，敌对关系是否可能受到限制和规范，即敌对关系是相对的还是绝对的。这只能由战争指挥者本人自己冒险作出决断。[1]

列宁的敌人仍然是抽象的，毛泽东的敌人却是具体的。仅仅懂得"主权者决断敌我"的抽象道是不够的，代表主权者做出决断的人首先要能辨识出，谁才是当前的敌人，借用毛泽东一篇文章的标题，必须能够准确地判断出"目前的形势与我们的任务"。不是哪个执政者都有能力实施例外状态，段祺瑞不行，兴登堡不行，但毛泽东没问题。代表主权者意志的执政者必须具有游击队员的精神品格，依托于乡土，扎根于大地。

　　《游击队理论》庶几解答了上一节遗留的问题，即执行例外状态的人需要什么样的品质。没有关于游击队的思考，施米特的政治理论就是不完整的。让我们把时钟调回到1944年7月底，谢伟思（John S.Service）见到了毛泽东。毛泽东开门见山："中国共产党人首先是中国人。"聪明的谢伟思立刻意识到中国共产党人不是俄国布尔什维克的附庸，他们有浓厚的本土性，这是毛泽东最不同于王明的地方。谢伟思这

---

[1]　施米特，《游击队理论》，《政治的概念》，页193—196。

样评价中共领导人：

> 人们得到的对中国共产党领导人总的印象是，他们
> 是由精力充沛的、成熟的和讲求实效的人们组成的一个
> 统一的集体，这些人忘我地献身于崇高的原则，并且有
> 杰出才干和坚毅的领导素质。这一印象——和使我联想
> 起的他们的经历——把他们排列在现代中国任何一个团
> 体之上。[1]

他的同事包瑞德（David D.Barrett）上校更有意指出，毛泽
东（说话）带有浓重的湖南乡音，但无论怎样，"毛泽东和
客人们谈话似乎是完全自由的"。[2] 谢氏曾经担任过麦克阿
瑟（Douglas MacArthur）的政治顾问，但极度迷信海空军技
术的麦克阿瑟能听进他的忠告吗？

倒是施米特一针见血地点出了麦克阿瑟与彭德怀这两位
前线最高指挥官在精神品质上的根本差异。比如他坦承自己
在《大地的法》中犯了错误：

> 人们不应从海战法的概念领域中取出像风险这样一
> 个恰如其分的词，使之消解在一个抹去一切差异色彩

---

〔1〕 谢伟思，《在中国失掉的机会》，埃谢里克编，罗清、赵仲强译，北京：
　　 国际文化出版公司，1989，页202。
〔2〕 包瑞德，《美军观察组在延安》，万高潮等译，济南：济南出版社，2006，
　　 页45。

的一般概念中。对于我们这些坚持游击队员之依托土地的品格的人，这尤其重要。如果我以前曾一度将资本主义早期的海盗和弄潮儿称为"海上游击队员"（《大地的法》，页145），今天我愿意修正这个不精确的术语。游击队员有敌人，他冒的"风险"完全不同于破坏封锁者和走私贸易者，他不仅像每个正规战斗人员一样冒着生命危险，而且知道并听任敌人将他置于法、法规的保护之外并无视其名誉。[1]

海盗怎么会不冒风险？《陆地与海洋》《大地的法》不都一再说明海盗行为的风险性吗？但施米特在这里独独把"风险"一词赋予了"依托土地的游击队员"，因为游击队员的风险和海盗的"风险"代表了两种截然不同的政治哲学：前者信奉"人是城邦的动物"，后者追求"私人性的劳动占有权"。

游击队员没有稳定的后勤补给，没有官方编制，也不享受战俘待遇。他们完全处于任何法律保护之外，姑且借用阿甘本的说法，游击队员才是真正的"赤裸生命"（bare life）。[2]是什么力量驱使他们甘冒此等风险呢？正是"城邦动物"的自然本性，这是游击队员政治觉悟的源泉。游击战

〔1〕 施米特，《游击队理论》，《政治的概念》，页166。
〔2〕 必须指出，把"赤裸生命"（bare life）作为例外状态的产物绝不是阿甘本的发明，它来自施米特，参见施米特，《牢房的智慧》，《论断与概念》，页362。

争是近代社会的产物，但它的精神根基自古就有。

据说，"最后一位黑格尔主义者是一个毛主义者，最后一个普鲁士人是一个游击队员"[1]。一个真正的普鲁士人不仅知道抽象与具体的关系，更明白国家才是最高的伦理实体。例外状态是法外状态，游击队员没有法律身份，游击队员代表了例外状态。施米特从毛泽东那里重新发掘了普鲁士精神：

> 1813年4月，普鲁士王室诏令，每个公民都有义务用各种武器抵抗入侵之敌——特别推荐斧头、干草叉、镰刀和霰弹枪。每个普鲁士人都有义务不听从敌人的任何指令，而是以各种可能利用的手段破坏它。[2]

这就是例外状态，这就是全民动员和同一性的人民意志，这就是商鞅所说的"盛力之道"。游击队员就是同一性人民意志的化身，他们可以在任何时间、任何地点，以任何方式攻击敌人，"非正规性"和"灵活性"的特征最大限度地搁置了法律程序主义。

---

[1] 松巴特，《德意志男人及其敌人：男人联盟与女权制神话之间的德意志命运——施米特》，转引自什克尔《与施米特谈游击队理论》，《政治的概念》，页278，注释[1]。如果松巴特（Nicolas Sombart）把"以柔克刚"的"柔"仅仅理解为柔软、柔弱之类的女性品质，那么他就实在太不了解这个汉字的丰富内涵了。

[2] 施米特，《游击队理论》，《政治的概念》，页179。

可惜德国人太迷信正规军了，就像他们太迷信理性主义一样，竟连施米特这样的人物也一度以为战争的正义性来自双方交战程序的公正合理，反倒要毛泽东通过人民战争来提醒他，普鲁士国王也曾有过无限制总体战的诏令。

> "土匪"是个什么词？拿破仑喜欢用它来形容西班牙游击队员，而这个词带有一种从正规军队的立场出发而有理由产生的刑事指控意味。在举国性的人民战争当中，事态刚好反过来了，帝国主义的入侵者才是"土匪"，即便他们是带着正规军来的。[1]

游击战争哪里存在双方平等的决斗？哪里存在公平合理的正当程序？当纳粹德国的正规军杀入苏联时，才发现自己的对手不仅仅是正规红军，还有广大游击队。游击队员用他们的政治觉悟告诉法西斯军队：战争就是有侵略与反侵略、正义与不正义之分。这种正义不是实证正义，不是程序正义，而是自然正义、实体正义！苏德战争尚且如是，中日战争更是如此：

> 因为这个战争是正义的，就能唤起全国的团结，激

---

〔1〕 施米特，《作为政治思想家的克劳塞维茨：评论与提示》，李柯译，《国家、战争与现代秩序——卡尔·施米特专辑》，吴彦、黄涛主编，上海：华东师范大学出版社，2017，页11。施米特是文发表于1967年，即《游击队理论》出版之后四年。

起敌国人民的同情，争取世界多数国家的援助。……总起来说，中国的短处是战争力量之弱，而其长处则在其战争本质的进步性和正义性，在其是一个大国家，在其国际形势之多助。[1]

毛泽东和中国共产党人好好给这位杰出的德国公法学家补了一课：区分战争正义与否的标准不是资产阶级普遍人权，而是守土卫国，只有反侵略的战争才是正义的战争。

一口人拿着武器（"戈"）保卫自己的家园（"口"），什克尔（Joachim Schickel）如是解说汉字"國"，施米特听得着了迷……[2]

---

〔1〕 毛泽东，《论持久战》，《毛泽东选集》第2卷，北京：人民出版社，1991，页449。
〔2〕 什克尔，《与施米特谈游击队理论》，《政治的概念》，页272，注释〔2〕。

歧视性与非歧视性战争

施米特论战争意义的嬗变

李世祥 [*]

1946年8月25日，施米特完成文章《两座坟茔》，缅怀葬于柏林的两位诗人克莱斯特（Heinrich von Kleist）和多伯勒（Theodor Däublers），以此抒发自己历尽劫难后的人生感悟。文末，时年58岁的施米特谈到了死亡：

> 我这个可怜的人已经放弃在我父辈的故土莫泽河边深山中安葬的希望。但我始终还是希望在威斯特法伦的藻厄兰，即在我的父母安息的艾林豪森的天主教公墓找到一块墓地。这个公墓面临莱纳河，这条流经藻厄兰的河在我童年时代还涌流着甘冽而丰沛的山水。我在后来的日子里看着它逐渐变成一条可怜的排放工业废水的沟渠。然而，假若我的遗骸在勃兰堡边区的沙地与大地交融为一体，期待着世界末日和死者的复活，我也不会感

---

* 作者为中国人民大学文学院博士研究生。

到有失身份。[1]

鉴于施米特禀性深沉、内敛，这些肺腑之言或许能帮助人们更好地探究他内心对于大地的理解。一片名为故乡或家园的土地，人生于斯，长于斯，安眠于斯，这是人与大地最质朴的关系。当生命步入老年时，人总是倾向安葬于出生地，同父祖栖息在一起，使人生的圆归于完整。莫泽河是施米特的故土，她不仅孕育了施米特的身体，还有他的禀性。正如施米特自己所说：

> 我的禀性缓慢、悄无声息、退让，像一条静静的河，像莫泽河，静静流淌的莫泽河。[2]

大地以其丰饶回报着农民的艰辛和劳作，人在大地上的活动反过来又赋予大地人的属性。人在地上建起围墙、界碑、篱笆，宣示这是"**我的**"土地。大地的这种属性赋予生命以价值，使人深深地热爱着脚下的这片故园。

完成这篇文章四年后，施米特撰写了《大地的法》。令人不解的是，在这部以"法"为主题的著作中，施米特用了相当多的篇幅分析战争意义的转变：第三章第二节"中世纪

---

[1] 施米特，《合法性与正当性》，刘小枫编，冯克利、李秋零、朱雁冰译，上海：上海人民出版社，2015，页224。

[2] 同上，页196。

战争（十字军东征或武力自卫）转变为非歧视性国家间战争
（从阿亚拉到瓦泰尔）"；第四章第四节"战争意义的转变"；
第四章第六节"国际法之承认的意义转变"；第四章第七节
"作为现代式毁灭手段的战争"。从中世纪战争到非歧视性战
争可以说是《大地的法》中的第一次转变。施米特暗示中世
纪战争是歧视性战争，但没有给出明确的定义，只举了一个
例证。

歧视性战争的范例：十字军东征

1076年，穆斯林塞尔柱人（Seljuk）占领耶路撒冷，
1095年进逼君士坦丁堡。东罗马皇帝阿历克修斯一世（Alex-
ius Ⅰ）不得不向西欧各国和罗马教会求救。罗马教皇乌尔
班二世（Urban Ⅱ）想借机使东西教会重新统一，便答应给
予援助。这样，从1096年到1291年，西方基督教国家先后
对阿拉伯世界进行了8次东征，历时近两百年。1095年11
月18日，乌尔班二世在克勒芒城（Clermont）召开宗教大
会。大会的最后一天，乌尔班二世就十字军东征发表"中世
纪最成功的演说"：

> 我，全世界的精神统治者乌尔班，现在以传达神圣
> 训示的使者身份，来到你们这些上帝的仆人之间……
> 现在有一个任务等待你们了！这就是你们必须去援救那
> 些住在东方的兄弟们，因为他们正迫切地期望你们的援

助……突厥人已向他们发动进攻，侵入罗曼尼亚境内，一直到达号称"圣乔治臂膀"的地中海边境，而且还在继续前进，占领着更多的基督徒的土地……如果你们容许他们继续下去而不加干涉遏止，他们会更猖獗地伸展魔掌，加在更多的上帝忠仆身上……一切等级的人都必须迅速起来，及时地给予基督徒以援救，将这个邪恶的种族从我们兄弟的土地上消灭干净……假如这样一个卑贱的、退化的、给魔鬼做奴隶的种族，竟然能把因信仰万能上帝而坚强、因依靠基督而星耀的人们征服了，那将是怎样的奇耻大辱啊！[1]

这段话可以说是施米特歧视性战争概念的精彩注释。十字军东征是一场基督徒与穆斯林的宗教战争，也可以说是一场基督教与伊斯兰教的文明冲突。根据施米特自己的阐述，宗教战争有下述几个特点（页118、119）。首先，战争的一方或双方都唯我独尊，就像乌尔班二世这样称自己是"上帝的仆人"，对方则是"卑贱的、退化的、给魔鬼做奴隶的种族"。其次，由于把对方视作魔鬼、罪犯、海盗或野蛮

----

〔1〕 沈敏华、程栋，《十字军东征》，上海：上海书店出版社，2009，页42。乌尔班二世演说的全文没有留传于世，残篇散见于各文本，考订最细致的当数 Dana Carleton Munro（"The Speech of Pope Urban II. At Clermont, 1095"，*The American Historical Review*, Vol. 11, 1906, pp.231-242）。另参见杜兰，《黑暗时代与十字军东征》，幼狮公司编辑部译，台北：幼狮文化事业公司，1974，页250—251。王子先，《讨伐异教的号角：乌尔班二世发布十字军教谕的文本解析》，东北师范大学硕士论文，2009。

人，宗教战争会变得格外残酷，最终成为一种毁灭性战争，正如乌尔班二世所说"将这个邪恶的种族从我们兄弟的土地上消灭干净"。1098年，十字军士兵在攻克耶路撒冷后大肆屠杀穆斯林和犹太人，清真寺里血流成河。他们做完祷告后就开始杀人越货，甚至剖开死者的肚子以得到被吞下的金币。[1] 这些外来的侵略者在耶路撒冷的所作所为更像一群食人族。[2] 宗教内涵往往会延长战争的时间，加剧士兵对待敌人的残忍程度，因为"他们相信自己在惩罚上帝的敌人"。[3]再次，歧视性战争的概念与正义战争密切相关。十字军东征在基督徒看来就是一场圣战，一场实质性的正义战争。当然，穆斯林以同样的眼光来看待基督徒，自己则是真主的仆人。一方正义，一方邪恶，正义必将战胜邪恶，尽管战争双方都认为自己是正义者。这正是施米特歧视性战争概念的核心。

在西方思想家中，较早对正义战争进行理论阐释的是古罗马哲人西塞罗。他认为，战争唯一正当的理由是捍卫和平、抵抗侵略（《论责任》1.35）[4]，战前要通过宗教仪式正

---

〔1〕 扎波罗夫，《十字军东征》，哲安译，北京：生活·读书·新知三联书店，1959，页98。

〔2〕 Amin Maalouf, *The Crusades through Arab Eyes*, tr. Jon Rothschild, London: Al Saqi Books, 1984, pp. 37-56. 中译参见马洛夫，《阿拉伯人眼中的十字军东征》，彭广恺译，北京：民主与建设出版社，2017。

〔3〕 帕克，《剑桥战争史》，傅景川等译，长春：吉林人民出版社，2001，页262。

〔4〕 西塞罗，《西塞罗三论》，徐奕春译，北京：商务印书馆，1998，页105。Cicero, *De Officiis/On Duties*, trs. Harry G. Edinger, New York: Bobbs-（转下页）

式宣战，战争过程不应过于残暴。[1] 在西塞罗的思想中，正义战争的理论与现实主义混合在一起，但这种现实主义仍根植于一种德性的框架，强调政治家需要通过智慧和审慎来协调正义与必然性的关系。[2]

相较于西塞罗，奥古斯丁关于正义战争的思想更为复杂、多变，他甚至让施米特怀疑，这位护教者是否在为正义战争做辩护（页132）：

> 当然，如果他记得自己是人，那他就会痛苦地意识到，正义的战争是必需的。而如果不是正义的，他们就根本不会发动，那么智者就根本不会介入战争。是因为相反一方的邪恶，迫使智者发动正义战争；我们该为人的邪恶而痛苦，因为，即使这邪恶不必然导致战争，这仍然是人的邪恶（《上帝之城》19.7）。[3]

这一节的小标题是"语言的分化导致了人类社会的分裂；战争，即使号称正义，也是悲惨的"。奥古斯丁尽管承认

（接上页）Merrill Company, 1974, p.19.

[1] 现代西方学者仍时而采取这种战前正义、战中正义、战后正义的编排分类方式。参见 Caron E. Gentry & Amy E. Eckert, *The Future of Just War: New Critical Essays*, London: the University of Georgia Press, 2014。

[2] Daniel R. Brunstetter & Cian O'Driscoll, *Just War Thinkers: from Cicero to the 21st Century*, London: Routledge, 2018, p.19.

[3] 奥古斯丁，《上帝之城》下册，吴飞译，上海：上海三联书店，2009，页139。

正义战争是必要的，是正义者与邪恶者的斗争，但总体而言仍对战争持一种保留态度，因为战争给人类带来了太多的灾难和杀戮。在接下来的第12小节，奥古斯丁补充说，每个发动战争的人都是为了和平，哪怕是好战者，只不过他们"想要自己喜欢的和平"。[1] 这一说法进一步稀释了奥古斯丁前面有关正义战争的论断，使其面目变得更加模糊。在生命最后的阶段，面对一个摇摇欲坠的世界，奥古斯丁对于正义战争不再抱过高的期望，只是祈求它尽可能地维持住正义和秩序，不让基督教共同体轰然倒塌。[2]

除了奥古斯丁外，施米特还提到了托马斯·阿奎那有关正义战争的四个条件（《神学大全》2.2.40）："只为和平之目的，而不是仇恨和野心；正当理由；由具有正当性的权威机关宣战；禁止欺骗。"（页132）实际上，施米特的引用并不确切，因为托马斯·阿奎那只提到了三项条件：

（是否有一种战争是正义的？）

我解答如下：为使战争合乎正义，必须具备三个条件。第一个条件，元首的权力：应由他下令进行战

---

[1] 奥古斯丁，《上帝之城》下册，页144。
[2] Daniel R. Brunstetter & Cian O'Driscoll, *Just War Thinkers: from Cicero to the 21st Century*, p.25.

争……第二个条件，必须有一个正当的理由，就是说，那些受到攻击的，应该是由于他们犯了某种错误受到攻击……第三个条件，交战者必须有正当的意图，他们的目的是想促进善事，或避免恶事。[1]

施米特把阿奎那对另一问题的回答一并作为了正义战争的条件，即"交战者是否可以使用诡计"。令人感到惊讶的是，尽管终其一生都生活在十字军东征的时代，但托马斯·阿奎那论述正义战争时只字未提这一军事行动。他深受奥古斯丁思想的影响，这一点可以从阿奎那对于这三个条件的解释中略见一斑。战争不是个人的私事，开战权应该掌握在君主手中，以便能保卫民众利益、抵抗侵略。为证明这一点，阿奎那引用奥古斯丁在《驳摩尼教徒福斯德》（2.75）中的话："宣布战争及策划战争的权力，应操在那些首长之手。"为证明第二个条件，阿奎那引用奥古斯丁的《圣经前七卷辨惑》（*Quaest. In Heptateuch*. 4.10）："如果一个民族或国家，由于他不愿赔偿由其人民所造成的损害，或者由于他不愿归还不公道地侵占的东西，而应受惩处。"在解释最后一点时，阿奎那再次引用奥古斯丁的《驳摩尼教徒福斯德》（22.74）。[2]不过，施米特对阿奎那正义战争的条件没有做详细的阐释，

---

〔1〕 托马斯·阿奎那，《神学大全》第八册（2.2.23—46），周克勤编辑，胡安德译，台南：中华道明会/碧岳学社联合出版，2008，页248—250。

〔2〕 托马斯·阿奎那，《神学大全》第八册，页249、250。

只是表示出自己的怀疑，按照这些条件来衡量到底有多少战争算得上正义战争。

十字军东征还有一个重要背景，教权与王权之争。格里高利七世（Gregory Ⅶ）推动克吕尼改革（Cluniac Reforms），规定教皇由枢机主教团选举产生，世俗势力不得干预，同时严禁买卖圣职和教士结婚。乌尔班二世深度介入了这一冲突。他一直是格里高利七世的得力助手，坚决主张教权至上，担任特使期间把教皇绝罚的主教全部革职。在发动第一次十字军东征前后，乌尔班二世趁机整理教令，加强教会权力，使教皇的地位得到进一步巩固。在《大地的法》引论第三篇"基督教中世纪国际法之解读"中，施米特也谈到了教权与王权的关系问题。在中世纪的欧洲，教权与王权对立统一，二者相互分离、争斗，同时又都属于基督教共同体。

> 君王们有可以废立教皇的权力，罗马教皇也有权解除臣民对某一君王的效忠义务，但双方中的任何一方都不能在任何程度上质疑基督教共同体（页27）。

在十字军东征过程中，欧洲王国的君主们从教皇那里领取东征的使命。这一使命并非提升了君主的权力，而是仅仅授予他们占取土地的合法资格以升华而非强化王权。东征结束后，君主们要虔敬地摘下王冠，恢复自己作为王国统治者的职能。

到13世纪末，教权与王权的内在联系开始脱钩，中世纪的秩序出现普遍性的瓦解（页30）。1296年，法王腓力四世（Philippe Ⅳ）为填补军费的空缺，下令向教会征收财产税。教皇博尼法斯八世（Boniface Ⅷ）反应强烈，威胁要开除腓力四世的教籍。腓力四世对此置之不理，甚至在1303年派人到罗马囚禁了75岁的教皇，然后把教廷迁到法国南部小城阿维农（Avignon），史称"阿维农之囚"。[1]教会从此以后开始走下坡路，教皇也无力再用革除教籍的方式来干预时政。就这样——

> 一种全新的、别样的土地秩序的诞生，彻底终结了中世纪欧洲国家的历史。与此新土地秩序相伴生的是中央集权的、拥有封闭的土地空间的欧洲区域性国家。（页31）

第一次转变：从歧视性到非歧视性

到16世纪，教权衰落的一个具体表现就是神学家和法学家开始质疑正义战争的观念。荷兰神学家伊拉斯谟就曾对正义战争做出如下反驳：

---

[1] 王首贞，《刍议中世纪教权与法国王权之关系》，《法国研究》2013年第3期。

有时君主会这样欺骗自己："有些战争完全正义，我有正义的理由来开战。"首先，我暂且不评判是否有什么战争属于完全正义，只是，又有谁不认为自己的理由是正义的呢？风云变幻，人事无常，如此众多的协议与条约立立废废，存存毁毁，其间又有哪一位找不到一个借口，如果确有某种借口足以发动一场战争？[1]

施米特认为，这体现出伊拉斯谟作为人文主义者的某种怀疑主义和不可知论，还特别标注出"又有谁不认为自己的理由是正义的呢"这句话的拉丁文（Cui non videtur causa sua justa）。在一系列十字军东征中，基督徒和穆斯林都认为正义在自己这一边。但人类政治实在复杂难辨，正义在战争开始时可能在其中一方，但随着时势发展又有可能转移到另一方。双方可能都正义，可能又都不义。在伊拉斯谟看来，战争更多的是源于人类的野心、愤怒、傲慢、渴望或贪婪，更多的是君主维护自己地位、牺牲国家和民众的手段。他呼吁，好的基督教君主必须对所有战争持怀疑态度，无论这些战争有多么正义。[2]伊拉斯谟由于正义战争的复杂性而放弃了对实质性正义的追求。

---

〔1〕 伊拉斯谟，《论基督君主的教育》，李康译，上海：上海人民出版社，2003，页163—164。
〔2〕 同上，页165。

在伊拉斯谟之后，最早从法学角度对正义战争的观念提出挑战的是西班牙神学家兼法学家维多利亚（Francisco de Vitoria）。在担任西班牙萨拉曼卡（Salamanca）大学神学教授期间，维多利亚从1537年开始就印第安人和战争主题做了三次讲座，讲义于1539年出版，即《论美洲印第安人》（*De Indis*）和《论战争法》（*De Jure Belli*）。这些讲义的特点，用施米特的话说，就是"客观、中立、不偏不倚"（页73）。讲座的大背景是欧洲地理大发现，比如意大利人哥伦布受西班牙王室之托发现了美洲新大陆。如何看待印第安人的问题也就浮出水面，成为争论的热点。此前流行的观点是，印第安人是野蛮人，是奴隶，不具有人的合法资格和权利。这种看法实际上为欧洲人占领美洲土地、奴役印第安人提供了合法依据。但维多利亚大胆否定了这种论调，主张基督徒和非基督徒平等，至少在国际法的层面是这样。

> 上述论证得出的结论就是，同基督徒一样，野蛮人毫无疑问有权占取真正的领地，无论公地还是私地。不能以野蛮人不是真正的所有者为由剥夺他们的财产，无论他们是公民还是臣民。对于那些从未对我们行过不义的人，剥夺他们我们曾给予撒拉森人（Saracens）和犹太人的权利，这实在严酷。后两种人一直是基督教信仰的敌人。我们并不剥夺后者的所有权，除了那些曾被他

们征服的基督徒的土地。[1]

维多利亚的这一主张源于人类平等的基督教理念。即便是野蛮人、非基督徒，印第安人同样对祖祖辈辈耕种的土地拥有所有权。施米特强调，维多利亚并未弥合基督徒与非基督徒的区别，也无意否认西班牙人征服美洲的正当性。（页86）维多利亚的"不偏不倚"仍然处于基督教共同体的框架之内：

> 维多利亚关于正义战争之理论的基础在于，传教是一种属灵权力（potestas spiritualis），具有确定性和制度上的稳定性，不容置疑。（页93）

因此，维多利亚的思想仍属于基督教中世纪。但施米特认为，维多利亚确实通过强调把印第安人归为正当敌人而非罪犯排除了对野蛮人和非基督徒的歧视。（页95）

后来的法学家阿亚拉（Balthazar Ayala）和贞提利（A. Gentili）则摆脱了维多利亚的基督教视野，把战争从"实质性正义"转向"形式性正义"，确立了非歧视性战争的概念。

---

[1] 维多利亚，《维多利亚政治著作选》影印本，北京：中国政法大学出版社，2003，页250—251。

同等的非歧视的战争概念由相互承认之正当敌人的概念发展而来。"敌人"（hostis）的本质含义是"平等"（qequalitas）。因此，强盗、海盗和叛军都不是敌人，不是"正当的敌人"，而是刑事惩罚和无害化的对象……正义战争的概念通过正当敌人的概念而被形式化；而敌人概念依据国家主权的品质又源于正当敌人的概念。因此，无须考虑理由是否正当，交战国都具有平等地位，非歧视性战争概念就此确立。（页130—131）

在阿亚拉看来，正义战争就是正当敌人之间的战争，即主权国家之间的战争。海盗、叛乱者和土匪不是法律意义上的正当敌人，对他们的追捕、镇压也不是国际法意义上的正义战争。只要具备正当敌人的资格，交战国是否具有正当理由不再重要。国家间战争只能彼此以正当敌人相待，只有在适用国内法的情况下才能把强盗视为罪犯，一旦将二者混为一谈就会出现预料不到的麻烦。同阿亚拉一样，贞提利也赞同正当敌人与正当理由的分离，赞同正义战争是主权国家间的战争。贞提利的开创性在于，他成功地从法学而非神学意义上重新界定了正义战争的概念，把神学家赶出战争概念的讨论，不再把正当理由作为正义战争的理论基础。苏支（Richard Zouch）继承了贞提利的衣钵，对欧洲公法意义上的战争类型做了更为具体的划分，如不属于同一法律共同体的异族战争、属于同一法律共同体的对手战争和原初意义上的敌对战争。（页142）

晚于贞提利的格劳秀斯也论及正义战争问题。在格劳秀斯看来，正义战争包括两类：为了自我防御和保护财产发动的战争；为惩罚他人的罪行或对自己的伤害进行的战争。[1]保护生命和财产安全，追偿债务或惩罚报复，这些都是战争的正当理由。但格劳秀斯同时承认私战的正义性，也就是说私人之间的战争也是战争。当生命受到威胁时，杀死侵犯者是合法的，如果只有这样做才能消除危险的话。[2]这让施米特对格劳秀斯有些不满，他指责这位前辈概念、体系不清晰、不坚定，一方面强调战争的程序性和形式性，表示自己对战争的定义不包括正义[3]；另一方面又承认明显有悖于欧洲公法的私战，坚持只能出于正当理由发动战争。（页139）

到18世纪，法学家在讨论正义战争时很少再谈及正当理由，关注的重点转向形式上合法的主权国家间的战争。这时的代表人物是瓦泰尔（Vattel），他从法理上把战争变成了形式化的战争。瓦泰尔强调，战争正义且合法的目标是报复或避免受伤害：

　　　一、收回本应属于自己的东西；二、为了未来的安

---

〔1〕 施特劳斯、克罗波西编，《政治哲学史》，李天然等译，石家庄：河北人民出版社，1993，页448。

〔2〕 格劳秀斯，《战争与和平法》，何勤华等译，上海：上海人民出版社，2005，页109。

〔3〕 同上，页29。

全，惩罚侵略者或冒犯者；三、为了保护自己不受伤害，反击不正义的暴力。前两点是进攻性战争的目标，第三点是防御性战争的目标。[1]

如果一位政治家发动了非正义的形式化战争，他不应是违反国际法的罪犯，只不过良心上有所不安而已。由于主权国家地位平等，一个发动正义战争的国家并不能成为另一个发动非正义战争国家的法官。在欧洲公法中，主权国家获得了至高无上的地位，相互间的平等性和中立性建立了一个均衡的空间结构。（页146）这一结果归根结底应追溯到对于正当理由的摆脱：

> 现代国家的历史意义在于结束了因"正当理由"而引起的争斗——即关于先前封建法或等级法意义上，或者在教派-神学意义上的实质性法律与实质性正义方面的争斗。（页135）

第二次转变：从非歧视性回归歧视性

国际政治的吊诡之处在于，它不会按法学家的法理逻辑去推演，战争的法则也不以人的意志而改变。在施米特看来，战争从非歧视性再次回到歧视性主要是4个因素的合

---

[1] Emer de Vattel, *The Law of Nations*, Indianapolis: Liberty Fund, 2008, p.484.

力：法国对于安全的渴望、美国的崛起、康德的哲学思想以及战争技术的发展。

1918年11月11日战争结束，以英、法、俄为代表的协约国与德国随后开始长达6个月的巴黎和会谈判。1919年6月28日，双方签署《凡尔赛和约》，第一次世界大战正式结束。由于在"一战"中损失惨重，法国希望严惩德国，使其永远无法再对法国构成安全威胁，因而在和约中对德国提出非常严苛的条件。在施米特看来，《凡尔赛和约》有两个条款预示着战争从非歧视性向歧视性的回归：

第227条

协约国公开控告前德国皇帝霍亨索伦的威廉二世（William Ⅱ of Hohenzollern）极度侵害国际道德和条约的神圣性。

协约国将组建特别法庭审判被告，并确保其享有辩护的根本权利。特别法庭将由五名法官组成，由下述国家各任命一名：美国、英国、法国、意大利和日本。

法庭的判决将依照国际政策的最高主旨并落实国际承诺的神圣义务和国际道德的有效性。法庭将有义务确定其认为应当给予的惩罚。

由于前皇帝向荷兰政府投降，协约国将向其提出请求以使威廉二世受到审判。

第231条

协约国确认，德国接受德国及其盟友因其侵略给协约国政府及其国民所造成的损失、伤害的责任。[1]

第227条指控的是德国国家元首，依据的是国际道德和条约，还使用了一个法律条文中很罕见、语气非常强烈的词语——"极度侵害"（supreme offence）。施米特指出，由于不仅可援引法律还可根据道德与政治进行审判，特别法庭的法官具有相当大的自由裁量权。（页244）这实际上破坏了"法无明文规定不为罪"的原则。根据非歧视性的概念，战争双方是正当敌人，承担战争责任的主体应该是主权国家而非个人。因此，把威廉二世作为战争罪犯的第227条违背了非歧视性战争的基本原则。对施米特而言，战胜国实际上混淆了敌人与罪犯的关系，只有在适用国内法的情况下才可将对方定为罪犯，和约条款在国际法的层面上不具备合法性。第231条强调，德国发动的战争是一场不正义的侵略战争，法国和意大利代表指证这一点时援引的却是《德国民法典》，即战败国的国内法。施米特并不认为，坐实了德国侵略就意味着战争的概念从非歧视性回归到歧视性。由于荷兰政府拒绝引渡，威廉二世也没有受到审判。真正使侵略战争罪刑化的是1924年的《日内瓦议定书》。

---

[1] *Treaty of Peace with Germany*, 66th Congress of the United States, 1st Session, Document No.51, Washington: Government Printing Office, July 10, 1919, pp.245, 249.

在巴黎和会期间，英国担心法国的苛刻条件会打破欧洲大陆的平衡并在德国引发危机。美国则试图利用德国来制约苏联，抗衡英法，反对过分削弱德国。由于《凡尔赛和约》没有满足自己的安全要求，法国开始通过多边方式来寻求安全保障，先后与比利时、波兰、捷克斯洛伐克、罗马尼亚和南斯拉夫等国家结盟。1924年9月，第五届国联大会在日内瓦召开，21个欧洲国家的首脑和外长出席会议并于同年10月签订《和平解决国际争端议定书》，即《日内瓦议定书》。该议定书包含下述两个条款：

第10条

任何违背国联盟约和本议定书规定的义务而诉诸战争的国家都是侵略者，违背有关非军事区的规定被视为与发动战争有同样的责任。

第15条

依照本议定书的精神，各签字国应承认：根据议定书的规定对侵略国实施制裁带来的所有军事、海上、空中等的全部费用以及对双方不管是士兵还是平民造成的所有物质损失，全部由侵略国根据其能力限度予以赔偿。

但是，考虑到国联盟约第10条的规定，侵略国的领土完整和政治独立无论如何都不能因为本议定书所涉及的制裁而受到侵犯。[1]

施米特认为,《日内瓦议定书》是国际法学家试图通过法律方式制止侵略的一种努力,但未能解决正义战争的实质性问题,也没有满足民众消除战争的政治道德性要求。(页262)法学家在第10条第1款明确界定了侵略的定义:主体是国家,行为构成是发动战争,客体是国联盟约和议定书规定的义务。这说明第10条第1款指的是侵略战争而非广义的侵略行为,但其根本意图是防止侵略演变为战争。第15条规定,发动侵略战争的国家只承担经济责任,国家主权不会因此受到侵害,国家元首也不会作为罪犯受到审判。施米特用了大量的篇幅来解释侵略与侵略战争的区别。简而言之,侵略是单方行为,侵略战争是双方行为,关于侵略的正义理论并不完全适用于侵略战争。施米特承认,这种对侵略战争形式化、中立化的分析会成为一种对非正义战争的保护,因为它没有触及正当理由问题。这就导致法学家的专业意见与民众舆论形成尖锐冲突。民众认为,法学家采取这种处理方式是在逃避责任,不批判侵略战争的非正义只能说明法学家道德上的麻木不仁。

在战争从非歧视性向歧视性回归的过程中,美国人发挥了重要的作用。在巴黎和会上,美国代表反对将违反人

---

[1] 李晟光,《英国与1924年日内瓦议定书》,首都师范大学硕士论文,2007,页17。

道主义的罪行与违反战争法的罪行等同起来，但同时又强调国家元首应该被追究战争责任，"无耻战争的发动者绝不能一身清白地进入历史"，侵略战争应该被定性为反人道罪。（页245—247）美国舆论则一边倒地支持惩罚德国皇帝威廉二世。在《文摘》（The Literary Digest）进行的328份问卷调查中，只有27名受访者反对这样做。《日内瓦议定书》则是由美国哥伦比亚大学史学教授肖特威尔（W. Shotwell）为代表的一群美国公民所发起的。他们明确主张，侵略战争是犯罪，但也承认犯罪的主体是国家而非元首个体。（页253）此前，美国在孤立主义和干涉主义之间摇摆，"一战"后开始登上世界舞台，这"决定了战争意义的进一步转变"。施米特认为，向歧视性战争观念回归的重要原因是，美国对于普世帝国的追求以及两次内战经历。（页281）

如果说美国在政治现实层面推动了歧视性战争观念的回归，康德则是在哲学伦理学的层面为这一转向奠定了思想根基。正当敌人是非歧视性战争的重要概念，康德则发明出与之相对的另一概念：非正当敌人。施米特认为，这一概念所产生的歧视性作用要远大于正当敌人概念本身，因为这一概念指向的不是行为而是行为人，人们很难区分非正当敌人和罪大恶极的罪犯。（页149）如果说在非歧视性战争中，只有国家才有资格成为正当敌人，那么私人也会成为针对非正当敌人的战争主体，这就为歧视性战争的回归打开了方便之门。按照其永久和平的理论，康德禁止战胜国消灭战败国，战胜国也不能以武力干预战败国的政治制度。[1] 在施米特看来，这实际上取消了敌人与罪犯之间的界限，但没有详细阐述得出这一结论的思考过程。康德把格劳秀斯、普芬道夫和瓦泰尔称为"令人悲哀的安慰者"，因为没有哪个国家会听从这些学者的劝告而放弃自己的战争计划。[2] 不过，康德实际上比这些法学家走得还远，甚至提出要废弃常备军、和约不得包含导致战争的条款等设想。这可能会让那些从事实务的政治家们大跌眼镜，康德对此也颇有先见之明地自我解嘲道：

> 实践的政治家对理论家的态度，本来就是极其自负，视他们为学究；既然国家必须从经验的原则出发，而理论家空洞无物的观念又不会给国家带来任何危害，于是人们就总可以让理论家去大放厥词，而深通世故的国事活动家对此却不必加以重视。[3]

现代学者惠特曼（James Whitman）呼应了施米特对康德的批评。他认为，相比康德所批评的18世纪战争而言，这位哲学家提出的永久和平才更为危险，更缺

---

〔1〕 康德，《永久和平论》，何兆武译，上海：上海人民出版社，2005，页9。
〔2〕 同上，页21。
〔3〕 同上，页3。

少限制。[1]

此外，空战的出现也促成了战争意义的再次转变。在战争史中，人类活动的场域不断拓展，从陆地到海洋，再到天空，如今又向外太空和网络虚拟空间伸延。随着空间的变换，战争的意义也发生着一次次的转变。人类在大陆上的战争是为了占取土地，修城筑墙确立边界，建立秩序和所有权。通过战争划定的疆域标志着一个民族和国家的生命力和战斗力。在施米特看来，18、19世纪的欧洲战争属于一种陆地上的战争，战争双方是主权国家，仍把对方视为正当敌人。与陆地战争不同的是，海战属于一种商业战争，是争夺敌人或中立者财产的战利品战争。（页293）战争的一方是主权国家，另一方除了是主权国家的战船外，更多的往往是悬挂国旗的私人战船。

> 古往今来，陆地和海洋都是相互分离和区别的两个世界，因此，不同的战争舞台就造就了不同的战争类型。（页295）

潜水艇的出现使战争的空间从海面延伸到水下，使得仅适用于海面的海上捕捞法有些无所适从。飞机的出现比潜水艇更具革命性，人类战争的空间从陆地、海洋上升到

---

[1] 惠特曼，《战争之谕：胜利之法与现代战争形态的形成》，赖骏楠译，北京：中国政法大学出版社，2015，页247—249。

天空。

> 空战在打击敌人的战争潜力时，既不是纯粹的陆战，也不是纯粹的海战，而是一种新的独立的战争类型。在传统的陆战和海战规则中找不到类似或相仿的情况。（页299）

空战的目标不再是捕获战利品，只是通过轰炸消灭敌对目标。这一现代战争技术极大削弱了传统的损敌扶友美德，造成了道德上的非人性，使得飞行员杀人变成修理电视机一样的技术行为。[1] 这就使战争变成一种纯粹的破坏性战争，使国际法原来对战争破坏性的限制成为一句空话。

> 如果武器明显地不平等，那么在相互平等基础上建构起来的战争概念就没什么意义了……在权力与正义两分的情势下，被征服者被置于内战的空间秩序中。征服者将其在武器上的优势当作自己正当理由的证明，将敌人宣布为罪犯，因为已经不可能将正当敌人的概念现实化了。把敌人歧视为罪犯同时又主张自己的正当理由，相应的还有破坏性手段的升级，以及在战争舞台场域的

---

〔1〕 摩根索，《国家间政治：权力斗争与和平》，徐昕等译，王缉思校，北京：北京大学出版社，2006，页276。

迷失。特别是破坏性手段的技术升级，形成了破坏性的法律与道德上的歧视，这是一道无法弥补的鸿沟。（页304—305）[1]

空战是空间舞台的重大转变，这一转换反过来推动战争意义向歧视性战争概念回归。重新把敌对国视为罪犯而非敌人，使形式性正义退回到实质性正义。这不仅复活了传统的基督教神学的正义，同时也是现代工业技术催生的破坏方式所引发的一种精神现象。

结　语

战争的歧视性与非歧视性与欧洲公法的命运紧密联系在一起。欧洲公法的基石是主权国家彼此间所享有的平等、非歧视性的关系。从这个意义上说，非歧视性战争概念的出现象征着欧洲公法的确立。反之，战争从非歧视性向歧视性的回归则宣告了欧洲公法的消亡。

─────────────

[1]　"二战"后，日本的海军飞行员就感叹，如果日本有B-17这样的轰炸机，战争的进程就会不一样，日本为此付出了惨重代价（布特，《战争改变历史：1500年以来的军事技术、战争及历史进程》，石祥译，上海：上海科学技术文献出版社，2011，页301）。也有学者认为，施米特把空战理解为纯粹的破坏性战争并不准确，因为有选择性的轰炸同样可以作为向敌国施加政治压力的一种手段（Nasser Hussain, "Air Power", *Spatiality, Sovereignty and Carl Schmitt: Geogrphies of the Nomos*, ed. Stephen Legg, London：Routledge, 2011, p.245）。

国际法的历史即战争概念的历史。毕竟，国际法是一部战争与和平法（jus belli ac pacis），只要仍然是一部各个组成国家的独立民族之间的法律，它就会一直如此。换句话说，只要战争还是国家之间的战争，而不是国际内战（international civil war）。[1]

战争是一种极端的政治状态，淋漓尽致地展现着敌友划分的界限。只要有政治，就有进行敌友划分的必要，也就会有战争。当战争从非歧视性回归到歧视性时，战败国不再是正当敌人，它们变成战胜国手中的罪犯。但只有整个世界变成统一的政治共同体时，战胜国才真正有资格按照国内法把敌对国元首作为罪犯进行审判。

但是，受到审判的往往不只是元首。1945年4月，苏军占领柏林，在家中逮捕了施米特并进行长时间的审讯。5个月后，美军再次在家中逮捕施米特，查抄走他平生辛苦积攒的心爱藏书。1947年4月29日，施米特接受最后一次审讯后获释出狱。[2]美军对他的处理方式是既不纳粹化，也不去纳粹化。施米特就在这种刻意的模糊含混中失去了教职，回到自己的家乡普利登堡（Plettenberg），正如他对托克维尔的评价那样，成为"接受失败的战败者"。在《从图圄中获救》

---

〔1〕 Carl Schmitt, *Writings on War*, translated by Timothy Nunan, Cambridge: Polity Press, 2011, p.31.
〔2〕 本德斯基，《卡尔·施米特：德意志国家的理论家》，陈伟、赵晨译，上海：上海人民出版社，2015，页262—263。

一文中，施米特将自己的命运与欧洲公法的消亡紧紧地拴在了一起：

> 我是欧洲公法的最后一个自觉的代表，是最后一个生存意义上的欧洲公法教师和学者，我经历着欧洲公法的终结。[1]

---

[1] 卡尔·施米特，《合法性与正当性》，页238。